云计算产业
创新发展模式研究

吴春毅 著

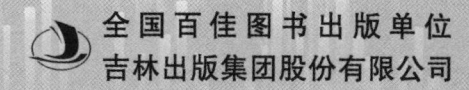

全国百佳图书出版单位
吉林出版集团股份有限公司

图书在版编目（CIP）数据

云计算产业创新发展模式研究/吴春毅著.--长春：吉林出版集团股份有限公司，2022.8
ISBN 978-7-5731-2009-0

Ⅰ.①云… Ⅱ.①吴… Ⅲ.①云计算－高技术产业－产业发展－研究－中国Ⅳ.①F492.3

中国版本图书馆CIP数据核字(2022)第148929号

YUNJISUAN CHANYE CHUANGXIN FAZHAN MOSHI YANJIU
云计算产业创新发展模式研究

著　　者：吴春毅
责任编辑：欧阳鹏
封面设计：筱　荑
开　　本：787mm×1092mm　1/16
字　　数：260千字
印　　张：13.25
版　　次：2022年8月第1版
印　　次：2022年8月第1次印刷

出　　版：吉林出版集团股份有限公司
发　　行：吉林出版集团外语教育有限公司
地　　址：长春市福祉大路5788号龙腾国际大厦B座7层
电　　话：总编办：0431-81629929
印　　刷：吉林省创美堂印刷有限公司

ISBN 978-7-5731-2009-0　　定　　价：78.00元
版权所有　侵权必究　　举报电话：0431-81629929

前 言

随着互联网在全球的普及和发展,计算机网络已成为信息的主要载体之一。计算机网络的全球互联趋势越来越明显,其应用范围越来越广泛,应用层次逐步深入。国家发展、社会运转以及人类的各项活动对计算机网络的依赖性越来越强。计算机网络已经成为人类社会生活不可缺少的组成部分。随着网络用户的逐渐增多,传统的计算网络平台已无法满足实际需求,故云计算应运而生。云计算离不开计算机网络,计算机网络也是云计算的基础。作为一种商业计算模型,云计算是基于网络将计算任务分布在大量计算机构成的资源池上,使用户能够借助网络按需获取计算力、存储空间和信息服务。云计算融合了大量革新技术,它不仅是技术革新驱动商业模式变革的产物,也是用户需求驱动的结果。

云计算产业是以云计算技术为基础,整合信息资源和信息服务要素,提供全方位信息服务的战略性新兴产业,做好对云计算产业创新发展模式的研究是当下社会发展的重要任务之一。本书立足于云计算产业的理论和创新应用两个方面,首先对云计算产业的概念与发展趋势进行了简要概述,介绍了云计算产业数据的整理、显示、分析及虚拟化等基本技术;其次,对云计算产业应用创新的相关问题进行了梳理和分析,包括云计算产业的资源管理及其在交通、环保等方向的应用等;最后,在云计算产业数据安全保障机制方面进行了探讨。本书论述严谨、结构合理、条理清晰、内容丰富,可为当前的云计算产业创新发展模式相关理论的深入研究提供借鉴。

云计算是一门发展中的技术,其理论内容多、难度大、涉及面广、发展速度快。鉴于编者水平有限,且时间仓促,书中难免有不妥和错误之处,恳请广大读者批评指正,以期日后改进。

目 录

第一章　云计算与云计算产业 ... 1
第一节　云计算与云计算产业概述 ... 1
第二节　信息技术产业竞争力 ... 3
第三节　云计算产业生态系统 ... 6
第四节　云计算商业模式 ... 8

第二章　云计算产业数据的整理、显示及分析 ... 12
第一节　数据整理 ... 12
第二节　数据显示 ... 18
第三节　数据分析 ... 22

第三章　云计算服务及虚拟化技术 ... 37
第一节　云计算服务 ... 37
第二节　虚拟化技术 ... 47

第四章　云计算产业的资源管理 ... 57
第一节　云计算在资源管理领域中的应用 ... 57
第二节　云计算资源管理技术及系统架构 ... 59
第三节　云计算中碎片资源管理关键技术 ... 69

第五章　基于云计算的传感器智能车辆导航系统 ... 74
第一节　智能车导航定位系统的特征 ... 74
第二节　机器视觉筛选 GPS 卫星信号的组合导航方案 ... 82
第三节　基于云计算的智能车组合导航滤波算法 ... 88
第四节　智能车与智能手机软件的结合 ... 91

第六章　支持绿色云计算的资源调度技术 ········· 96

第一节　支持绿色云计算的资源调度框架及技术分析 ········· 96
第二节　支持绿色云计算的 QoS 增强的资源调度方法 ········· 104
第三节　支持绿色云计算的能耗与性能权衡的资源调度技术 ········· 110
第四节　支持绿色云计算的科学工作流应用分析研究 ········· 116

第七章　物联网及云计算产业在交通运输中的应用 ········· 123

第一节　交通物联网主要关键技术 ········· 123
第二节　交通运输云计算平台结构 ········· 137
第三节　交通运输云计算产业技术 ········· 146

第八章　云计算产业数据安全保障机制 ········· 161

第一节　云计算产业安全 ········· 161
第二节　云数据销毁 ········· 165
第三节　云存储数据的隐私保护 ········· 181
第四节　大数据安全的关键技术 ········· 198

参考文献 ········· 205

第一章

云计算与云计算产业

第一节 云计算与云计算产业概述

一、相关概念

在互联网环境下，云计算将分散的计算能力、存储空间、软件服务等资源进行集中管理和动态分配，使信息技术能力可如水和电一样实现按即供给，具有快速弹性、可扩展、资源池化、广泛网络接入和多租户等特征，是信息技术服务模式的重大创新。

云计算产业是以云计算技术为基础，整合信息资源和信息服务要素，提供全方位信息服务的新型产业。从经济学视角来看，云计算产业是推动信息技术能力实现按需供给、促进信息技术和数据资源充分利用的全新业态，是信息化发展的重大变革和必然趋势。发展云计算产业，有利于分享信息知识和创新资源，降低全社会创业成本，培育形成新产业和新消费热点，对稳增长、调结构、惠民生和建设创新型国家具有重要意义。

近三年，基于云计算的新模式、新业态蓬勃涌现，如移动互联网、电子商务、互联网金融等，有力地促进了新一代信息技术在经济社会各个领域的融合创新，加速推动传统产业转型升级和生产方式变革，成为中国实施创新驱动发展战略的有效手段。

受巨大的市场需求驱动，在政府、企业等各方面的共同努力下，中国云计算产业实现了快速发展。比如，在公共云服务能力方面，阿里巴巴、百度、腾讯等互联网企业的云平台服务了数百万中小企业和数亿用户。

在技术突破方面，中国已逐步掌握了云计算的核心技术，主要云计算平台的计算能力和数据处理能力已跻身世界前列；浪潮、曙光、华为等国内自主云计算服务器已比较成熟，具有一定国际竞争力。同时，云计算在促进大众创业、万众创新方面成效明显。

可以说，云计算技术和云计算产业已经成为中国社会、经济创新转型的重要基础，应用市场需求旺盛，发展前景广阔。

二、云计算的演进历史、特征与服务模式

"云计算"一词最早出现于2006年8月在美国举办的"搜索引擎战略"大会，谷歌公司CEO施密特（Eric Schmidt）指出："可以利用现有的网络和数据计算资源，搭建起一个在网络上进行计算的虚拟服务架构，这个架构可以称为'云计算'，人们可以通过合适的终端与介入方式，访问数据资源、实现数据计算、享受信息服务。"同年，亚马逊公司推出了动态计算云EC2（Elastic Compute Cloud）产品，并创立了基于云计算的商业模式。随后，戴尔公司、IBM公司相继推出了云计算产品。至2008年，云计算的概念正式确定，并被引入中国。直到2010年，云计算的概念、特征和分类才开始相对稳定下来，学术界也展开了相应的学术研究工作。

云计算概念的演进历史充分体现了信息技术领域的快速发展，各个子行业、各家企业、各类组织积极参与创建全新的云计算产业，再次印证了信息技术实践界创新的脚步远远快于理论界。云计算的特别之处在于创造性地给出了一种灵活可靠的组织机制，通过将各种信息资源进行快速调配与组合，满足不同业务应用的需求，重新定义了计算资源的使用方式、服务的提供方式、社会化大生产的协作过程，实现了组织资源提供服务、组织技术保证实现、组织流程应对变化。

对于云计算的特征，业界表述也是百花齐放。美国学者韦曼（Joe Weinman）曾形象地用"Cloud"的五个字母来表述云计算的五个显著特点：C指公共基础社会（Common Infrastructure），表明了云计算的公共属性，使用动态的资源池和共享的基础设施；L指位置独立性（Location Independence），表明了云计算服务的位置独立性；O指可在线访问（Online Accessibility），表明了云计算是在线的，可以通过网络访问；U指按效用定价（Utility Pricing），表明了云计算是有效用的，可以创造价值并按使用量进行收费；D指按需提供资源（Demand Resources），表明了云计算是按照需求提供适量的资源。国内学者从实践视角将云计算特征总结为以下五点。

第一，宽带网络和终端支持。

云计算提供基于网络的复杂信息服务，因此需要足够的网络带宽和出色性能的终端支持，而建设宽带网络和研发终端设备的成本较高，直接限制了云计算的应用深度与广度。

第二，资源池化。

云计算的"资源池化"特征为弹性和按需供应提供了基础。云计算平台能够根据用户个性化需要，自动分配计算资源，包括存储、服务器、网络、内存，甚至是虚拟机，从而实现资源的有效利用。

第三，灵活和弹性。

借助自动化的管理工具，云计算的服务能力可以灵活、弹性地提供给客户；客户也可以根据具体情境，选择符合自身需要、成本预算的服务。

第四，按需自服务。

云计算面对的是海量用户需求，服务供应商不可能聘用海量的员工去进行匹配。当用户在网络上提出服务请求时，云计算平台无须人工交流就可以响应。这一特性保证了云计算的客户满意度高、服务效率高。

第五，可度量的服务。

云计算提供的所有服务，可以根据服务水平、服务时间、服务量进行有效度量，一方面实现对资源的优化配置，另一方面也能够减少商业活动中的纠纷，便于向客户计费。

在服务模式方面，业界公认的云计算三大服务模式为软件即服务（Software-as-a-Service，SaaS）、平台即服务（Platform as a Service，PaaS）、基础设施即服务（Infrastructure as a Service，IaaS）。SaaS 指提供给客户的服务是特定功能的应用程序（软件），可以在各种客户端设备上进行访问，如浏览器、手机。客户不需要管理和控制底层的计算资源基础设施（包括网络、服务器、操作系统、存储单元等），其服务对象通常是普通用户；PaaS 指提供给客户的服务是特定功能的信息技术平台，这个平台提供开发语言、开发工具和解决方案，客户不需要管理和控制底层的计算资源基础设施，但可以控制部署在平台上的应用程序，并调整平台的运行环境，其服务对象通常是软件开发人员；IaaS 指提供给客户的服务是部署计算、存储、网络和其他基本计算资源的基础设施能力，客户可以控制操作系统、存储资源和网络资源，可以部署和运行任意软件，其服务对象通常是信息技术管理人员。

在应用分类方面，云计算又可以分为私有云、社区云、公有云和混合云四种。私有云是指云计算基础设施由一个单一的组织进行部署并独占使用，如某公司购买了私有云服务后，公司中所有的部门和员工都可以享受云计算提供的服务；社区云是指云计算基础设施由具有共同关注点的社区用户部署和使用，用户中可能包含多个组织，但它们应用云计算服务有着共同的需求；公有云是指云计算基础设施被部署给公众并开放使用，如政府机构、研究机构、公益组织等将云计算服务提供给大众使用，不区分特定的用户或群体；混合云是指包含两种及以上云服务的部署模式，为实现特定服务务目的，将不同服务类型组合起来提供给客户。

第二节　信息技术产业竞争力

一、相关概念

产业竞争力是指某国或某一地区的某个特定产业相对于其他国家或地区同一产业在生产效率、满足市场需求、持续获利等方面所体现的竞争能力。产业竞争力既和企业竞争力紧密相连，又和国家竞争力有着密不可分的联系，是联系企业竞争力和国家竞争力的纽带。竞争力是参与者双方或多方的一种角逐或比较而体现出来的综合能力，它是一种相对指标，必须通过竞争才能表现出来。关于产业竞争力的理论主要分为两大类：第一类是产业竞争力成因理论，关注生产要素、需求条件、支持性产业、企业战略及其结构、同业竞争、机会、政府支持等竞争力构成因素；第二类是产业竞争力的计量分析理论，使用计量经济学分析方法来评价具体产业的竞争力。

信息技术产业是运用信息手段和技术，收集、整理、储存、传递信息情报，并提供信息服务的产业。

二、信息技术产业的特征

（一）信息技术产业的一般特征

信息技术产业具有以下显著特征：

1. 信息技术产业是知识、智力密集型产业

研究开发成本高、生产制造成本低，是信息技术产品不同于传统制造业产品的一个重要特点。知识和知识型劳动力是信息技术产业发展中极为重要的生产要素。在知识、智力和知识型劳动力相对密集的国家或地区，信息技术产业的规模相对较大，其在整体经济中所占的比率也相对高些。

2. 信息技术产业是高投入、高风险的产业

不同于传统产业的生产性资本投入，信息技术产业的资本投入主要用于研究和开发新产品、吸引高级人才和雇佣知识型劳动力。高固定成本、低可变成本，是信息技术产业的另一个重要特点，如软件的开发需要大量投入，而软件的复制却十分容易。同时由于信息产品，特别是软件产品的一次性投资较大，而且一旦成果失去市场价值或被替代，产品将严重贬值。因此投资信息技术产业，特别是处于"种子期"的企业风险较大。

3. 信息技术产业具有高渗透性和带动性

信息技术具有广泛的实用性和极强的渗透性，人类社会的一切活动都离不开信息的交流、处理和加工。几乎所有传统产业都可以通过信息技术产品改善生产工艺、降低能源消耗、减少人力投入、提高生产效率和盈利水平。信息技术产业的发展甚至可以带动许多边沿产业的产生和发展，如光电子产业、汽车电子产业等。

4. 信息技术产业具有高回报率

软件等信息技术产品具有很强的内部经济性和外部经济性，从生产的成本收益关系可以看到，生产的规模报酬递增，而边际成本则几乎趋于零；从使用者的成本收益关系可以看到，在消费中可以形成很高的使用价值。同时，产品的科技含量高，必然带来高附加值。

5. 信息技术产业需要不断创新、产业变化快

知识的积累将促进发明和创新的不断产生，而不断产生的知识成果又需要创新机制转变为产品，这一点在信息技术产业中比在传统产业中更为突出。许多小型IT企业依靠不断地创新成长、发展、壮大，同样IT业的大型企业也可能由于创新力的降低而倒退和萎缩，可见正是创新让信息技术企业快速的新陈代谢，而使整个产业处于不断的变化当中。

6. 信息技术产业是新兴龙头产业

在信息革命和经济全球化的推动下，世界各国的国民经济都在做出重大调整，信息技术产业在国民经济总量中的比例不断加大。由于高科技特别是信息技术的飞速发展，使世界经济结构正在发生深刻的变化，渗透于国民经济各个部分的信息技术产业逐步在社会产业结构中占据主导地位，成为新兴的龙头产业。

（二）信息技术产业的全球化特征

在经济全球化的今天，信息产业全球一体化是以信息生产要素的全球性流动为前提；以跨国信息公司及其相关利益共同体为重要主体；根据共同体利益各方紧密联系和相互依赖的特点，通过全球性信息产业生产性联系和价值链网联系，使国内外跨国界组织、创造信息产品生产和信息服务供给联成一体；满足全球社会的信息需求；从而不断向信息生产价值与交换价值最大化目标努力的全球性信息产业价值运动的过程。

所以，在信息技术产业的市场结构这一重要的背景下，信息技术产业又呈现出前所未有的新特征：

1. 全球化下的信息技术产业能大量吸引外资

经济全球化最大的特点之一是资本和产品的全球自由流动。在经济全球化的背景下，资本可以自由地在全球各处寻找高利润的投资场所。与此同时，发展中国家的经济起飞对资本有极大的需求，并且由于发展中国家的投资成本相对较低，投资收益相对较高，使得大量的资本从发达国家流向发展中国家。早在20世纪80年代我国就政府认识到计算机软件业在信息技术产业领域内的巨大发展潜力，便开始着手将计算机软件产业及相关的服务业开发列为国家发展的重点项目。此后，相继出台相关的优惠政策和兴建配套设施齐全的科技园区，营造良好的投资软硬件环境，以吸引国外资金投入。

2. 全球化下的信息技术产业不断引进先进的管理经验和技术

首先，在经济全球化时代，发达国家跨国公司在发展中国家投资、建立分支机构必然伴随着管理经验和技术向发展中国家的流动。随着微软、IBM和网威等众多西方大型跨国公司在我国投资并建立研发机构，推行属地化经营战略，为国内的软件企业带来西方先进的管理经验，同时为软件业人才的培养提供了契机，提高了这些从业人员的产品开发能力。为适应国际市场的要求，我国信息产业一开始就遵循国际开发管理模式，与国际标准接轨，采用了欧美软件项目管理体系和标准，通过ISO9001和CMM5认证的公司数量巨大。其次，在经济全球化时代，部分发展中国家一些具备一定实力的跨国公司通过跨国并购也可获取新的管理经验和技术。为应对全球化竞争，我国信息产业巨头也开始瞄准海外市场，积极进行跨国并购，从而更加直接获取先进的相关管理模式与技术。此外，我国政府认识到经济全球化必然伴随着国际人员流动，对人才外流有一种比较开明的态度，支持人才出国发展，回国服务，并为海外留学人员或工作人员回国创业提供良好的条件。这些海外归国的信息技术人才具备了从事研发与服务的良好技能，积累了丰富的经验，也拥有一定的资金，特别是与海外同行有着十分密切的联系，对促进我国的信息技术产业的管理水平和开发技能起了重要的作用。

3. 全球化下的信息技术产业有利于获得巨大的海外市场

一个国家的经济发展不仅取决于生产能力，同时还取决于市场空间，市场空间的大小决定了一国生产能力的大小。在一个国家的范畴内，其需求总是有限的。经济全球化使一国的市场空间扩大，从而促进经济的增长。国内市场对信息技术产业产品的消化能力有限，为了摆脱产能过剩和自有品牌缺失的困境，可以拓展海外市场。

第三节　云计算产业生态系统

生态系统是目前宏观层面研究特定产业系统构成与产业发展演进情况主要使用的理论框架之一。生态系统一方面为本书分析云计算产业生态系统构成提供了理论依据，另一方面为探讨国内云计算产业发展问题奠定了基础。

一、生态系统

生态系统是生态学研究领域的一个主要结构和功能单位，属于生态学研究的最高层次。

生态系统是在一定的空间和时间内，在各种生物之间以及生物与无机环境之间，通过物质循环和能量流动而相互作用的一个自然系统。简单地说，生态系统包括"无机环境"和"生物群落"两部分。无机环境是生态系统的非生物组成部分，而生物群落按其不同特点可分为生产者、分解者和消费者。20世纪中期，社会学领域首先引入生态系统相关概念，认为社会生态系统通过整体成员的互相依赖形成，进而形成对环境的适应，并且持续发展；如果能引入新的信息并增加系统中物质、人员和信息的流动能力，则系统的发展就会恢复，并一直持续到既有能力的最大限度。

二、商业生态系统

商业生态系统是以组织和个人的相互作用为基础的经济联合，其成员除企业自身外，还包括客户群、供应商群、产业领导者群、投资商、金融商、贸易合作伙伴、标准制订者、工会、政府与具有政府职能的单位，以及其他利益共同体单位。这些单位通过利益共享、自组织甚至有些偶然的方式聚集在一起，而每个参与者依靠其他的参与者，取得各自的生存能力和效果。作为一个复杂的开放系统，生态系统内部要素之间呈现非线性关系，系统不是完全被动地接受环境的影响。在正常情况下的一定限度内，其本身具有反馈机能，使它能够自动调节，逐渐修复与调整因外界干扰而受到的损伤，维持正常的结构与功能，保持其相对平衡状态。商业生态系统兼有生物生态系统、经济系统、复杂适应系统的特点，由占据不同"生态位"的企业组成。这些企业的生态位相互关联，一旦其中的一个发生变化，其他相关者包括竞争者、合作者和补充者均发生变化。

三、云计算产业生态系统

与生物生态系统类似，云计算产业生态系统具有大量松散联结的参与者，每个参与者都依靠其他的参与者取得各自的生存能力和效果，是一个复杂的开放系统，既带有鲜明的信息技术发展特征，又呈现出颠覆性、自适应等不同于传统技术产业的特色。产业生态系统中的各参与者彼此命运攸关：如果生态系统健康，那么所有参与者都能够繁衍生息；如果不健康，所有参与者都会深受其害。云计算产业生态系统与自然生态系统最大的不同在于其主体具备做出有意识决策的能力，不同种类的物种主体（企业或组织）在产业生态系统中担当不同的角色和职责，发挥自觉性和主动性，能够改变外部环境。

从产业生态系统的基本结构来看，云计算产业囊括了所有生态系统的要素，包含核心型企业（调控整体系统）、支配主宰型企业（管控纵向或横向产业链条）、缝隙型企业（弥补系统的空位与不足）。这些企业对应不同的生态系统物种，通过完成好各自的职责维护系统的良好运行、发展。当产业生态系统出现问题时，不同物种依靠协调机制，自发地调节系统状态，实现平衡、有序发展的效果。

从产业生态系统的物理空间结构来看，云计算产业自身呈现出空间集聚特征，这与生物系统、传统产业系统通过物理空间聚集实现规模效应一致。云计算产业的空间集聚有助于形成区域品牌效应，带动区域科技服务产业的发展，进一步促进云计算企业创新，最终由空间集聚走向具有积极效应的产业集聚，产业生态系统实现更新和升级。

从产业生态系统的演进规律来看，云计算产业呈现出鲜明的"间断—平衡"特征，这是新一代信息技术区别于传统技术的核心。以制造业为例，传统技术生态系统通过阶段性的技术更新实现进化，不同物种、不同生态位的企业不断优化自身技术效率，层层传导，表现为产业生态系统的持续性、渐进式发展。而以云计算为代表的新一代信息技术生态系统侧重于"颠覆"，处在特定种群、特定生态位的企业不断通过云计算技术创新打破原有发展范式，一项技术突破或软件应用就可以实现整体生态系统的跃升（当然也有可能造成生态系统的加速崩溃），生态系统的演进发展呈现出颠覆性、间断性，对生态系统的协调机制和企业的自适应能力要求也更高。

目前，针对产业生态系统的研究主要分为三个方面：一是基本概念框架研究，关注生态系统中的组成部分和分析框架；二是基本特征和规律研究，从产业经济层面分析生态系统的发展演进规律；三是应用研究，将生态系统理论应用于竞争力评估、诊断、构建等方面的研究。产业生态系统理论强调系统发展的动态性、适应与改善性，关注系统内部组成部分之间的关系，聚焦系统演进的内部影响因素与外部激发因素，因此较之于传统的供应链、战略联盟、组织生态学等理论，生态系统理论更适用于产业发展领域的研究与分析，是当前学术研究使用的前沿理论之一。

第四节　云计算商业模式

一、典型的云计算商业模式

云计算按照服务类型（即指为用户提供什么样的服务；通过这样的服务，用户可以使用什么样的资源；用户该如何去使用这样的服务）可以分为：基础设施云，如Amzaon EC2；平台云，如 Google App Engine；应用云，如 Salsesforce。按照服务方式（即业界按照云计算提供者与使用者的所属关系为划分标准）分为：公有云，如 Amazon EC2、Google Apps、Salesforce；私有云，如 IBM RC2；混合云。

根据云计算定义的特性，在实际应用中，很少有公司、企业只是注重某一个分类，他们都注重整合各自的优势，形成一套具有竞争力的商业运作模式，我们首先来了解一下当前典型的几种云计算模式：

（一）Salesforce 的云计算商业模式

Salesforce 在推出的 SaaS（软件即服务）中，提供软件销售的模式。在其商业模式中，涉及租户、软件服务提供商以及 Salesforce 平台的运营方。软件服务提供商通过 Salesforce 平台构建自己支持多租户运行应用，并通过平台销售给不同的租户。平台通过提供服务平台的服务资源和销售软件给租户获取利润。

（二）Amazone 的云计算模式

亚马逊以在线书店起家，成为全球领先的在线零售商，亚马逊的云计算产品包括4个部分：S3（Simple Storage Services，简单的存储服务）；EC2（Elastic Compute Cloud，弹性计算云）；SQS（Simple Queuing Services，简单信息队列服务）；以及 SimpleDB（简单数据库服务）。亚马逊主要的盈利手段包括：通过提供软硬件资源的租用获取利润；向开发者提供系统，帮助其开发软件，当软件通过亚马逊的收费模式租给租户时，亚马逊通过分成模式进行收费。

（三）谷歌的 Google Apps

谷歌应用是以网络为基础的软件，分为免费版和收费版，收费版每年每用户收费50美元。谷歌通过其众多的免费应用构建了一个软件云的生态环境，吸引了众多的开源程序员、普通消费者、大学生、小型企业员工，并最终通过收费版的 apps 和广告获取利润。

(四) 软件加服务的云计算模式

着重以软件厂商为代表，如微软推出的在线 CRM 系统，IBM 推出的 Lotus 等。软件以多重租赁的方式推出，主要是面向中小型企业提供收费版应用、服务租赁、软件租赁获取利润。

(五) IBM 推出的私有云的商业模式

IBM 公司构建了 IBM Research Compute Cloud（RC2）将分散在各个研究院的资源系统（如服务期、存储）整合，为公司内部使用。该系统为科研人员提供了共享计算和存储资源的平台，通过任务调度和安排，为每一项科学实验提供了有保障的动态资源供给，而且不要科学实验人员来管理这些资源。

从上述典型的业务模式来看，云计算提供一种按用量付费的服务提供模式。从经济方面来看，云计算的一个鲜明特点是通过采用廉价服务器而不是高性能服务器来构建提供大规模服务的基础设施资源。例如谷歌、亚马逊等都采用廉价服务器来提供服务。如果一种计算没有同时具备这 3 方面的特点，那很有可能不是真正意义上的云计算，而有可能是网格计算、高性能计算或是其他计算。简而言之，云计算就是把廉价硬件软件化、软件服务化、服务运营化、运营规模化的一套技术和业务模式。

二、云计算产业链的发展

(一) 云计算产业链定义

产业链是产业经济学中的一个概念，是各个产业部门之间基于一定的技术经济关联，并依据特定的逻辑关系和时空布局关系客观形成的链条式关联关系形态。产业链主要是基于各个地区客观存在的区域差异，着眼发挥区域比较优势，借助区域市场协调地区间专业化分工和多维性需求的矛盾，以产业合作作为实现形式和内容的区域合作载体。随着产业链的发展，产业价值由在不同部门间的分割转变为在不同产业链节点上的分割。产业链也是为了创造产业价值最大化，它的本质是体现"1 + 1 > 2"的价值增值效应。这种增值往往来自产业链的乘数效应，它是指产业链中的某一个节点的效益发生变化时，会导致产业链中的其他关联产业相应地发生倍增效应。

(二) 基于产业链的中国云计算商业模式

今天的国际竞争已不是企业的竞争，也不是产品的竞争，而是进入了一场前所未有的产业链战争时代。目前，云计算产业正从传统 IT 产业和互联网产业中脱胎换骨，以全新的形态呈现在人们眼前。这种全新的模式使得用户不用投资昂贵的电脑设备；不用等一两年的项目实施周期；也不用承担项目开发和上线的风险；不用为维护系统而烦恼；更不用担心业务需求变化所造成的设备闲置或不足。更重要的是云计算带来的变革不仅仅是局限在 IT 的技术领域，而对 IT、通信、媒体和娱乐产业，甚至是传统行业，都带来了颠覆性的变革。因此我们有必要对云计算的产业链及未来发展做深入的分析，定位云计算产业链中必须及早布局的关键环节，了解国内外企业在关键环节的优劣势，探寻发展云产业生态环境的方法，为将来中国企业在云计算产业链上进行战略布局奠定基础。

云计算产业链的发展，也是要从"1+1＞2"的价值增值效应角度入手来考虑云计算产业链的布局。我们看国外已有公司在云计算产业链上成功布局，已经具备像谷歌、苹果这样的公司规模。在产业链环节中，中国的企业在云平台技术如虚拟化、云计算产品、云设备等方面由于缺乏自主知识产权并不占有优势；而在最终用户方面，则人数众多。因此，在中国的企业可以在选择了国际上成熟的云计算技术并进行整合后，将重点放在对用户的吸引、开发适合中国的云应用的角度入手，占据该产业链的终端用户和营销渠道，从而以最快的速度占领市场。而国家背景的企业，可以在既占据终端的情况下，逐步研发并掌握核心的云计算技术，从而为未来的云计算端到端的模式占据先机。

目前从中国的现状看，现在的布局大多是依赖已经构建的基础资源平台或者已有终端用户进行搭建。从占据终端用户和营销渠道的角度，在这些产业链关键环节中直接面向用户的运营商（电信运营商、IDC 运营商、政府园区运营商等），以及软件服务提供商（如互联网服务商、国内软件企业）的商业模式最受关注。待中国的技术有进一步发展后，或者中国的资源建设和终端用户服务建设达到移动规模后，再向平台云扩展。

1. 运营商商业模式

运营商模式如：电信运营商在整个产业链中具有很高的产业地位，这不仅源于他们具有优厚的客户资源，还在于他们的基础设施资源最为丰富，且具有很高的用户信任度。他们在产业链中的系统集成商、云应用开发商、云资源服务提供商、云平台服务提供商、云应用服务提供商、网络运营商、终端供应商、最终用户已经具有一定的优势，一旦他们对综合资源进行有效整合，在云计算产业链中将会占据主导地位。这种整合模式集成了集中云计算模式的特点，具有整体整合的优势，但是由于涉及的方面太广，所以需要综合实力较强的公司来建设和运作。这也是目前产业链布局中明显区别于国外谷歌、苹果、Salesforce、亚马逊的突破点。

业务模式：电信运营商已经在 IDC 领域和终端软件领域具有得天独厚的优势，依托 IDC 云平台支撑，通过与平台提供商合作或独立建设 PasS 云服务平台，为开发、测试提供应用环境。继续发挥现有服务终端软件的优势，提供 SaaS 云服务。通过 PaaS 带动 IaaS 和 SaaS 的整合，提供端到端的云计算服务。示意的服务分类如下：

盈利模式：①通过向用户免费提供应用服务，带动流量增长，通过流量获取收益。适合部分移动互联网应用。②通过向用户免费提供应用服务，带动广告业务发展及数据流量的增长，实现盈利。适合部分移动互联网应用和互联网应用。③通过一次付费、包月、按需求、按年等向用户提供云计算服务。如 CRM、ERP、杀毒等应用服务及 IM、网游、搜索、地图等无线应用。④为应用软件企业提供代收费服务并进行收益分成。⑤通过测试环境、开发环境等平台云服务，减少云软件供应商的设备成本、维护成本、软件版权的费用，带动软件开发者开发应用，带动 SaaS 业务的发展。⑥通过基础设备虚拟化资源租用，如存储、服务资源减少终端用户 IT 投入和维护成本。⑦提供孵化服务、安全服务、管理服务等按服务水平级别收费的人工服务，拓宽服务的范围。

2. 软件服务提供商商业模式

软件服务提供商处于云计算产业中最为繁荣的市场。因为软件服务是整个云计算最终实现价值的目标。从云计算市场发展历程可以看出基于云计算的软件服务是整个产业市场发展的引擎，云计算技术的实现就是希望在有效利用资源基础上最大限度地发挥软件服务的价值。这种模式通过充分利用现有云平台以及软件厂商的优势，通过与其展开技术、市场、渠道的合作，发挥自身在渠道、终端用户、终端设备的优势，占据下游市场。

业务模式：与软硬件厂商以及云应用服务提供商合作提供面向企业的服务或企业个人的通用服务，使用户享受到相应的硬件、软件和维护服务，享用软件的使用权和升级服务。该合作可以是简单的集成，形成统一的渠道销售；也可以是多租户隔离的模式，即通过提供 SaaS 平台的 SDK，通过孵化的模式让软件开发商应用程序的一个实例可以处理多个客户的要求，数据存储在共享数据库中，但每个客户只能访问自己的信息。该业务模式主要是基于其他领域已经有很好的厂商服务基础上，从终端用户的角度布局云计算产业链。服务内容如下：

盈利模式：①提供收费版应用，按照月租或者用户数量收费。②提供软件租赁，按照月租或者用户数量收费。③提供孵化服务，按照远程孵化、深度孵化进行收费。④通过广告获取收益。⑤软件升级获取收益。⑥软件维护获取收益。⑦与软件厂商共同开发客户，获取收益。

从以上的分析可以看出，二类主要产业链主体的商业模式各有特点。云计算是综合技术发展的结果，为了有效利用该项技术发展提升原有市场的价值以及进入一个新旧交合的应用领域，云计算产业链中相关环节的产业主体，必将基于现有资源，利用云计算技术最大化实现价值。不同背景的产业主体必将带来不同的云计算商业模式。如果在产业链整合的同时，再考虑结合物联网的技术来扩展端到端的产业链，将会在新技术革命中占据相对的主动，其商业模式将会更加具有竞争力。

第二章

云计算产业数据的整理、显示及分析

第一节 数据整理

一、数据整理的作用、原则和步骤

(一) 数据整理的作用

数据整理是根据调查研究的任务与要求,根据调查对象的特点,对调查所取得的数据资料,进行审核、分组、汇总,使其系统化、条理化,并以图表的方式呈现出能够反映现象总体特征的综合数据工作过程。

数据整理是调查研究的一个重要环节,在整个调查研究中有着重要的作用和地位:①数据整理能够检查数据的质量。通过对数据进行科学的审核与筛选,能够做到查漏补缺、去伪存真、去粗取精,保证数据的完整性、真实性、准确性和有用性。②数据整理能够把零星、分散的数据资料系统化、条理化。调查所搜集到的资料,大多是反映个体单位特征的,不能说明被研究总体的全貌。因此,必须对这些资料进行加工整理才能认识到事物的总体特征和内部联系。如通过人口普查,能够了解到每个居民的基本情况,但是要想得到全国人口的总体规模、分布、结构,达到对全国人口状况全面、系统的认识,必须对所取得的普查资料进行整理和加工,这样才能达到普查的目的。③数据整理在整个调查工作中,起着承上启下的作用。数据整理既是数据调查的继续和深化,又是数据分析的基础和前提。数据整理的质量如何,直接关系到数据分析的质量。不科学、不适当的数据整理,往往会使数据失去价值和效用,掩盖现象的真实情况,影响数据分析的内容及整个调查的结论和效果。④数据整理便于对统计资料进行系统积累。

（二）数据整理的原则

数据整理在整个调查工作中有着非常重要的作用，为了能够更好地发挥这些作用，在数据整理时应遵循以下 5 项原则。

1. 真实性原则

真实性原则是指数据整理必须最大限度地保证原始数据的真实性。在数据审核阶段，要审核数据的真实性，对于与实际情况不符的数据，应当删除，对于缺漏的数据应根据适当的方法进行补救。在筛选和分组阶段，应根据调查的任务与要求，选择筛选条件和分组方法，避免造成原始数据的失真。例如，在分组数据时，如果确定的组限不适当，或者组距不适当，都会损害原始数据的真实性。

2. 完整性原则

完整性原则是指保证调查资料系统周密、合乎逻辑，无遗漏的调查项目和调查单位。因为不系统、不完整的统计资料难以全面反映现象的总体特征和规模，势必会影响数据的整理和分析工作。

3. 准确性原则

准确性原则是指保证整理出来的数据事实清楚、数据准确，无含糊不清、模棱两可、相互矛盾的情况。

4. 目的性原则

目的性原则是指数据整理要紧紧围绕着调查研究的任务和要求，根据调查研究的需要来进行资料的整理。比如，要了解某个企业职工的年龄构成情况，在整理时，应按照职工年龄来进行分组。如果要了解职工的收入分布状况，应按照职工的收入水平来进行分组。

5. 简明性原则

简明性原则是指数据整理的结果要具有较好的系统性和条理性，能够用图表清晰简明地表示出来，但不必刻意去追求形式。

（三）数据整理的一般步骤

数据整理工作有多个环节组成，需要有组织、有计划地进行，其一般步骤如下：

1. 编制数据整理方案

在进行数据整理之前，应根据研究目的，对整理工作做出统一的布置和安排，确定对调查中所搜集资料的哪些内容进行整理，如何整理，如何汇总等，正确地编制数据整理方案，促使数据整理有计划、有组织地进行。

2. 数据的审核

为了保证数据的质量，在数据整理之初，必须对调查到的数据进行审核。数据的审核主要从数据的准确性、完整性、及时性三个方面来进行。

3. 数据的分组和汇总

根据调查研究的需要，按照一定的组织形式和方法，对数据资料进行分组和汇总，计算出各组的单位数和合计总数，以及各组指标和综合指标的数值。

4. 数据的显示

数据整理的结果，可以通过编制统计表、绘制统计图，以简明扼要的形式显示出来。这样既便于数据的后期分析，又有利于数据的保存。

二、数据整理的方法

（一）审核与筛选

1. 数据的审核

由于数据来自各个方面，经过多个环节，差错在所难免，所以对数据的审核是十分必要的。对数据的审核主要包括数据的准确性、完整性、及时性，其中准确性审核是重点，完整性和及时性审核是前提。

数据准确性审核，主要是检查数据是否真实地反映了客观实际情况，是否存在错误，有无异常值。审核数据准确性的方法主要有逻辑检查、计算检查和对比检查。逻辑检查是利用数据之间的逻辑关系，审核数据是否违反常识常理，各项目或数值之间有无相互矛盾的现象。比如，某人年龄登记的是4岁，而文化程度登记的是大学，这显然违背了常理，不符合逻辑，其中必然有错误，应予以纠正。计算检查是利用指标数据之间的平衡关系或加总关系来判断数值在计算方法、计量单位、指标数值等方面是否有误。比如，工业总产值应等于重工业产值与轻工业产值之和，各结构比例之和应等于1或100%。对比检查是利用项目与项目之间、汇总结果与实际情况之间对比，看是否出现异常情况或者出入比较大的情况，用以检查指标数值的准确性。

数据完整性审核，主要是检查应调查的单位或个体是否有遗漏，应调查项目或指标是否填写齐全。比如学生成绩按优秀、良好、中等、及格和不及格五级计分制，填写时要完整，不能有的填"优秀"，有的则填"优"，这就不利于计算和汇总。

数据及时性审核，主要是审核数据是否符合调查所规定的时间，数据的报送是否及时，有无迟报和未报现象。

2. 数据的筛选

如果对数据中发现的错误不能予以纠正，或者有些数据不符合调查的要求而又无法弥补时，就需要对数据进行筛选。筛选有两个方面的内容：一是将明显有误的数据予以剔除；二是将符合某种特定条件的数据筛选出来，将不符合条件的数据予以剔除。数据的筛选可借助计算机自动完成，一般的筛选可通过Excel实现。在Excel中，提供了两种筛选区域的命令：自动筛选和高级筛选。

（二）编码

随着计算机技术的发展，数据的整理和分析往往借助于计算机来完成，为了便于数据的录入、整理及分析，对搜集到的数据资料通常要进行编码。编码是指对一个问题的不同答案确定相应数字代码的过程。在市场调查中，封闭式问题的答案编码相对比较简单，通常对每个备选答案指派一个数字代码作为其编码，因此对调查问卷的编码工作，主要是指对开放式问题答案的编码。对开放式问题答案的编码，首先把所有答案录入，然后尝试着用不同方法对录入的答案进行排序，并结合主观判断将意思相近或相似的答案进行归类合并，最后对精简后的答案设置编码并录入。根据不同的数据类型和处理要求，可以采用不同的编码方法，常用的编码方法有以下几种。

1. 顺序编码法

顺序编码法适用于仅包含单个方面信息的数据内容的编码，它是只用一个标准对数据进行分类，并按一定的顺序用连续数字或字母进行编码的方式。例如，对企业规模的调查，在调查中将企业按产值分成了4个档次：50万元以下、50~100万元、100~500万元、500万元以上。在编码时，我们可以从低到高，用1、2、3、4来分别代表这4个档次。

2. 分组编码法

分组编码法又称为区间编码法，适用于包含多个方面信息数据内容的编码，它是将具有一定位数的代码单位分为若干个区间或组，每一个区间或组的数字代表一个方面的内容。如在一项人口调查中，调查了每个人的性别、年龄、民族3个方面的信息，现在根据需要进行如下的分组和编码，性别：男，编码为1；女，编码为2。年龄：20岁以下，编码为1；20~30岁，编码为2；30~40岁，编码为3；40~50岁，编码为4；50岁以上，编码为5。民族：汉族，编码为1；少数民族，编码为2。如果某人该项调查信息的编码为221，则第一个区域表明其性别为女性，第二个区域表明其年龄为20~30岁，第三个区域表明其民族为汉族。

3. 信息组码编码法

信息组码编码法是先将调查对象按照一定的方式进行分组，再根据分组情况，对不同组别赋予不同的数字区间（或组码），以代表所对应的调查对象。比如某次调查共调查了200个企业，其中第一产业有30个，第二产业有50个，第三产业有120个，那么第一产业的组码为001~030，第二产业的组码为031~080，第三产业的组码为081~200。

4. 表义式文字编码法

表义式文字编码法又称为助忆编码法，是用数字或字母组合来表明编码对象的属性，并以此对数据编码的方法。这种方法比较直观，便于理解和记忆。比如，用HP 3706表示惠普牌子型号为3706的笔记本电脑，其中HP表示牌子，3706表示型号。

（三）录入

数据录入是数据分析的前提。借助这一过程，实现信息由书面形式转换成计算机能够识别的数字形式。数据的录入有手工录入和光电录入两种方式。手工录入是由录入人员通过击键录入，光电录入是一种高效的自动化录入技术，采用光电扫描方式，识别、记录问卷或登录卡上的编码信息，并直接记录到计算机中。手工录入又分为直接录入和程序录入。对于样本量较小、问卷长度较短的情况，直接录入就能完成。但对于样本量较大或问卷长度较长的情况，采用程序录入则更为合适。所谓程序录入是指录入员按照事先编写好的录入程序实施数据录入的方法，在编写录入程序时，能够定义每个题目答案的变量性质、设置编码或指标数值的控制范围值、变量之间的逻辑关系、进行跳选的条件等，这样能更好地保证录入的质量和效率。随着科技的发展，程序录入和光电录入越来越多地被采用。

录入数据的质量对最终整理结果的质量具有决定性的影响。为了提高录入工作的效率，保证录入的质量，必须做到事先对被调查单位的清查，防止错录、漏录。在数据录入过程中，注意力要高度集中，防止出现跳行、漏读、按错键等情况。

（四）排序

数据排序是指按一定顺序将数据进行排列。排序本身就是一种简单的分析过程，便于发现数据的分布范围、特征及变化趋势，有利于发现解决问题的线索。除此之外，排序还有助于对数据的检查纠错，以及对数据的分类或分组提供依据。在某些场合，可以直接利用排序结果做分析，排序本身也就是分析的目的之一。例如，美国的《财富》杂志每年都要在全世界范围内排出500强企业。通过这一信息，不仅可以了解到本企业所处的地位，还能认识到本企业的差距，从一定的侧面了解到竞争对手的情况，从而有效地制定企业发展的规划及战略目标。

对于不同的数据类型，排序的方法也有所不同，字母型数据可以按其英文字母进行排序，有升序和降序之分，但习惯上升序更常用，因为升序与字母的自然排列相同。汉字型数据可以按汉语拼音字母进行升序或降序的排列，也可以按首个汉字的笔画多少进行升序或降序排列。交替运用不同方式排序在汉字型数据的检错、纠错、编码过程中十分有用，应予重视。数值型数据可采用递增和递减方式排列。递增排序时数值由小到大排列，第一个数据为极小值，最末一个数据为极大值；递减排序时数值由大到小排列，第一个数据为极大值，最末一个数据为极小值。选择递增还是递减的排序方式，应根据需要来选择，一般坚持重点优先的惯例，取决于数小为重还是数大为重。

排序工作能够借助于计算机来完成，Excel软件就能方便地进行排序，它是以当前数据清单中的一个或几个变量（字段）为关键字，对整个数据清单的所有个体进行重新排序。用Excel排序有两种操作方式。

1. 升降序按钮排序

这种排序方式非常简便快捷，适用于按单个关键字排序的情况。先用鼠标单击排序"关键字"，例如Excel中的"总成绩"变量名（注意：不能错误单击该变量的列标，否则将只对该列数据排序），然后单击常用工具栏中的升序按钮机，即可对整个数据清单按指定变量名"总成绩"从低分到高分排列。如果单击的是降序按钮，则按"总成绩"从高分到低分排列。

2. 多个"关键字"排序

如果需要按多个"关键字"排序，如Excel中的数据，需要按"总成绩"从高分到低分排序的基础上，再按"姓名"进行排序。这时就无法采用升降序按钮排序，而应采用"数据"菜单中的"排序"命令。具体操作步骤如下：

第一步：选定数据清单中任意单元格为当前单元格。

第二步：点击数据菜单中"排序"命令，弹出"排序"对话框。

第三步：在"排序"对话框中指定主要关键字为总成绩，排序方式为递减次要关键字为姓名，排序方式为递增。单击对话框左下角的"选项"，在弹出的"选项"对话框中，"方向"选为"按列排序"，"方法"选为"笔画顺序"。单击"选项"中的"确定"按钮，再单击"排序"对话框中的"确定"按钮。

每次最多可以按3个变量进行多个"关键字"排序。对于整个数据清单，先按主要关键字排序，关键字相同者排在一起，若指定了次要关键字，则主要关键字相同者再按次要关键字排列，若指定了第三关键字，则以此类推。因不同关键字的选择和确定，对排序的结果影响很大，所以在多个"关键字"排序时，一定要根据需要来选择主要关键字、次要关键字、第三关键字。

（五）分组与频数分析

1. 组距分组的方法

在 Excel 中可以用 FREQUENCY 函数和直方图等方法来完成：①利用 FREQUENCY 函数进行频数分析。FREQUENCY 函数计算数据区域内的单元格数值在指定范围中所包含的个数。在利用 FREQUENCY 函数进行频数分析时，一是要根据分组要求确定分组区间的分割点，即每一组的上限值；二是返回的结果是一个数组。具体步骤是：第一步：在工作簿中的空白区域内按垂直方向选择6个相邻的单元格，用来存放分组结果。第二步：从菜单栏中选择"公式"→"其他函数"→"统计"→"FREQUENCY"，打开函数参数对话框。第三步：在 FREQUENCY 函数参数对话框中有两个输入框，一个是 Data_array，是用来输入要进行频数分析的原始数据，或者输入 Excel 工作表中原始数据所在区域的引用，另一个是 Bins_array，在其中输入每一组的临界值（分段值）或其引用。第四步：按 Shift + Ctrl + Enter 组合键，即可得到频数分布结果（注意，这里不能直接按 Enter 键，否则将只返回第一个分组的频数。如果这时不小心直接按了 Enter 键，可以用如下方法补救而不必重复：重新选定刚才存放结果的列区域，这时 FREQUENCY 函数出现在编辑栏，用鼠标点击编辑栏中的 FREQUENCY 函数，再次按 Shift + Ctrl + Enter 组合键，即可得到频数分布的结果）。如果在操作中出现"不能更改数组的某一部分"的错误提示，只需按两次 Esc 键，就可以退出数组公式的编辑。②直方图频数分析法。在对调查所得数据进行了组距划分后，还可以利用直方图分析工具来计算单元格区域数据在各组中出现的频数。具体步骤是：第一步：在工作表的特定区域按垂直方向输入各个分组的分段值。第二步：从菜单栏中选择"数据"→"数据分析"→"直方图"，点击确定后打开直方图对话框。第三步：在直方图对话框的"输入区域"对话框中点一下鼠标左键，然后在工作表中选择原始数据所在区域的引用，在"接收区域"对话框中输入每一组的临界值（分段值）或其引用。第四步：在"输出区域"框中输入存放结果的起始单元格。第五步：回车确定，即可得到频数分布的结果。

2. 数据透视表

数据透视表是 Excel 中强有力的分析工具，它是一种对大量数据快速汇总和建立交叉列表的交互式表格。它不仅可以转换行和列以查看源数据的不同汇总结果，也可以显示不同页面以筛选数据，还能够根据需要显示区域中的细节数据。

首先，创建一个空的数据透视表。其基本步骤如下：第一步：依次选择菜单栏的"插入"→"数据透视表"→"数据透视表"，打开"创建数据透视表"对话框。第二步：在"选择一个表或区域（S）"选项的"表/区域（T）"输入框里点一下鼠标左键，然后选择源数据区域。注意，这里的区域选择也要包含标题行。假如将生成的数据透视表放在现有的工作表里，那么"位置（L）"输入框里就要输入表的左上角单元格位置。第三步：回车确定即得到一个空的数据透视表。

其次，通过改变数据透视表的布局来建立一个交叉频数表。

最后，数据透视表完成之后，可按需要修改数据表的显示格式。

（六）汇总

汇总是在分组的基础上，计算各组和总体的单位数，并把总体单位各个方面的标志值分别进行综合和加总，还可计算各种比值，最终得到总体指标的过程。汇总是数据整理的重点和核心，为了提高汇总工作的效率和质量，需根据不同的情况选用合适的汇总方法。现行的统计汇总方法主要有手工汇总和电子计算机汇总两类。手工汇总是指用算盘或小型计算器通过人工计算对资料进行的汇总，常用的方法有划记法、过录法、折叠法、卡片法。随着电子计算机技术的发展，手工汇总逐渐被电子计算机汇总所替代，电子计算机汇总更为高效、快捷、准确，而且还有强大的逻辑运算和资料储存的功能。

第二节　数据显示

对数据分类整理后，还需要把数据整理的结果通过合适的方式表示出来。统计图和统计表是显示整理结果的两种主要方式，运用统计图和统计表显示数据，使分散的、不系统、抽象的数据信息变得一目了然、整齐规范、形象生动、便于对比分析和理解。能够正确地使用统计图和统计表是数据分析的基本技能。

一、条形图、直方图

（一）条形图

条形图是用宽度相同条形的长度或高度来描述不同类别之间数据的差异。条形图可以横置或纵置。横置时，用条形的长度表示数据多少；纵置时，也称为柱形图，是用条形的高度来表示数据多少。条形图主要用于分类数据的频数显示，也可以用于显示不同地区、不同单位之间同类现象的对比，或者不同时间上同类现象的对比。由于类与类之间没有数量上的连续性，所以在绘图时，条形与条形之间应留有一定的距离。

根据图形的内容不同，有单式、复式和分段之分。

（二）直方图

直方图同条形图相似，可以清晰地显示出各组的分布情况，但它主要用来表示数值数据组距分组的频数分布。直方图是用矩形的宽度和高度（即矩形的面积）来表示频数分布的图形。每组条形的面积与各条形面积和之比反映出各组次数占总次数的比重。直方图中的横轴表示各组的组限，纵轴表示频数或频率，然后按分布在各组的频数或频率确定各组在纵轴上的坐标，并依据各组组距的宽度与频数的高度绘成直方图。对于等距分组的数据，可以用矩形图的高度直接表示频数的分布。如果是异距分组数据，由于各组组距不同，分布在各组的单位数之间就没有直接的可比性，用矩形的高度来表示各组频数的分布就不再适用，这时，通常根据数据计算频数密度来绘图，可以准确地表示各组数据分布的特征。

频数密度指异距数列中各组频数与相应组的组距之比，说明单位组距内频数密度的大小，用公式可以表示为：频数密度＝频数/组距。

直方图与条形图对比，存在以下两个方面的差异：①条形图是用条形的长度（横置时）表示各类别频数的多少，其宽度（表示类别）则是固定的，直方图是用面积表示各组频数的多少，其高度与宽度均有意义，高度表示每一组的频数或频率，宽度则表示各组的组距。②条形图主要用于显示分类数据，而直方图则主要用来显示数值型数据，数值数据在进行组距分组时，通常是连续分组，那样直方图的各矩形通常是连续排列的，而条形图则是分开排列的。

在Excel绘图中，柱形图、条形图、圆柱图功能基本相同，都可用来表示数据的频数分布情况，因此，可以根据需要来选择图表类型，还能根据实际情况选择源数据、设置选项。对于细节的调整，可以做出基本图形后再进行修改。比如数据分组绘制的柱形图，需要使组与组之间相连，可进行如下操作，将鼠标移到任意一个直条上，单击右键弹出"数据系列格式"对话框，选择右上角处的"选项"，调整间距宽度为0，单击"确定"按钮来完成。

二、饼形图、环形图

饼形图和环形图都能形象地反映总体结构的构成情况，但是饼形图只能表示一个总体的各部分所占的比例，而环形图则可以同时表示多个总体的各部分所占的相应比例，并且能够进行不同总体结构差异的比较研究。

（一）饼形图

饼形图也称圆形图，是用圆形及圆内扇形的面积来表示数值大小的图形，通常用于表示总体中各个互斥的组成部分之间的比例关系。它用圆的总面积（100%）表示事物的全部，用各扇形的面积表示各个组成部分的比率，所有组成部分的面积之和为100%。在排列时，通常最大的扇形置于正上方（钟表12：00的位置），然后按比例大小沿顺时针方向依次排列。饼形图适合反映单元不太多的结构分布，若数据分类过多，就显得非常杂乱，用条形图的效果则相对较好。

手工绘制饼形图时，一般根据以下步骤来进行。第一步：以某一半径画圆，用整个圆的面积表示某种现象的总体。第二步：根据构成总体的各组成部分所占比重，求出其占圆心角的度数，具体的计算公式为，某部分的圆心角＝某部分占总体的比重×360°。第三步：按计算的度数绘制出扇形面积，各个扇形用不同的线条或不同的颜色加以区别。第四步：标明图例。

（二）环形图

环形图也称圆环图，是用圆内各环中每一段的面积来表示数值的大小的图形。它的中间是一个"空心"，一个总体占有一环，总体中的每一部分数据用环中的一段表示，能够同时显示多个总体的内部构成。环形图表示的现象，也可以用复式条形图表示。

三、茎叶图、箱线图

直方图主要用于显示分组数据的分布，对于变量值变动范围较小的未分组数值型数据，则可以用茎叶图和箱线图来观察其分布形态。

（一）茎叶图

茎叶图由"茎"和"叶"两部分构成，其图形是由数字组成的，反映原始数据的分布状况，并保留了原始数据的信息。"茎"代表分组，表示数据的高位数值，"叶"代表频数，列示个位数值，茎叶图类似于横置的直方图。通过茎叶图，能够看出数据的分布形状及离散状况，比如分布是否对称、均匀、集中，是否有离群点等。

绘制茎叶图的关键是设计好树茎，通常是以该组数据的高位数值作为树茎，而且树叶上只保留该数值的最后一个数字。树茎一经确定，树叶就自然地长在相应的树茎上了。

（二）箱线图

箱线图也称箱须图，是由一组数据的最大值、最小值、中位数、上四分位数和下四分位数 5 个特征值绘制而成的，用于描述该组数据的分布状况。通过箱线图，不仅可以反映出一组数据分布的特征，还可以进行多组数据分布特征的比较。对于一组数据，统计上也称为一个数据"批"，或单批数据。而对于多组数据，也称为多批数据。由单批数据绘制的为简单箱线图，由多批数据绘制的为比较箱线图。

箱线图是由一个箱子和两条线段组成的。箱线图的中心位置为中位数（P_{50}），中部的"箱"范围为四分位间距（即 $P_{75} \sim P_{25}$），"箱"两端的"须"一般为最大值与最小值。一般来说，根据箱线图可以判断数据分布的均匀程度。箱子越小，误差越小，数据分布越均匀。但当极端值太明显时，对分布也有较大影响。

箱线图除了能用手工进行绘制，也可以通过统计软件来进行绘制。比如借助 Excel 的股价图来绘制数据的箱线图。

四、线图

线图，也称线性图，是用折线或曲线在直角坐标中反映统计指标数值，是统计图中应用最多的一种图形。根据所反映的统计资料的内容，分为分配曲线图、依存曲线图和动态曲线图。

（一）分配曲线图

分配曲线图常称为折线图，是在直方图的基础上，连接各条形顶端中点，形成的一条折线（曲线）。折线图的两个终点要与横轴相交，具体的做法是：第一个矩形的顶部中点通过竖边中点（即该组频数一半的位置）连接到横轴，最后一个矩形顶部中点与其竖边中点连接到横轴，这样折线图下所围成的面积与直方图的面积相等，二者所表示的频数分布是一致的。当变量值数目较大，数列的组数也相应增多，组距越小，折线便近似地表现为一条平滑的曲线，曲线图是组数趋向无限多时折线图的极限描绘，是一种理论曲线。

（二）依存曲线图

依存曲线图是用曲线表示现象间的依存关系，在直角坐标系下，可以用横轴表示某一现象的指标数值，用纵轴表示另一有联系现象的指标数值。

（三）动态曲线图

动态曲线图常称为线图，是反映时间序列数据的图形，能够说明现象随着时间变化发生变动的趋势，可对事物进行动态变动分析，观察其变动的方向、幅度、有无变动周期。其横轴上标示时间的先后次序，纵轴上标示变量值，并且大多从原点"0"开始，如果数值与"0"之间的距离过大，则要采取折断符号表示，否则图形无法显示。所以，在绘制线图时应注意以下几点：①时间一般绘在横轴，指标数据绘在纵轴；②图形的长宽比例要适当，一般应绘成横轴略大于纵轴的长方形，其长宽比例大致为10∶7；③一般情况下，纵轴数据下端应从"0"开始，以便于比较。数据与"0"之间的间距过大，可以采取折断的符号将纵轴折断。

五、雷达图

雷达图主要用于反映多个变量、多个观察样本数据的图形，在一个平面上绘有多个数轴，每个轴对应一个变量，每个样本的各观察值分别在各轴上标出，并用折线把同一个样本的值连接起来。设有 n 组样本 S_1，S_2，……，S_n，每个样本测得 P 个变量 X_1，X_2，……X_p，且各变量值具有相同的正负号。要绘制这 P 个变量的雷达图，其具体做法是：先做一个圆，进行 P 等分，得到 P 个点，再将这 P 个点与圆心相连，形成 P

条数轴，观察值就列在各数轴上，每个变量值的大小用半径上的点到圆心的距离表示，再将同一样本的值在 P 个坐标上的点连线成多边形。这样，n 个样本形成的 n 个多边形就是一个雷达图。雷达图在显示或对比各变量的数值时十分有用。根据多边形面积的大小，可以比较不同总体数量上的差异。此外，利用雷达图也可以研究多个样本之间的相似程度。

六、统计表

统计表是用于显示统计数据的基本工具，它以纵横交叉的线条所绘制的表格来表现统计资料。通过统计表能使统计资料系统化、条理化，从而更清晰地表述统计资料的内容，便于阅读、理解、审核、比较、计算和分析。经过科学合理地组织资料，能避免烦琐的文字叙述，具备信息容量大的特点，便于资料的储存保管，是积累资料的有效手段。

第三节 数据分析

一、数据的描述分析

（一）相对指标分析

1. 相对指标的概念与作用

相对指标是指两个有联系的指标数值进行对比的比值，它反映着事物内部或事物间的数量关系特征。例如，将实际完成的数值与计划任务数值对比，可反映计划执行的进度和完成的程度；将不同时间上的同类指标数值对比，可反映现象变化的快慢程度等。

相对指标通过对比不同指标数值，将现象数量上的绝对差异抽象化，从而使那些由于规模不同，条件不同，无法直接对比的现象找到可比较的基础，实现对比分析的目的。从这个意义上讲，相对指标在统计分析中的运用主要表现在比较分析中。多数相对指标采用无名数，如系数、倍数、成数、百分数、千分数等表示，但也有相对指标采用有名数表示，如百元资金利税率指标，用"元"表示。

2. 常用相对指标及其计算方法

（1）反映数据结构特征的相对指标

结构相对指标。结构相对指标是指总体的部分数值与总体全部数值的比值，需在数据分组的基础上计算，习惯用百分数表示，其计算公式为：

$$结构相对指标 = \frac{总体的各组数值}{总体的全部数值} \times 100\%$$

比例相对指标。比例相对指标是指同一总体内某一部分数值与另一部分数值的比值，也是在数据分组的基础上计算。如果说结构相对指标反映的是部分与整体的数量关系，那么，比例相对指标反映的则是部分与部分之间的数量关系。比例相对指标的计算公式为：

$$比例相对指标 = \frac{总体中某一部分数值}{总体中另一部分数值}$$

比例相对指标既可用百分数表示，也可用一比几或几比几的形式表示。在数据的分析中，比例相对指标主要用于对具有结构规律的现象进行探索性分析以及评价各种比例关系是否协调。

（2）用于比较分析的相对指标

比较相对指标是指同一时间上不同总体的某一项指标数值之间对比的结果，它反映同类现象之间的数量差异和对比关系。其计算公式为：

$$比较相对指标 = \frac{某总体的某项指标数值}{另一总体的该项指标数值}$$

比较相对指标通常用系数或倍数表示。

在数据的分析中，运用比较相对指标的分析，即通常所说的横向比较分析。它有助于揭露矛盾，找出差距，挖掘潜力，促进事物进一步发展。

动态相对指标是指某一指标在同一空间、不同时间上的数值对比的结果，用来反映同一现象在时间上的变化快慢程度，又称为发展速度。其计算公式为：

$$动态相对指标 = \frac{报告期水平}{基期水平} \times 100\%$$

基期水平是比较的标准，报告期是观察研究的时期。

在数据的分析中，动态相对指标用于反映动态变化的数量特征，所进行的分析即通常所说的纵向比较分析。

计划完成程度相对指标是指某一时期实际完成数与该期计划数的比值，一般用百分数表示，它是专门用来考核一项计划完成情况的指标。其基本计算公式为：

$$计划完成程度相对指标 = \frac{实际完成数}{计划数} \times 100\%$$

由于现象的不同特点，人们在制订计划时，有的以总量指标数值和平均指标数值作计划数值，有的则以相对指标数值作计划数值。又由于不同表现形式的数值具有不同的特点，这些导致计划完成程度相对指标的计算方法不尽相同。

需注意的是，对越大越好的指标评价标准是，计划完成程度不小于100%为完成计划，而对于越小越好的指标，则是计划完成程度不大于100%为完成计划，计划数为相对指标。

3. 计算和运用相对指标分析时应注意的问题

（1）分子数值与分母数值必须具有可比性

相对指标分析用的是对比的方法，揭示的是现象间的联系程度，反映的是现象间的差异程度。进行对比，就要使对比的指标数值具有可比性；否则，就会歪曲事实，导致判断错误。分子与分母数值的可比性一般包括计算内容、计算方法、计算范围、计算价格等。

(2) 相对指标与绝对指标结合运用

相对指标在用对比的方法揭示现象间数量关系的同时，因抽象掉了现象的绝对水平，故反映不出现象间绝对量上的差异。绝对指标虽可反映现象的绝对水平，但又不能反映现象间的联系及数量关系。因此，应将相对指标与绝对指标结合起来运用。在对数据做对比分析时，既要看到现象的变化程度，又要看到这一变化程度下的绝对水平差异，从而深刻认识现象变化的实质。

（二）集中趋势分析

集中趋势是指一组数据向某一中心值靠近的特征表现，它反映了该组数据的中心位置所在。集中趋势分析也就是通过计算或测量反映数据中心位置的中心值，来分析数据的集中性特征。通常用于集中趋势描述分析的指标就是计算这一组数据的平均值，它是一个代表性数值，是通过消除数值间的具体差异来描述数据共性（也即集中趋势）的指标。

计算平均值的实质在于消除差别。如何消除数据间的数量差别，达到描述集中趋势的目的，这既要考虑平均值是否敏感于数据中的极端值，又要考虑数据的类型和特点，因此可将平均的方法进行如下分类：

1. 数值平均法

数值平均法是将一组数据全部数值进行平均的方法。其优点是，通过这种方法计算所得的平均数利用了全部数据的信息，每一项数据都会影响到平均数的大小；缺点是，该组数据中若存在极端值，则平均数将会受其影响，出现偏向极端值的情况，从而减弱其代表性和其所反映对象集中趋势的真实性。由于反映对象的性质特点不同，各个数值之间的数量关系模式也不同，因此具体的数值平均法主要有算术平均法和几何平均法。

（1）算术平均法

算术平均法是将一组数据相加后除以数据的个数而得到平均数的方法。所得平均数称为算术平均数，也称为均值，它是集中趋势的最重要的测度指标。通常根据所掌握数据资料的不同，算术平均法有简单算术平均法和加权算术平均法两种计算形式。

简单算术平均法。简单算术平均法是根据各个原始数据直接相加除以数据个数计算的平均数的方法，它是一种最易于理解和广泛应用的平均数计算形式。设原始数据有n个，各数据分别用 x_1，x_2，x_3，…，x_n 表示，算术平均数用 $\bar{x}$ 表示，计算公式为：

$$\bar{x} = \frac{x_1 + x_2 + x_3 + \cdots + x_n}{n} = \frac{\Sigma x}{n}$$

加权算术平均法。加权算术平均法是根据分组数据或根据各个数据的权数大小不等而加权计算平均数的方法。设各组数据分别用 x_1，x_2，x_3，…，x_n 表示，各组数据对应的权数依次用 f_1，f_2，f_3，…，f_n 表示，加权算术平均数的计算公式为：

$$\bar{x} = \frac{x_1 f_1 + x_2 f_2 + x_3 f_3 + \cdots + x_n f_n}{f_1 + f_2 + f_3 + \cdots + f_n} = \frac{\Sigma x_i f_i}{\Sigma f_i}$$

根据上面资料的加权算术平均数计算中，各组数据是采用它们的组中值为代表值，与实际各组水平可能会存在出入，因此，依此计算的平均数可以近似反映城市居民家庭的人均月消费支出额的集中趋势。

（2）几何平均法

几何平均法是将若干个数据的连乘积开数据个数次方根来计算平均数的方法，所计算的平均数称为几何平均数。这是一种特殊的平均数，适用于比率或速度平均值的计算，如平均比率、平均增长率等。设有 n 个数据，各数据分别用 x_1，x_2，x_3，…，x_n 表示，几何平均数用 G 表示，计算公式为：

$$G = \sqrt[n]{x_1 \times x_2 \times x_3 \times \cdots \times x_n} = \sqrt[n]{\prod x_i}$$

在数据中出现零值或负值时不宜使用几何平均数。

2. 位置平均法

位置平均数是根据数据所处位置而确定平均数的方法，所计算的平均数称为位置平均数或称位置均值。位置平均数在确定时，其数值大小取决于数据在数列中所处位置，而不会受极端值大小的影响，因此适用于数据中存在极端值的情况。依据具体确定方法和作用不同，位置平均法分为众数法和分位数法。

（1）众数法

众数（m_0）是指在一组数据中出现次数最多的那个数值，众数在数据中出现的次数最多，因此，它最具有普遍性和代表性，可以用于描述数据的集中趋势。

通常所说的众数应该表现为数据集中程度的测度数值，但它也可用来说明分类资料的集中程度。

有些数据分布没有明显的集中趋势，可认为不存在众数，有些数据会出现多个众数，即有两个或两个以上出现次数最多的数值。

（2）中位数法

中位数（m_e）是指将一组数据排序后，处于中间位置的数值，也称为二分位数。中位数是在一组数据中既不大也不小，处于中间水平的那个数值，因此可以用来代表数据的平均水平，反映数据的集中趋势。

根据调查的原始数据确定中位数，首先要对数据进行排序，然后确定中位数的位置，设数据个数为 N 个，中位数位置的计算公式为：

$$\text{中位数的位置} = \frac{N+1}{2}$$

其中各项指标：

平均数：样本平均数。

中位数：全部数据排序后位于中间的数值。

众数：出现次数最多的数值，本例中不存在众数。

标准差：样本标准差，在 Excel 中使用函数 Stder 计算。

方差：样本标准差的平方。

峰度：衡量数据分布起伏变化的指标，以正态分布为基准，比其平缓时为正值，反之为负。

偏度：衡量数据峰值偏移的指标，根据峰值在平均数左侧或右侧分别为正值或负值。

区域：即极差，是数据中最大值与最小值之差。

观测数：数据项数。

第 K（大）小值：数据区域中的第 K 个最（大）小值。

置信度（95%）：在显著性水平为 5% 时，平均数的允许误差。

（3）四分位数法

四分位数是将一组数据排序后，再将数列四等分，处于各分位点上的数值，称为四分位数，或称四分位点。

四分位数是通过 3 个点将全部数据四等分，其中每部分各包含 1/4 的数据。3 个四分位数按从小到大的顺序分别称为第一四分位数（Q_1）或称为下四分位数、第二四分位数（Q_2）即中位数 m 和第三四分位数（Q_3）或称为上四分位数。

设 N 为全部数据个数，根据排好顺序的数列，各四分位数的位置计算公式为：

$$下四分位数的位置 = \frac{N+3}{4}$$

$$中位数的位置 = \frac{2N+2}{4}$$

$$上四分位数的位置 = \frac{3N+1}{4}$$

（三）离中趋势分析

平均数把数据的差异抽象化，描述了数据分布的集中趋势。但数据之间是有差别的，它们以平均数为中心，呈现出集中趋势或离中趋势：集中趋势强，离散趋势弱；离散趋势强，集中趋势弱。但不可能只有集中趋势而无离中趋势，或只有离中趋势而无集中趋势。它们分别从两个侧面描述了数据分布的特征，是人们了解和掌握数据分布性质的基本着眼点。测定离中趋势的指标为变异指标。

根据数据类型和分析要求的不同，通常使用的变异指标有极差、四分位差、方差、标准差和离散系数等。

1. 极差、四分位差

极差和四分位差是测度离中趋势的两种最粗略和最简单的指标，适用于数据较少、差异不大的数据分析。

（1）极差

极差也称为全距，是一组数据中最大值与最小值之差。计算很简单，但用来描述数据离中程度很粗略，只能说明数据的变动幅度大小，并没有考虑中间数据之间的差别。

极差用 R 表示，计算公式为：R = 最大值 − 最小值。

（2）四分位差

四分位差是指上下四分位数之差，反映一组数据中分布在中间 50% 部分数据的离中程度。其数值越小，说明中间的数据越集中；数值越大，说明中间的数据越分散。

由于中位数处于数据的中间位置,所以四分位差的大小在一定程度上可说明中位数对一组数据的代表性大小。四分位差虽然也没有考虑全部数据的差异,但相对极差的描述准确性更好些。

四分位差用 Q_d 表示,计算公式为:$Q_d = Q_3 - Q_1$。

2. 方差、标准差

方差是一组数据中各个数值与其算术平均数离差平方的算术平均数。方差的平方根就是标准差,也称均方差。标准差是测度数据间离散程度最主要、最常用的指标。方差、标准差分别用 σ^2、σ 表示,它们的计算公式为:

$$方差\ \sigma^2 = \frac{\Sigma(x_i - \bar{x})^2}{n}$$

$$标准差\ \sigma = \sqrt{\frac{\Sigma(x_i - \bar{x})^2}{n}}$$

本书中所涉及的算术平均数、方差和标准差分别是基于一般计算,部分总体和样本在数据的推断分析中,是其具体运用,要分总体平均数(总体均值)、方差、样本平均数(样本均值)、方差分别计算,具体情况在第四章有详述。

3. 离散系数

为了分析比较平均水平不同数组平均数的代表性大小及其离散程度,仅利用标准差就不够了,这就要借助于离散系数来分析比较。离散系数通常根据标准差计算,因此也称为标准差系数。离散系数消除了计量单位不同和平均水平高低的影响,具有广泛的可比性,其数值的大小与平均数的代表性呈反比。

离散系数是指一组数据的标准差与其算术平均数的比值,它是用来测度数据离散程度的相对指标。离散系数用 V_σ 表示,计算公式为:

$$V_\sigma = \frac{\sigma}{\bar{x}} \times 100\%$$

二、数据的推断分析

(一)参数估计

1. 参数估计的一般问题

(1)总体参数与统计量

总体参数是根据总体数据确定的用来描述总体特征的概括性指标。常用的总体参数主要有:

总体均值:$\bar{x} = \dfrac{\Sigma X}{N}$

总体成数:$P = \dfrac{N_P}{N}$

总体方差:$\sigma^2 = \dfrac{\Sigma(X - \bar{x})^2}{N - 1}$

统计量是根据样本数据计算的反映样本特征的概括性指标。统计量是用来估计总体参数的，因此它与所需认识的总体参数是一一对应的，因此也有：

样本均值：$\bar{x} = \dfrac{\Sigma x}{n}$

样本成数：$p = \dfrac{n_p}{n}$

样本方差：$s^2 = \dfrac{\Sigma(x - \bar{x})^2}{n-1}$

因为样本具有随机性，所以统计量是个随机变量，其值也随样本的改变而不同。

（2）统计量的抽样分布

由于统计量是个随机变量，所以它的概率分布通常被称为抽样分布。抽样分布不仅可以计算估计误差这一随机事件发生的概率，而且可以控制估计误差。

（3）样本均值的抽样分布

一个正态总体。设总体 $\bar{x}$ 的均值为 μ，方差为 σ^2，$(x_1, x_2, \cdots, x_n)$ 是来自 $\bar{x}$ 的一个容量为 n 的随机样本。则有：

$E(\bar{x}) = \mu$

$$s_{\bar{x}}^2 = \dfrac{\sigma^2}{n}$$

$$s_{\bar{x}}^2 = \dfrac{\sigma^2}{n}\left(\dfrac{N-n}{N-1}\right)$$

上式 $\dfrac{N-n}{N-1}$ 为校正系数，当 N 很大时，校正系数可简写为 $1 - \dfrac{n}{N}$，那么，样本均值的分布就可表示为：

$$\bar{x} \sim N\left(\mu, \dfrac{\sigma^2}{n}\right)$$

$$\bar{x} \sim N\left(\mu, \dfrac{\sigma^2}{n}\left(1 - \dfrac{n}{N}\right)\right)$$

若将样本均值这一随机变量标准化，即将样本均值 $\bar{x}$ 减去其数学期望值 μ，再除以其标准误差 $\dfrac{\sigma}{\sqrt{n}}$，就得到一个数学期望值为 0 且方差为 1 的标准正态变量 Z，即：

$$Z = \dfrac{\bar{x} - \mu}{\sqrt{\dfrac{\sigma^2}{n}}} \sim N(0, 1)$$

当总体 $X \sim N(\mu, \sigma^2)$，但 σ^2 未知且小样本状态下，若将上述标准化随机变量中用无偏样本方差 s^2 代替总体方差 σ^2，则经此替换后的随机变量就服从自由度为（n-1）的 t 分布，替换后的随机变量为 t，即 t 统计量及其分布为：

$$t = \dfrac{\bar{x} - \mu}{\sqrt{\dfrac{s^2}{n}}} \sim t(n-1)$$

两个正态总体。设总体 X_1 和总体 X_2 的均值与方差分别为 (μ_1, σ_1^2) 和 (μ_2, σ_2^2)，$\bar{x}_1$ 为来自 X_1 的容量为 n_1 的样本均值，$\bar{x}_2$ 为来自 X_2 的容量 n_2 的样本均值。

则有：
$$\bar{x}_1 - \bar{x}_2 \sim N\left(\mu_1 - \mu_2, \frac{\sigma_1^2}{n_1} + \frac{\sigma_2^2}{n_2}\right)$$

当总体 X_1 和总体 X_2 的方差 σ_1^2、σ_2^2 均未知但相等时，小样本状态下，对 $\mu_1 - \mu_2$ 值的估计仍需引入 t 统计量，即 t 统计量及其分布为：

$$t = \frac{(\bar{x}_1 - \bar{x}_2) - (\mu_1 - \mu_2)}{s_k \sqrt{\frac{1}{n_1} + \frac{1}{n_2}}} \sim t(n_1 + n_2 - 2)$$

其中 s_k^2 为总体方差的联合无偏估计量，计算公式为：

$$s_k^2 = \frac{(n_1 - 1) s_1^2 + (n_2 - 1) s_2^2}{n_1 + n_2 - 2}$$

非正态总体（大样本）状态下，由中心极限定理可知，只要样本容量 n 足够大，样本均值的抽样分布就近似服从正态分布。

2. 参数估计的方法

（1）点估计

点估计是依据样本估计总体分布中所含的未知参数或未知参数的函数。通常它们是总体的某个特征值，如数学期望、方差和相关系数等。点估计问题就是要构造一个只依赖于样本的量，作为未知参数或未知参数的函数估计值。构造估计量的方法很多，其中最直观、最简单的是据估计法。

所谓据估计法，概括来说就是用样本矩作为总体同一矩的估计量，用样本矩的函数作为总体相应矩同一函数的估计量。总体指标的估计量通常用代表该总体指标的字母戴一个尖帽表示。

总体均值的估计量：$\hat{\mu} = \bar{x} = \frac{\sum x}{n}$

总体方差的估计量：$\hat{\sigma}^2 = s^2 = \frac{\sum (x - \bar{x})^2}{n}$

总体总量的估计量：$\hat{N}_\mu = \overline{Nx} = N \frac{\sum x}{n}$

总体标准差的估计量：$\hat{\sigma} = s = \sqrt{\frac{\sum (x - \bar{x})^2}{n}}$

总体成数的估计量：$\hat{P} = p = \frac{n_1}{n}$

总体相关系数的估计量：$\hat{\rho}_{xy} = r_{xy} = \frac{s_{xy}}{s_x s_y}$

为了保证用于估计总体指标的估计量准确可靠，通常要求所使用的估计量具备三个优良性质。第一是一致性，即对于总体指标 θ，若其估计量 $\hat{\theta}$ 的取值随着样本容量的增大越来越接近于总体指标的真实值，则该估计量 $\hat{\theta}$ 就称为总体指标 θ 的一致估计量；第二是无偏性，即对于总体指标 θ，若其估计量 $\hat{\theta}$ 的数学期望等于总体指标 θ 的真实值

($E(\hat{\theta}) = \theta$)，则该估计量$\hat{\theta}$就称为总体指标θ的无偏估计量；第三是有效性，即对于任一总体指标θ，若存在两个无偏估计量$\hat{\theta}_1$和$\hat{\theta}_2$，其中估计量$\hat{\theta}_1$的估计误差平均来说小于估计量的估计误差，则称估计量$\hat{\theta}_1$比$\hat{\theta}_2$有效。

（2）区间估计

所谓区间估计，就是在事先给定的概率保证程度下，根据样本估计量的概率分布，确定出可能包含未知总体参数的某个区间，作为对未知总体参数的估计。记待估计的未知总体指标为θ，样本估计量为$\hat{\theta}$，事先给定的概率为$1-\alpha$，若根据样本估计量$\hat{\theta}$的概率分布可计算出一个区间（$\hat{\theta}_L, \hat{\theta}_U$），使得该区间包含未知总体参数$\theta$的概率等于事先给定的概率$1-\alpha$，即P（$\hat{\theta}_L < \theta < \hat{\theta}_U$）$= 1-\alpha$，则该区间（$\hat{\theta}_L, \hat{\theta}_U$）就称为未知总体参数的置信区间。其中：$\hat{\theta}_L$称为置信下限，$\hat{\theta}_U$称为置信上限，$1-\alpha$称为置信概率或置信度，表明该区间估计的可靠程度或把握程度，α称为该区间估计的风险。

未知总体参数的区间估计要根据其估计量的概率分布来计算，不同的估计量其概率分布不同，置信区间的计算方法也有所不同。现就常用的总体指标置信区间的计算方法问题简单介绍如下。

总体均值的区间估计。由抽样分布理论可知，对于大样本而言，样本均值的概率分布总可近似地看成是正态分布，由此就可得出总体均值μ的置信区间为：

$$\left(\bar{x} - Z_{\frac{\alpha}{2}} \frac{\sigma}{\sqrt{n}}, \ \bar{x} + Z_{\frac{\alpha}{2}} \frac{\sigma}{\sqrt{n}}\right)$$

其中$Z_{\frac{\alpha}{2}} \frac{\sigma}{\sqrt{n}}$是用样本均值$\bar{x}$估计总体均值$\mu$所产生抽样估计误差（$\bar{x} - \mu$）的误差限。

对于小样本的情况，由样本均值标准化的随机变量将不再服从正态分布，而是服从自由度为（$n-1$）的t分布。这样在计算总体均值的置信区间就只能使用样本容量固定时的概率分布。从而得出总体均值μ的置信区间为：

$$\left(\bar{x} - t_{\frac{\alpha}{2}} \frac{\sigma}{\sqrt{n}}, \ \bar{x} + t_{\frac{\alpha}{2}} \frac{\sigma}{\sqrt{n}}\right)$$

其中$t_{\frac{\alpha}{2}} \frac{\sigma}{\sqrt{n}}$是用样本均值$\bar{x}$估计总体均值$\mu$所产生抽样估计误差（$\bar{x} - \mu$）的误差限。

总体成数的区间估计。由样本成数的抽样分布理论可知，在大样本条件下，样本成数P近似服从数学期望为总体成数P、方差为$\frac{P(1-P)}{N}$的正态分布，其标准化的随机变量则近似服从标准正态分布。由此可得在$1-\alpha$的置信概率之下的总体成数P的置信区间为：

$$\left(p - Z_{\frac{\alpha}{2}} \sqrt{\frac{P(1-P)}{n}}, \ p + Z_{\frac{\alpha}{2}} \sqrt{\frac{P(1-P)}{n}}\right)$$

其中$Z_{\frac{\alpha}{2}} \sqrt{\frac{P(1-P)}{n}}$也是用样本成数p估计总体成数P所产生抽样估计误差

(p－P) 的误差限。

从这个置信区间和抽样估计误差限的公式不难看出，要计算出该置信区间和抽样估计误差限需要用到总体成数 P，而总体成数 P 正是需要估计的指标，显然是未知的，所以实践中只能用其估计量样本成数 p 代替近似计算。从而总体成数的置信区间就可写成：

$$\left(p - Z_{\frac{\alpha}{2}}\sqrt{\frac{p(1-p)}{n}}, \ p + Z_{\frac{\alpha}{2}}\sqrt{\frac{p(1-p)}{n}}\right)$$

总体方差的区间估计。由抽样分布理论可知，对于来自正态总体的一个随机样本，其修正的无偏样本方差 S^2 与总体方差 σ^2 比值的 $(n-1)$ 倍，服从自由度为 $(n-1)$ 的 χ^2 分布。由此可得总体方差 σ^2 的置信区间为：

$$\left(\frac{(n-1)s^2}{\chi^2_{\frac{\alpha}{2}}}, \ \frac{(n-1)s^2}{\chi^2_{1-\frac{\alpha}{2}}}\right)$$

（二）假设检验

1. 假设检验的一般问题

（1）假设检验的含义及目的

假设检验是利用样本资料来检验对总体参数的假设是否可信的一种统计方法，是区间估计中置信区间的另一种表达方式。因为置信区间实际上是在一定概率保证程度下利用样本资料推算总体参数可能存在的范围，而对总体参数所作的假定，有可能落在置信区间之内，也有可能落在置信区间之外。在同一样本、同一统计量、同一分布的前提下，对总体参数所作的假定如果是落在置信区间之外，则可判定假设具有显著性差异，不能接受；如果是落在置信区间之内，则可判定假设不具有显著性差异，可以接受。所以，置信区间是所有可以接受的对总体参数所作假设的总和。

假设检验主要是对实际的抽样指标与假设的总体指标之间的检验，目的在于判断原假设的总体参数值和现在实际的总体参数值之间是否存在显著差异，而检验的方法就是利用样本资料所含的信息判断这种差异是否显著。

（2）显著性水平

假设检验首先要从原来的总体出发，确定一个假设的总体参数，然后通过样本统计量与假设的总体参数之间进行比较，看两者之间的差异是否达到显著的程度。这里实际上是运用了概率性质的反证法原理，其理论根据是建立在人们普遍使用的"小概率事件原理"，即小概率事件在一次试验中几乎是不可能发生的推断理论。在实际进行假设检验时，通常是取概率小于 0.05、0.01 或 0.1 的事件为小概率事件，即小概率事件的概率临界值是 0.05、0.01 或 0.1，这就是人们通常所说的显著性水平，常用 α 表示，即 $\alpha = 0.05$、$\alpha = 0.01$ 或 $\alpha = 0.1$。

当原假设成立的情况下，由样本统计量构成的概率分布自然也是确定的，并且还是已知的。这样在给定的显著性水平下，就能够确定因抽样误差引起的样本估计值对总体参数原假设值之间最大可能的偏离值，作为判断原假设正确与否的临界值。

(3) 假设检验的程序和类型

假设检验的程序。在进行假设检验时，先要给出原假设 H_0 和备择假设 H_1，并确定检验的显著性水平 α，然后构造一个供检验用的样本统计量，并且依据该样本统计量的概率分布确定接受区域和拒绝区域，或者计算出该假设检验的 p 值（检验统计量的取值正好落在其实际样本值之上和之外的概率），最后通过对检验统计量的实际样本值与其临界值的比较，或者通过对假设检验的 p 值与显著性水平 α 的比较，来判断是接受还是拒绝原假设。由此可见，假设检验一般需要经过如下程序。第一步：提出原假设 H_0 和备择假设 H_1。第二步：确定检验的显著性水平 α。第三步：构造一个供检验用的样本统计量。第四步：在原假设成立的情况下，依据检验统计量的概率分布，确定检验统计量的临界值，并依此临界值确定检验的接受区域和拒绝区域，或者计算出假设检验的 p 值。第五步：对检验统计量的实际样本值与其临界值或者 p 值与显著性水平 α 进行比较，作出接受还是拒绝原假设的结论。

必须指出的是，在假设检验中，即便是根据样本数据计算得到的检验统计量的实际样本值或 p 值接受了或者拒绝了原假设，也并不能够说明原假设就一定成立或者不成立，只能认为是样本所提供的信息可以接受或者拒绝原假设。

假设检验的类型。由于在提出假设时，根据所研究的总是性质不同的两种不同构造的假设方法，统计假设检验可分为双侧检验和单侧检验两种类型。其中单侧检验还可根据问题的要求进一步分为左单侧检验和右单侧检验。

2. 假设检验的两类错误与功效

(1) 假设检验的两类错误

假设检验实际上就是在原假设和备择假设之间作出选择的过程。选择的根据就是依据样本资料计算的检验统计量。在给定的显著性水平下，如果检验统计量落在接受区间，那么就接受原假设；如果检验统计量落在拒绝区间，那么就拒绝原假设。

可是问题并不是那么简单，由于样本单位抽取的随机性，导致了检验统计量也带有随机性，即便是落在接受区间，也不一定原假设就是正确的。这就是说，在假设检验过程中，可能作出正确决策，也可能作出错误决策。作出正确决策的情况有两种：当原假设正确时作出了接受的决策；当原假设不正确时作出了拒绝的决策。作出错误决策的情况也有两种：当原假设正确时作出了拒绝的决策；当原假设不正确时作出了接受的决策。这两种错误分别称为第Ⅰ类错误和第Ⅱ类错误。

(2) 假设检验的功效

第Ⅱ类错误是当原假设本来是不正确的情况下作出了接受的错误决定，如果用 β 表示出现这种错误的概率，实际上就是正确备择假设被拒绝的概率。这样正确备择假设被接受的概率应该是 $(1-\beta)$，这个概率就叫假设检验的功效。

因为 β 是要根据备择假设所给定的总体参数的具体数值来计算的，所以备择假设值不同，出现第Ⅱ类错误的概率也就不同，从而假设检验的功效也就不同。当备择假设值与原假设值之间的离差越大，出现第Ⅱ类错误的概率将迅速缩小，检验的功效则迅速扩大。

三、数据分析中的常用软件

(一) Excel 在数据分析中的应用

1. Excel 的基本操作

Excel 是世界公认的优秀软件之一。它不仅制表和绘图能力很强,而且备有数学、财务、统计、工程等 10 类 300 多种函数,以及统计数据分析等多种分析方法和分析工具,能进行各种复杂的计算和分析。这些功能对经济管理人员、工程技术人员和科研人员都是非常实用的。

在 Excel 中,文件通常是指存放和处理数据的工作簿。一个工作簿可以包含多个工作表和图表,工作表和图表是直接记录、计算和分析数据的对象。

Excel 的基本操作包括建立新文件、打开已有文件、保存文件、打印文件、关闭文件和退出等。

新建文件,实际上启动 Excel 后,窗口中的空白操作区就是放置新文件的地方,可以直接进行输入操作,程序将在标题栏自动为新文件命名为 Book1,Book2……

单击"打开"按钮,选择要打开文件所在的驱动器或文件夹,再从中找到要打开的文件,然后双击该文件名,这样该文件就被打开。

单击"常用"工具栏中的"保存"按钮,即自动将编辑修改的内容保存下来。

文件若需打印,应先查看打印效果。方法是单击"常用"工具栏的"打印预览"按钮,可以查看整体效果。如果页面设置不妥,可单击"设置"按钮,进行必要的修改。

2. Excel 的制表、计算和绘图

在数据分析中,经常需要对零碎、分散、不系统的数据用表格的形式表现出来,使之系统化、条理化。Excel 主要适用于包含复杂计算、统计分析、数据检索、排序和绘制统计图的表格制作。进入 Excel 后,整个窗口呈现出一个横竖线交叉的大表。表的上端用 A、B、C……标明列号,表的左侧用 1、2、3……标明行号,由横竖线组成的长方格叫单元格。这张大表是 Excel 的操作区,可以直接向表格中输入数据。为操作方便,可先画出表的边框线,确定表的轮廓,并在输入数据的同时,进行必要的调整、修改。

表格初步建成以后,还需进行单元格、行、列以及整个工作表的移动、复制、插入、删除等编辑操作。同时,为使表格更加符合标准,更美观,还需对表格进行行列调整,字体、字号及字形选择,数字格式选择,数据排序,以及设置对齐方式、边框和底纹等格式化工作。

在数据分析中,对数据的加工计算是基本的方法手段。Excel 不仅制表能力很强,更可贵的是具有强大的计算功能。它不但能利用公式进行简单的代数运算,而且能分析复杂的数学模型。它的数学、统计、财务等 10 类 300 多种函数,可以直接用于计算。它可以使用数组公式同时进行多重计算,并得出一个或多个结果。

公式是在工作表中对数据进行分析计算的等式,它必须从"="号开始,后面是参加计算的运算项和运算符。运算项可以是数值，也可以是单元格或单元格区域的引用，或单元格的标志和名称，还可以是工作表函数。运算符包括算术运算符、比较运算符、文字运算符、引用运算符（联合运算符、区域运算符、交叉运算符）。在各类运算符中，首先运行引用运算符，其次运行算术运算符，再次运行文字运算符和比较运算符。其中算术运算符的计算顺序是：负数 - 、% 、^ 、* 和/ 、+ 和 - 。如有需要提前计算的部分，要用括号括起来。

在公式中如果要使用函数，可在" = "左边单击函数 f_x ，屏幕弹出插入函数对话框，再从中选择所需要的函数。常用于数据分析的函数有 80 个，相关的常用数据库函数 13 个，相关的常用数学函数 19 个。

输入数组公式与输入单值公式方法基本相同。首先单击待输入公式的单元格，如果要求给出多个结果，那么要根据输出结果的个数多少来选定单元格区域然后输入公式，系统将自动为公式加上大括号｛｝，最后按 Ctrl + Shift + Enter 组合键结束操作，计算结果即显示在已选定的单元格或单元格区域内。

在数据分析中，经常要用各种统计图来表现统计资料。Excel 不仅制表能力很强，而且能简便迅速地绘制各种统计图，包括柱状图、条形图、折线图、饼图、散点图、面积图、圆形图、雷达图、曲面图、气泡图、股价图、圆锥图、棱锥图等。用 Excel 绘制任何一种统计图，首先要选定用于绘图的数据资料，其次单击"图表向导"列示的步骤依次完成各步操作，最终得到所需要的图形初始形态，然后再利用 Excel 很强的图形再编辑功能，对产生的图形进行各种编辑修改以使其图形更符合要求，最后将图插入到 Word 文档的合适位置。

3. Excel 在统计数据搜集、整理、描述中的应用

数据分析从搜集数据开始，而抽样调查则是用来搜集数据被广泛采用的一种专门调查。组织抽样调查，首先要从调查对象中抽取部分单位作为样本，然后对样本单位进行调查，再根据调查取得的样本数据推断总体的数量特征。在 Excel 的数据分析工具中有一个"抽样"工具，可以简便迅速地完成抽样工作。使用"抽样"工具抽取样本，先要画出数据表，输入总体各单位的编号，然后在"抽样"对话框的"输入区域"框中输入总体单位编号的单元格区域，再在"抽样方法"项下选择"周期"或"随机"任一种模式，最后指定输出区域，回车即可得到所抽取的样本。

搜集的数据，必须经过加工整理，使之系统化、条理化，才能满足数据分析的需要。在 Excel 的统计函数中有一个专用于统计分组的 FREQUENCY 函数，在数据分析工具中还有一个"直方图"工具，可以一次完成数值变量的分组、计算频数和频率、绘制直方图和累计频率折线图等全部操作。至于对属性变量的分组、频数统计则要利用"数据"菜单中"数据透视表"的功能进行。

4. Excel 中数据分析工具的应用

数据经过分组整理，初步了解到其数量变化规律后，还要进一步找出能够充分描述其数量变化规律的特征值。对于数据的分布，可以从集中趋势和分散程度两个方面进行描述。在 Excel 中，这两方面的描述都可以用统计函数和公式完成。此外，在 Excel 的数据分析工具中，还有一个专用于这两方面的"描述统计"工具，可以一次给出十几项描述数据分布规律的特征值。

除此之外，在 Excel"工具"菜单中的"数据分析"对话框中，还列有方差分析（单因素方差分析、可重复双因素方差分析、无重复双因素方差分析）、相关系数、协方差、指数平滑、F-检验（双样本方差）、傅里叶分析、直方图、移动平均、随机数发生器、排位与百分比排位、回归、抽样、t-检验（平均数的成对样本分析、双样本等方差假设、双样本异方差假设）和 Z-检验（双样本平均差检验）等分析工具。这些应用问题将在以后各有关章节中采用"问题描述——实现步骤——结果解释"形式，将分析方法、Excel 操作和实例有机地结合起来，并对生成结果进行深度分析。

（二）SPSS 在数据分析中的应用

1. SPSS 软件简介

SPSS 是重要的数据分析软件之一，它的功能十分强大，包括数据维护管理、数据分析、图表分析和输出管理等功能。基本统计过程有描述性统计、均值比较和 £ 检验、一般线性模型、对数线性模型、相关分析、回归分析、方差分析、聚类分析、判别分析、主成分分析、因子分析、非参数检验、信度分析、数据简化、生存分析、时间序列分析、多重响应等。在社会科学、自然科学的各个领域发挥着巨大作用，并已应用于通信、医疗、生物、工程、银行、证券、保险、制造、商业、农林、水利、房地产、市场研究、科研教育等多个行业。

SPSS 突出的特点是操作简单、界面友好、输出结果美观清晰。它将几乎所有的功能都以统一、规范的界面展现出来，使用 Windows 的窗口方式展示各种管理和分析数据方法的功能，对话框展示出各种功能选择项。用户只要掌握一定的 Windows 操作技能，粗通数据分析原理，就可以使用该软件为特定的科研工作服务，因此是开展数据分析工作的首选分析软件。

SPSS 的工作环境是由窗口、菜单、对话框等组成的，所以 SPSS 的安装、启动、在数据分析中的运用、退出等基本操作大部分是通过菜单、按钮、对话框来完成的，易学、易懂，使用方便。

2. SPSS 的主界面

在 SPSS Data Editor 工作区中有两个用户界面，一个是 SPSS 数据编辑界面，另一个是 SPSS 结果输出界面。

（1）SPSS 的数据编辑界面

SPSS 的数据编辑界面由标题栏、菜单栏、工具栏、编辑栏、变量名栏、内容区、界面切换标签页和状态栏组成。SPSS 数据编辑界面左下角有两个标签："Data View"（数据视图）和"Variable View"（变量视图），用于产生和编辑 SPSS 数据文件中的变量和数据。"Data View"对应的表格用于查看、录入和修改数据，采取按列输入的方法，依次逐列输入数值"Variable View"对应的表格用于输入和修改变量的定义，一行代表一个变量定义，各列分别代表变量名、变量类型、变量长度、小数位数、变量名标签、变量值标签、缺失值定义、变量列宽、数值对齐方式和变量特性的测量尺度等。

（2）SPSS 结果输出界面

SPSS 结果输出界面名为 Viewer，它是显示和管理 SPSS 数据分析结果、报表及图形的界面。结果输出分左右两个部分，左边部分是索引输出区，用于显示已有的分析结果标题和内容索引；右边部分是各个分析的具体结果，称为详解输出区。

3. SPSS 分析功能的一般操作步骤

第一步：在 SPSS Data Editor 工作区中定义变量，并建立、编辑、整理数据文件和图表等。第二步：从 Analyze 中选择数据分析方法。从 Analyze 中可供选择的数据分析方法很多，比如频数分析、交叉列表分析、多选项分析、平均数分析、假设检验、方差分析、相关分析、回归分析、聚类分析、判别分析、主成分分析、因子分析、信度分析、图形绘制等。第三步：在打开分析的各级对话框中选择分析变量、设置参数。SPSS 在各种分析中的应用，首先要选择打开分析主对话框，然后选择输出统计量、输出统计图、分析方法和建立保存各类解的新变量。第四步：在 SPSS Viewer 中查看、解释、分析所生成的各种结果。SPSS 在数据分析中的各种应用问题时，应采用"问题描述——实现步骤——结果解释"形式，将分析方法、SPSS 操作和实例有机地结合起来，并对生成结果进行深度分析。

第三章

云计算服务及虚拟化技术

第一节 云计算服务

一、云服务概述

云服务是指可以作为服务提供使用的云计算产品,包括云主机、云空间、云开发、云测试和综合类产品等。

"云"提供 3 个层面的服务:IaaS、PaaS 和 SaaS。

在 IaaS 层,服务于用户的是基础设施,如计算机,包括 CPU、内存、磁盘空间、网络连接等基础设备以及操作系统等基础软件。用户使用的一般都是虚拟机,因此 IaaS 服务是虚拟化技术发展的产物。

PaaS 服务是在基础层之上提供中间件,让用户能够快速开发部署 SaaS 应用,这些应用开发是对原始 PaaS 应用进行扩展,使其能够快速开展业务。

SaaS 服务是面向用户的应用,是基于 PaaS 开发的,并可使用 IaaS 部署的服务,因此构建"云"服务时,要同时了解 IaaS、PaaS 和 SaaS 特点,有针对性地设计构架。

二、云的服务模式

(一) IaaS

基础设施即服务(Infrastructure as a Service,IaaS)是为用户按需提供基础设施资源(服务器/存储和网络)的共享服务,是当前业界相对成熟的云计算服务形式。IaaS 的服务通常包括网络和通信系统提供的通信服务、服务器设备提供的计算服务、数据存储系统提供的存储服务。

1. IaaS 的服务理念

由于 IaaS 还是较新的概念,不同的组织、机构和个人都有不同的理解,但归根结底，其对 IaaS 理念的理解是一致的。IaaS 的理念是通过网络向企业用户和个人用户提供 IT 基础资源服务，如计算能力、存储能力等，这些服务直接依赖于基础设施资源（如服务器、存储设备和网络设备等）。IaaS 就是将这些硬件和基础软件以服务的形式交付给用户，使用户可以在这个平台上安装部署各自的应用系统。

通常，IaaS 服务所能提供的服务功能较单一，不能直接满足应用系统的运行要求，IaaS 提供者将几个 IaaS 服务进行组合，包装成 IaaS 服务产品。如一个虚拟化服务器产品可能需要来自网络和通信服务的 IP 地址和 VLAN ID，需要来自计算服务的虚拟化服务器，需要来自存储服务的存储空间，还可能需要来自软件服务的操作系统。

2. IaaS 的优势

与传统的企业数据中心相比，IaaS 服务在很多方面都存在一定的优势，如下是最明显的几个优势。

① 免维护。主要的维护工作都由 IaaS 云供应商负责，所以用户不必操心。

② 非常经济。首先免去了用户前期的硬件购置成本，而且由于 IaaS 云大都采用虚拟化技术，所以应用和服务器的整合率普遍在 10%（也就是一台服务器运行 10 个应用）以上，这样能有效降低使用成本。

③ 开放标准。虽然很多 IaaS 平台都存在一定的私有功能，但是由于 OVF 等应用发布协议的诞生，IaaS 在跨平台方面稳步前进，这样应用能在多个 IaaS 云上灵活地迁移，而不会被固定在某个企业数据中心。

④ 支持的应用。因为 IaaS 主要是提供虚拟机，而且普通的虚拟机能支持多种操作系统，所以 IaaS 所支持应用的范围非常广泛。

⑤ 伸缩性强。一方面能够弹性地进行扩容，另一方面能够为用户按需提供资源，并能够对资源配置进行实时修改和变更。

⑥ 更加智能。IaaS 能实现资源的自动监控和分配、业务的自动部署，能够将设备资源和用户需求更紧密地结合。

3. IaaS 的功能

IaaS 在企业内部能够进行资源整合和优化，提高资源利用率；对外则能够将 IT 资源作为一种互联网服务提供给终端用户，使用户能低成本、低门槛地实现信息化。IaaS 的主要功能如下：

① 资源抽象。使用资源抽象的方法，能更好地调度和管理物理资源。

② 负载管理。通过负载管理，不仅能使部署在基础设施上的应用更好地应对突发情况，而且还能更好地利用系统资源。

③ 数据管理。对云计算而言，数据的完整性、可靠性和可管理性是对 IaaS 的基本要求。

④ 资源部署。也就是将整个资源从创建到使用的流程自动化。

⑤ 安全管理。IaaS 安全管理的主要目标是保证基础设置和其提供的资源被合法地访问和使用。

⑥ 计费管理。通过细致的计费管理能使用户更灵活地使用资源。

4. IaaS 的技术架构

IaaS 通过采用资源池构建、资源调度、服务封装等手段，可以将资源池化，实现

IT 资产向 IT 资源按需服务的迅速转变。

通常来讲，基础设施服务（IaaS）的总体技术架构主要分为资源层、虚拟化层、管理层和服务层在内的 4 层架构。

① 资源层。位于架构最底层的是资源层，主要包含数据中心所有的物理设备，如硬件服务器、网络设备、存储设备及其他硬件设备。

资源层的主要资源如下：

a. 计算资源。计算资源是指数据中心中各类计算机的硬件配置，如机架式服务器、刀片服务器、工作站、桌面计算机、笔记本等。在 IaaS 架构中，计算资源是一个大型资源池，其计算资源可动态、快速地重新分配，并且不需要中断应用或者业务。不同时间，同一计算资源被不同的应用或者虚拟机使用。

b. 存储资源。存储资源分为本地存储和共享存储。本地存储指可以直接连接在计算机上的磁盘设备，如 PC 普通硬盘、服务器高速硬盘、外置 USB 接口硬盘等；共享存储一般指 NAS、SAN 或者 iSCSI 设备，这些设备通常由专用的存储厂提供。在 IaaS 架构中，存储资源的主要目的是存放应用数据或者数据库，以及大量的虚拟机。而且在合理设计的 IaaS 架构中，由于高可用性、业务连续性等因素，一般都会选择在共享存储中存放虚拟机，而不是本地存储中。

c. 网络资源。网络资源分为物理网络和虚拟网络。物理网络是指主硬件网络接口（NIC）连接物理交换机或其他网络设备的网络。虚拟网络是人为建立的网络连接，其连接的另一方通常是虚拟交换机或者虚拟网卡。为了适应架构的复杂性，满足多种网络架构的需求 IaaS 架构中的虚拟网络可以具有多种功能，在前面虚拟化中网络虚拟化已提到。

虚拟网络资源往往带有物理网络的特征，如可以为其指定 VLAN ID，允许虚拟网络划分虚拟子网。

② 虚拟化层。虚拟化层位于资源层之上，作用是按照用户或者业务的需求，从资源池中选择资源并打包，从而形成虚拟机应用于不同规模的计算。如果从池化资源层中选择了两个物理 CPU，4 GB 物理内存、100 GB 存储，便可以将以上资源打包，形成一台虚拟机。

虚拟化层是实现 IaaS 的核心模块，位于资源层与管理层中间，包含各种虚拟化技术，主要是为 IaaS 架构提供最基本的虚拟化实现。针对虚拟化平台，IaaS 应该具备完善的运维、管理功能。这些管理功能以虚拟化平台中的内容及各类资源为主要操作对象，而对虚拟化平台加以管理的目的是保证虚拟化平台的稳定运行，可以随时顺畅地使用平台上的资源及随时了解平台的运行状态。虚拟化平台主要包括虚拟化模块、虚拟机、虚拟网络、虚拟存储及虚拟化平台所需要的所有资源，包括物理资源及虚拟资源，如虚拟机镜像、虚拟磁盘、虚拟机配置文件等。

虚拟化技术的运用，可以实现使用物理资源构建不同规模、不同能力的计算资源，并可以动态、灵活地对这些计算资源进行调配。对于 IaaS 架构的运维中，针对虚拟化平台的管理是必不可少的，这也是极其重要的一个部分。

③ 管理层。虚拟化层之上为管理层，管理层主要对下面的资源层进行统一的运维

和管理，包括收集资源的信息，了解每种资源的运行状态和性能情况，决定如何借助虚拟化技术选择、打包不同的资源，以及如何保证打包后的计算资源——虚拟机的高可用性或者如何实现负载均衡等。

管理层的主要构成包括以下几个部分：

a. 资源配置模块。是资源层的主要管理任务处理模块，管理人员可以通过资源配置模块方便、快速地建立不同的资源，包括计算资源、网络资源和存储资源。除此之外，管理人员还应该能够按照不同的需求灵活地分配资源、修改资源分配情况等。

b. 系统监控平台。在 IaaS 架构中，管理层位于虚拟化层与服务层之间。管理层的主要任务是对整个 IaaS 架构进行运维和管理，因此其包含的内容非常广泛，主要有配置管理、数据保护、系统部署和系统监控。

c. 数据备份与恢复平台。同系统监控一样，数据备份与恢复也属于位于虚拟化层与服务层之间的管理层中的一部分。数据备份与恢复的作用是帮助 IT 运维、管理人员按照提前制订好的备份计划进行各种类型数据、各种系统中数据的备份，并在任何需要的时候恢复这些备份数据。

d. 系统运维中心平台。在 IaaS 架构中包含各种各样的专用模块，这些模块需要一个总的接口，一方面能够连接到所有的模块，对其进行控制，得到各个模块的返回值，从而实现交互；另一方面需要能够提供人机交互界面，便于管理人员进行操作、管理，这就是 IaaS 中的系统运维中心平台。

e. IT 流程的自动化平台。位于服务层的管理平台主要是 IT 流程的自动化平台。在传统数据中心中，IT 管理人员的任务往往是单一的、任务化的。即使数据中心包含多个模块、组成部分，但管理人员所需要进行的工作往往只发生在一个独立的系统中，且通过简单的步骤或者过程即可完成。既不需要牵扯到其他的模块、组成部分，同时参与的人员数量也相对较小，大部分的工作通过手工或半自动的方式即可完成，因此对于服务流程自动化的需求相对较低。

④ 服务层。服务层位于整体架构的最上层，主要向用户提供使用管理层、虚拟化层和资源层的接口。不论是通过虚拟化技术将不同的资源打包形成虚拟机，还是动态调配这些资源，IaaS 的管理人员和用户都需要统一的界面来进行跨越多层的复杂操作。

服务门户可对资源进行综合运行监控管理，一目了然地掌控多时运行状态。

a. 服务器资源信息。这里是用户所拥有的服务器信息一览，可以直观地看到服务器所处的健康状况。

b. 应用程序信息。这里是用户在自己服务器上安装的应用程序的信息，可以直观地看到应用程序的健康状况。

c. 资源统计信息。即用户拥有资源的一个综合汇总信息。

d. 系统报警信息。这里是系统告警信息的一个汇总。

e. 由云数据中心提供的各类增值服务，如系统升级维护、数据备份/恢复、系统告警、运行趋势分析等。

另外，对所有基于资源层、虚拟化层、管理层，但又不限于这几层资源的运维和管理任务将被包含在服务层中。这些任务在面对不同业务时往往有很大的差别，其中包含比较多的自定义、个性化因素，例如，用户账号管理、用户权限管理、虚拟机权限设定及其他各类服务。

（二）PaaS

平台即服务（Platform as a Service，PaaS）是一种在云计算基础设施上把服务器平台、开发环境（开发工具、中间件、数据库软件等）和运行环境等以服务形式提供给用户（个人开发者或软件企业）的服务模式。PaaS 服务提供商通过基础架构平台或开发引擎为用户提供软件开发、部署和运行环境。用户基于 PaaS 提供商提供的开发平台可以快速开发并部署自己所需要的应用和产品，缩短了应用程序的开发周期，降低了环境的配置和管理难度，节省了环境搭建和维护的成本。

1. PaaS 的优势

与 SaaS 产品的百花齐放相比，PaaS 产品以少而精为主。和现有的基于本地的开发和部署环境相比，PaaS 平台的优势主要体现在：

① 开发环境友好。通过提供 SDK 和 IDE（Integrated Development Environment，集成开发环境）等工具来让用户不仅能在本地方便地进行应用的开发和测试，而且能进行远程部署。

② 服务类型多样。PaaS 平台会以 API 的形式将各种各样的服务提供给上层的应用。

③ 精细的管理和监控。PaaS 能够提供应用层的管理和监控，如能够观察应用运行的情况下具体数值（如吞吐量和响应时间等）来更好地衡量应用的运行状态，还能通过精确计量应用所消耗的资源来更好地计费。

④ 缩性强。PaaS 平台会自动调整资源来帮助运行于其上的应用更好地应对突发流量。

⑤ 多租户（Multi-tenant）机制。许多 PaaS 平台都自带多租户机制，不仅能更经济地支撑庞大的用户规模，还能提供一定的可定制性以满足用户的特殊需求。

⑥ 整合率高。PaaS 平台的整合率非常高，如 Google App Engine 能在一台服务器上承载成千上万个应用。

2. 传统 PaaS 的构架

传统的 PaaS 系统系统主要由管理、计算和服务三个部分组成。管理部分主要负责应用部署、运维监控、认证授权等。应用实际运行在计算节点上，计算节点提供应用所需要的运行环境，包含语言环境和应用框架等，一般采用 Cgroup 和 Namespace 为应用提供资源隔离和限制，也有 PaaS 系统采用沙箱机制来隔离应用。服务节点通过代理或接口为应用提供数据库、缓存和存储等服务。

传统 PaaS 的架构具有如下的功能。

① 应用部署。PaaS 中有代码仓库（SVN/Git）或者应用仓库，这些用来保存用户上传的代码或者编译后的应用，系统根据应用的开发语言，将其和所依赖的中间件和框架打包，按照用户设置的应用提供所需的 CPU、内存和磁盘资源，系统的调度模块根据调度算法选出合适的计算节点，该节点上的管理程序将应用下载到本地后启动。

② 应用日志。用来查看用户的应用日志信息，方便测试和调试。

③ 应用伸缩。用户可以手工地增减应用的实例数量，以应对负载的变化。有的 PaaS 提供应用的自动伸缩功能，可以根据用户需要设置 CPU/内存的负载阈值或者根据应用访问量自动地增减应用实例数量。为了实现应用的自由伸缩，要求应用必须是无状态应用，Session 信息、数据库都要放在服务节点上的资源池中。

④ 负载均衡。系统设置有负载均衡模块，其上注册了所有的应用和位置，是应用的访问入口。

⑤ 资源管理。通常情况下，用户的数据和状态信息都不保存在计算节点上，而是存放在服务节点上的数据库和缓存集群中，用户可以设置所需资源的额度和配置信息。应用通过接口或者代理来访问这些资源。

⑥ 应用商店。PaaS 公有云提供商大都会设置应用商店，提供各种第三方应用，用户只需一键就可以将应用部署在系统中。

⑦ 认证授权。系统中所有的访问都会通过授权认证模块的验证，保证系统的安全。

⑧ 系统运维。用来监控系统中的各个模块的状态和信息；PaaS 实时地监控系统中所有应用的状态和 CPU、内存信息，发现应用意外停止时，系统会将其再次启动。用户可以手动启动、停止和升级应用。

3. 新型 PaaS 的架构

新型 PaaS 以 Docker 容器为基础，面向未来云化、微服务场景，对接大数据、ML/DL 等多种计算服务，集成开发测试部署流水线，成为一个一站式的应用开发运行平台。

新 PaaS 平台在构架上与传统的 PaaS 变化相对较大，在每个计算节点上通常会部署负载均衡模块，为多实例应用或者微服务提供访问服务，实现了服务治理中的负载均衡功能。

管理节点上会安装 etcd/zookeeper/consul，用于服务注册和服务发现，同时也是整个系统的配置中心。其还会部署 DNS 模块（如 SkyDNS），为系统中的应用提供名字解析服务。

在计算节点上，容器网络一般采用 Bridge 模式，采用 Flannel、Weaver 或 Calico 实现跨节点的容器间互联互通。

容器的监控可以采用 Cadvisor。Cadvisor 部署在计算节点上，用于采集节点和之上的所有容器的运行信息，包括 CPU/内存/磁盘 I/O 等。Cadvisor 采集的信息可以保存到 InfluxDB 中，由 Grafana 来展示，也可以通过 Heapster 收集汇总后由 Kafka 转发至其他系统。

新 PaaS 平台需要至少提供如下的功能。

① 应用编排。应用编排帮助用户构建和管理分布式应用，一般采用 ymal 或者 json 格式的模板文件定义应用各个模块，比如依赖的 Docker 镜像、环境变量、运行端口、健康检查机制与其他模块关系等，编排引擎调用容器调度模块在 PaaS 上构建出整个应用。

② 应用模块（容器）自动伸缩。为了高可用性，分布式应用的每个模块会在系统

中部署多份容器，用户可以手工修改容器的数量，也可以定义多种策略，如 CPU/内存阈值、定期、周期以及访问量让系统自动增减容器数量。

③ 应用滚动升级。应用升级时，系统会用新版本的镜像创建容器，逐步增加数量，同步减少旧版本容器数量，实现对外服务不中断，如果应用升级失败，会回滚到旧版本。

④ 跨云部署应用。PaaS 通过 API Cloud 等接口可以部署在物理机群、IaaS 系统和公有云上，实现跨云调度部署。

⑤ 对微服务架构的支持。微服务架构的核心是将一个大的单体应用分解为众多独立的服务，一个微服务在系统中可能有多个实例在运行，实例的数量可以根据负载进行调整。

⑥ 服务治理。在分布式应用特别是微服务架构中服务众多，之间的调用关系又比较复杂，因此需要一个统一的框架来管理这些服务。

⑦ 集成持续集成/持续部署系统（CI/CD）系统。

开发人员提交代码后，代码仓库（git）里的钩子（hook）触发 CI 系统的应用构建测试和发布流程，将通过测试的应用打包成 Docker 镜像上传到 Docker 镜像仓库中，调用管理节点上的应用部署接口，发起部署，整个过程无须人工干预，自动完成创建、打包和部署到计算节点上。

（三）SaaS

软件即服务（Software as a Service，SaaS）是最常见的，也是最先出现的云计算服务。通过 SaaS 这种模式，用户只要接上网络，通过浏览器就能直接使用在云上运行的应用。SaaS 云供应商负责维护和管理云中的软/硬件设施，同时以免费或者按需使用的方式向用户收费，所以用户不需要顾虑类似安装、升级和防病毒等琐事，并且免去初期高昂的硬件投入和软件许可证费用的支出。

1. SaaS 的优势

由于 SaaS 产品起步较早，而且开发成本低，所以在现在的市场上，SaaS 产品不论是在数量还是在类别上都非常丰富。同时，也出现了多款经典产品。虽然和传统桌面软件相比，现有的 SaaS 服务在功能方面还稍逊一筹；但是在其他方面还是具有一定优势的：

① 使用简单。在任何时候或者任何地点，只要接上网络，用户就能访问 SaaS 服务，而且无须安装、升级和维护。

② 支持公开协议。现有的 SaaS 服务在公开协议（如 HTML4、HTML 5）的支持方面都做得很好，用户只需一个浏览器就能使用和访问 SaaS 应用。这对用户而言非常方便。

③ 安全保障。SaaS 供应商需要提供一定的安全机制，不仅要使存储在云端的用户数据绝对安全，也要通过一定的安全机制（如 HTTPS 等）来确保与用户之间通信的安全。

④ 初始成本低。使用 SaaS 服务时，不仅无须在使用前购买昂贵的许可证，而且几

乎所有的 SaaS 供应商都允许免费试用。

2. SaaS 的技术架构

基于 SaaS 模式的企业信息化服务平台通过 Internet 向企业用户提供软件及信息化服务，用户无须再购买软件系统和昂贵的硬件设备，转而采用基于 Web 因特网的租用方式引入软件系统。

服务提供商必须通过有效的技术措施和管理机制，以确保每家企业数据的安全性和保密性。在保证安全的前提下，还要保证平台的先进性、实用性。为了便于承载更多的应用服务，还需保证平台的标准化、开放性、兼容性、整体性、共享性和可扩展性。为了保证平台的使用效果，提供良好的客户体验，必须保证良好的可靠性和实时性。同时平台应该是可管理和便于维护的，通过大规模的租用，先进的技术保证，降低成本实现使用的经济性。基于 SaaS 模式的企业信息化平台框架主要包含 4 大部分，分别是基础设施、运行时支持设施、核心组件和业务服务应用。

基础设施包含了 SaaS 平台的硬件设施（如服务器、网络建设等）和基本的操作系统等 IT 系统的基础环境；运行时支持设施包括运行基于 Java EE 和 .Net 软件架构的应用系统所必需的中间件和数据库等支撑软件；核心组件主要包括 SaaS 中间件、基于 SOA 的业务流程整合套件和统一用户管理系统，这些软件系统提供了实现 SaaS 模式和基于 SOA 的业务流程整合的先决条件；业务服务主要包含专有业务系统、通用服务和业务应用系统，为用户提供了全方位的应用服务。

SaaS 平台首先建设面向数据中心标准的软硬件基础设施，为任何软件系统的运行提供了基础的保障。高性能操作系统安装在必需的集群环境下，为整个数据中心提供高性能的虚拟化技术保障。SaaS 平台是一个非常复杂的软件应用承载环境，不可能为每个应用设立独立的运行环境、数据支持环境和安全支持环境，共享和分配数据中心资源才是高效运营 SaaS 平台的基础。虚拟化技术既提供了这样的资源虚拟能力，能够将数据中心集群中的资源综合分配给每个应用，也能够将数据中心集群中的独立资源再细化分解为计算网格节点，细化控制每个应用利用的资源数量与质量。建成具有数据中心承载能力的软硬件基础环境后，SaaS 平台上会部署一层中间件、数据库服务和其他必要的支持软件系统。硬件和操作系统的资源并不能直接为最终应用所使用，通过中间件、数据库服务和其他必要的支持软件系统，存在于 SaaS 平台数据中心的计算和存储能力才能够真正地发挥作用。不论是基于 JavaEE 还是 .Net framework 创建的（超）企业级应用，都能够稳定高效地运行在这些高性能的服务软件之上。

整个 SaaS 平台协同运行的核心是多租户管理和用户资源整合。基于自主知识产权的统一用户授权管理系统与单点登录系统（UUM/SSO）很好地满足了 SaaS 平台在这方面的需求。依照 UUM/SS0 所提供的标准接口，各类应用在整合用户的角度能够无缝连接到 SaaS 平台上，当最终用户登录 SaaS 平台的服务门户后，整个使用过程就好像是统一操作每个软件系统的不同模块，所有各系统的用户登录和授权功能都被整合在一起，给用户最佳的使用体验。同时，由于用户整合工作在所有应用服务登录平台前就已经完成，这就为日后的应用系统业务流程整合提供了良好的基础，为深层数据挖掘与数据利用提供了重要的前提。在基于 UUM/SSO 的支持下，SaaS 平台运营收费管理系统提供了平台完整的运营功能，保障整个 SaaS 平台顺利安全稳定运行，并具有开放的扩展能力，保证 SaaS 平台在日后的发展中不断完善和进步，走在业界的前沿。

基于上述所有 SaaS 平台自身建设的基础，SaaS 平台将为最终用户提供高效、稳定、安全、可定制、可扩展的现代企业应用服务。不管是通用的因特网服务还是满足企业业务需求的专有应用，SaaS 平台运营商都会依照客户需求选择、采购、开发和整合专业的应用系统为用户提供最优质的服务。

（四）IaaS、PaaS 和 SaaS 之间的关系

IaaS 为用户提供虚拟计算机、存储、防火墙、网络、操作系统和配置服务等网络基础架构部件，用户可根据实际需求扩展或收缩相应数量的软硬件资源，主要面向企业用户。

PaaS 是一套平台工具，用户可以使用平台提供的数据库、开发工具和操作系统等开发环境进行开发、测试和部署软件，主要面向应用程序研发人员，有利于实现快速开发和部署。

SaaS 通过互联网，为用户提供各种应用程序，直接面向最终用户。服务提供商负责对应用程序进行安装、管理和运营，用户无须考虑底层的基础架构及开发部署等问题，可直接通过网络访问所需的应用服务。SaaS 服务可基于 PaaS 平台提供，也可直接基于 IaaS 提供。易观分析认为，IaaS 是云计算服务的底层基础架构，为 PaaS 和 SaaS 服务提供硬件和平台服务，PaaS 是基于 SaaS 应用而提供的一个软件开发环境，可以为开发者提供数据处理、编程模型及数据库管理等服务。SaaS 是基于互联网的快速发展而产生的面向最终用户的产品服务模式，通过 SaaS 模式，用户可直接享受 Web 端各类产品的应用及服务，与传统软件服务模式相比，SaaS 模式具备成本低、迭代快、种类丰富等特征。

SaaS、PaaS 和 IaaS 三者之间没有必然的联系，只是 3 种不同的服务模式，都是基于互联网，按需按时付费，就像水、电、煤气一样。从用户体验角度而言，它们之间的关系是独立的，因为它们面对的是不同的用户。从实际的商业模式角度而言，PaaS 的发展确实促进了 SaaS 的发展，因为提供了开发平台后，SaaS 的开发难度降低了。从技术角度而言，三者并不是简单的继承关系，因为 SaaS 可以基于 PaaS 或者直接部署于 IaaS 之上，其次 PaaS 可以构建于 IaaS 之上，也可以直接构建在物理资源之上。

三、云的部署模式

云有 3 种不同的部署模式，分别为公有云、私有云和混合云。在介绍云的部署模式之前，先对安全边界进行阐述。安全边界能够对访问进行限制：安全边界内部的实体能够自由地访问安全边界内的资源，而安全边界外的实体只有在边界控制设备允许的情况下才能访问安全边界内的资源。典型的边界控制设备包括防火墙、安全卫士和虚拟专用网。通过对重要资源设置安全边界，机构既能够实现对这些资源的访问控制，又能够实现对这些资源使用情况的监控。更进一步说，通过更改配置，机构可以根据需求改变设备的安全边界，如根据业务情况的变化阻止或允许不同的协议或数据格式。

不同的云部署模式具有不同的安全控制边界，因此云用户对云资源也具有不同的执行权限。

（一）公有云

在公有云中，云提供商负责公有云服务产品的安全管理及日常操作管理等，用户对云计算的物理安全、逻辑安全的掌控及监管程度较低。

使用公有云服务的用户既可以是个体用户，也可以是机构用户。个体用户仅需一个能上网的终端设备，如笔记本电脑、手机或 iPad 等通过互联网即可访问云服务；机构用户通过本单位的边界控制设备访问云服务。

① 边界控制设备能限制和管理内部用户对公有云的访问。

② 边界控制设备也能保护内部设备免受外部攻击。

目前，典型的公有云有微软的 Windows Azure Platform、亚马逊的 AWS、Salesforce.com，以及国内的阿里巴巴、用友伟库等。

（二）私有云

私有云有以下两种部署方式：

① 将私有云部署在企业数据中心的防火墙内，由云用户自己管理，称为自建私有云。

② 将私有云部署在一个安全的主机托管场所，如外包给托管公司，由托管公司负责云基础设施的维护和管理，称为托管私有云。

安全边界既覆盖了云用户的内部资源，也覆盖了私有云资源。私有云可以集中在单个云用户站点内部，也可以分布在多个私有云用户的站点之间。安全边界的存在使得云用户有机会对站点内的私有云资源进行控制。

托管私有云有两个安全边界：一是由云用户部署和控制（右边）；二是由云提供商部署和控制（左边）。这两个安全边界通过一个受保护的通信链路进行连接。托管私有云中数据和处理的安全性既依赖于两个安全边界的强度，也依赖于受保护的通信链路的强度。云提供商需要加强其内部私有云的安全边界，阻止任何通过安全边界之外的资源访问私有云资源的行为，具体采用什么样的实现机制取决于云用户的安全需求。通常情况下，云提供商需要在安全强度和代价及方便性之间进行权衡。

（三）混合云

混合云是由两个或者多个云（私有云、公有云）组合而成的。在混合云计算模式下，机构在公有云上运行非核心应用程序，而在私有云上运行核心程序及内部敏感数据。相比较而言，混合云的部署方式对提供者的要求较高。

社区云是一类云部署模式。社区云类似于私有云，可分为自建社区云和托管社区云。同时将包含公有云、私有云、混合云中的两种或多种形式的云称为混合云。

第二节　虚拟化技术

一、虚拟化概述

目前 IT 发展面临的一些挑战主要集中在资源的闲置、IT 运营维护成本的增长、大数据的爆发、产品的供应链跟不上等方面。采用虚拟化技术，可以缓解 IT 面临的这些问题。这也是越来越多的人选择使用虚拟化技术的重要原因。

虚拟化技术是一种调配计算资源的方法，它将应用系统的不同层面——硬件、软件、数据、网络、存储等——隔离开来，从而打破数据中心、服务器、存储、网络、数据和应用中的物理设备之间的划分，实现架构动态化，并达到集中管理和动态使用物理资源及虚拟资源，以提高系统结构的弹性和灵活性，降低成本、改进服务、减少管理风险等目的。

通过运用虚拟化技术，计算机硬件的容量得到了有效的扩展，计算机软件配置的过程得到了简化，并且多个应用系统可以同时在一个平台上运行，这样计算机的闲置资源就得到了有效的利用，使工作效率得到了大幅度提升。

虚拟化技术实现了物理资源的逻辑抽象和统一表示。通过虚拟化技术可以提高资源的利用率，并能够根据用户业务需求的变化，快速、灵活地进行资源部署。

虚拟化技术已经成为一个庞大的技术家族，其形式多种多样，实现的应用也已形成体系。但对其分类，从不同的角度有不同分类方法。

二、应用虚拟化

我们知道，要在电脑上使用一个程序，首先要在电脑上安装这个程序，安装程序会先检查电脑环境是否满足程序的运行要求。如果条件满足，就会将程序安装在电脑的硬盘上；如果不满足，安装程序可能会提醒你："当前操作系统的版本与软件不兼容"，结果是你不能在该电脑上使用这个程序。使用应用虚拟化就可以解决这个不兼容问题。

（一）应用虚拟化的含义

应用虚拟化是把应用对底层系统和硬件的依赖抽象出来，从而解除应用与操作系统和硬件的耦合关系。应用程序运行在本地应用虚拟化环境中时，这个环境为应用程序屏蔽了底层可能与其他应用产生冲突的内容。

应用程序虚拟化是在操作系统之上建立一个虚拟环境，这个环境提供程序运行所需的条件。这时，程序不是安装在本地电脑上，而是安装在远程服务器上，当要运行程序时，再将程序传送到本地电脑，在虚拟环境上运行。应用程序虚拟化将应用程序和操作系统分离，应用程序的运行不再依赖操作系统和底层的硬件，使得应用程序可以运行在不同的应用终端上。

应用虚拟化的一层含义包含着应用软件虚拟化。所谓应用软件虚拟化，就是将应用软件从操作系统中分离出来，通过自己压缩后的可执行文件夹来运行，而不需要任何设备驱动程序或者与用户的文件系统相连，借助于这种技术，用户可以减少应用软件的安全隐患和维护成本，以及进行合理的数据备份与恢复。除了可以将应用软件与操作系统分离外，一部分解决方案还可以将应用软件流水化包装起来，应用软件无须安装，只要一部分程序能够在计算机上运行即可，用户只需使用他们自己所需要的那部分程序或功能。

（二）应用虚拟化的优势

应用虚拟化可以从以下几个方面给用户带来好处。

1. 节省了服务器的投资，降低运维成本

应用集中托管在服务器上维护或运行，解决了应用和用户操作系统版本兼容问题，以及应用本身的更新升级问题。这极大地降低了IT运维成本。

这里举一个实例进行说明。没有应用程序虚拟化前，要使用财务管理系统，技术人员需在每台使用该系统的机器上安装该财务系统程序，系统要升级，技术人员又得帮每台机器都升级程序。要登录办公自动化系统，技术人员又得跑一趟。使用应用程序虚拟化后，技术人员只需在每台机器上安装一个虚拟程序客户端，以后所有的更新，都不用跑现场，只要在服务器上配置就可以了。使用虚拟应用程序，程序的安装、更新、删除都在服务器上完成，这些工作对用户是完全透明的，简化了软件的配置过程。

2. 降低应用 license 费用

采用应用虚拟化方案管理的应用，不需要在每一个用户操作系统上安装应用，而是集中托管在应用服务器上，用户按需运行应用。这就可以不以应用的安装数量购买 license，而是以应用的最大并发运行数量来购买应用 license，可以极大地降低 license 费用。

3. 提高安全性

采用应用虚拟化，将应用数据集中托管和保存在数据中心，终端用户所能接触到的仅是应用的界面，无法接触到应用数据。这在企业应用场景下可以极大地保护IT资源，在核心涉密场景下，应用虚拟化是一个非常好的解决方案。

事实上，应用虚拟化往往和桌面虚拟化同时使用，通过桌面虚拟化技术发布的虚拟桌面上的应用，很多场景下这些应用并不是真正安装在虚拟桌面里的，而是通过应用虚拟化技术发布到虚拟桌面上的应用。这可以降低应用的 license 成本，以及更为便捷地对应用进行管理。

（三）应用虚拟化的实现原理

应用虚拟化实现的是应用和用户操作系统的解耦。有两个方案可以实现此目标。

1. 应用窗口拉远方案

在介绍 VDI 方案时，我们了解到 VDI 就是将桌面拉远。如果更进一步地将桌面上

运行的单个应用窗口拉远,那么就是一种很好的应用虚拟化实现方案。

2. 应用通过沙箱技术流化到客户端运行方案

前一种通过应用窗口拉远的方案实现应用虚拟化,应用运行在服务端,通过网络将应用界面传输到客户端。这种实现方案的弊端是必须依赖网络,如果中间断开网络用户则无法使用应用。一种替代的方案是将应用与其本身的运行环境打包,按需流化到用户终端上运行。简单理解就是将应用做成无须安装的绿色软件,随意在用户终端上运行,而不用考虑用户操作系统的版本问题,以实现应用与用户操作系统解耦。

(四) 应用虚拟化的关键技术

根据应用虚拟化技术实现原理,对应于应用窗口拉远方案,这一种方案最核心的技术在于传输协议。

对于应用流化方案,此方案的难点在于如何将应用绿色化,以及应用的版本管理、应用的 license 管理等。应用和其运行环境打包后,在应用运行过程中也不是一下子将这个应用包完全下载到本地,而是按需下载。Microsoft APP-V Sequence 是这一方案的典型代表,APP-V Sequence 会将打包后的应用分割成一小块一小块,应用在终端运行时,首先下载必须要运行的代码,对于可选的代码,在需要执行时再按需下载,从而减少网络的传输量,更重要的是加快了应用的启动速度。

在该层次的产品,除了提供基于桌面拉远的功能外,还针对应用的管理和发布提供了多种手段,更加降低了虚拟桌面的管理复杂度和成本,提升了管理效率。该层次产品以 Citrix 为代表,XenDesktop 提供了传统的桌面虚拟化功能,XENAPP 提供了应用虚拟化功能,两者结合提供的功能最为完备。

三、桌面虚拟化

(一) 桌面虚拟化的概念

桌面虚拟化是指将桌面的计算机进行虚拟化,通过服务的形式交付桌面,要求以少的资源做更多的事,维持和提高桌面的管理效率,降低需要应用补丁花的时间,以达到桌面使用的安全性和灵活性。桌面虚拟化是基于云计算模型的托管服务,并且与服务器虚拟化结合,借用了各类终端接入云端。

(二) 虚拟桌面的架构及模式

在桌面虚拟化环境下,需要解决的问题如下:
① 如何实现用户的信息安全性?
② 如何实现用户数据和信息的保密性?
③ 如何收用户的服务费?

(三) 桌面云的典型应用场景

1. 网管维护解决方案

① 特点

桌面云网管维护解决方案针对网络管理的特点，定制了多种接入终端的接入程序，方便随时随地地接入进行网络状态分析与网络故障定位，对于重大问题，充分发挥企业网管专家的经验优势。

桌面云网管维护解决方案集成多种网管适配解决方案，无须对既有网管系统进行改造，即可实现统一管理。

② 优势

桌面云网管维护解决方案是针对各类网管推出的解决方案，网管维护解决方案具有如下优点。

a. 无缝接入。支持各种接入终端，包括多种手持终端（Android 类、Windows Mobile 类、iPhone OS 类、iPad OS 类、Embedded Linux 类终端），可以实现无缝地、随时随地地接入以及远程维护和监控，有利于企业发挥维护专家的优势。

b. 广泛支持多种类型的网管系统。支持远程维护非 C/S、B/S 架构的网管系统，使用近端观测程序，极大地减少现场维护需求。

C. 整合零散的网管系统。企业现有网管系统无须改造，通过桌面云系统即可以实现网络的全集中管理，提高网管维护效率。

2. 绿色座席解决方案

① 特点

多数企业用户部署的呼叫中心越来越多地由 TDM 方式的语音解决方案演进到采用 IP 语音解决方案。

② 优势

绿色座席解决方案具有如下优点。

a. 支持平滑迁移。完善的呼叫中心平台和桌面云的集成方案，平滑迁移客户原有呼叫中心。

b. 快速应用，优质语音。提供桌面应用的快速响应特点和优质语音体验。

c. 成本优化。同类应用的共享部署模式，大大节省了虚拟桌面实例的资源占用，方便维护；升级。采用 TC 终端替代传统 PC，降低呼叫中心的噪音、电力消耗，为客户打造绿色呼叫中心。

3. 办公桌面云解决方案

① 特点

桌面云支持与企业已有的 IT 系统对接，充分利用已有的 IT 应用。例如，利用已有的 AD 系统进行桌面云用户鉴权；在桌面云上使用已有的 IT 工作流；通过 DHCP 给虚拟桌面分配 IP 地址；通过企业的 DNS 来进行桌面云的域名解析等。

② 优势

办公桌面云解决方案具有如下优点。

a. 减少投资，平滑过渡。充分利用已有的 IT 系统设备与 IT 应用，减少重复投资，做到平滑过渡。

b. 可靠的信息安全机制。桌面云提供多种认证鉴权与管理机制，保证办公环境的信息安全。

四、服务器虚拟化

（一）服务器虚拟化的概念

服务器虚拟化是目前虚拟化技术应用的重要领域。服务器虚拟化是指在一台物理主机上运行一台或多台虚拟机（VM）。虚拟机是通过虚拟技术制造出来的具有完整硬件功能的逻辑计算机系统。各个虚拟机互相独立，虚拟机可以运行各自的操作系统。对外部用户来说，在虚拟机上看到和感觉到的效果与运行在独立的物理机器上的效果没什么差别。

（二）服务器虚拟化的本质

服务器虚拟化的本质是使用虚拟软件在物理机上虚拟出虚拟机。多台虚拟机共用一套物理资源，如 CPU、内存、I/O、网络接口等。一台机可以变出多台机，所以使用服务器虚拟化，可以充分发挥服务器的性能。例如，某企业拥有一台性能优良的服务器，但当前只运行了一个基于 Windows 操作系统的财务管理系统，运行这个系统只占用了服务器 20% 的性能，大材小用。当企业准备启用一个基于 Linux 操作系统的办公自动化系统时，就可以通过虚拟化技术，在原机上生成一个 Linux 的虚拟机，办公自动化系统就安装在虚拟机上。这样，虽然只有一台物理机，但通过服务器虚拟化，"变"出了一台新机器。若还要增加新系统？不怕，只要物理机性能足够，再"变"就是。

服务器虚拟化还有另外一种情况，就是把许多低性能的小服务器，变成一台或多台高性能的虚拟服务器，用以满足用户大计算量的需要。这也是云计算技术的初衷。云计算向用户提供服务器租用服务时，通常都以虚拟机的方式提供给用户。

（三）服务器虚拟化的类型

1. 单机虚拟化与多机聚合虚拟化

实际上多机聚合虚拟化是对单机版虚拟化的一种深化，是虚拟化平台环境，对于联网的多台计算机设备，在上一层有一台服务器安装这样一个管理程序，负责管理安装在不同计算机上的虚拟管理程序，每台虚拟机管理程序又能虚拟出更多的虚拟机来。

2. 半虚拟化与全虚拟化

半虚拟化也可以称为准虚拟化，这种虚拟化技术主要是改变客户操作系统，让它以为自己运行在虚拟环境下，能够与虚拟机管理程序协同工作。通过已经被修改了 Guest OS 代码的方法使得虚拟机管理程序无须重新编译或者捕获相应的 CPU 特权指令，直接与硬件打交道，从而使得性能得到提升。这种虚拟化产品常见的有 Xen（亚马逊云平台的虚拟化产品就是采用了这种技术），以及微软的 Hyper-V 产品。

（四）服务器虚拟化的特性及优势

① 降低运营成本。
② 提高应用兼容性。
③ 加速应用部署。
④ 提高服务可用性。
⑤ 提升资源利用率。
⑥ 动态调度资源。
⑦ 降低能源消耗。

（五）服务器虚拟化的架构

1. 寄生架构

通常来说，寄生架构在操作系统上再安装一个虚拟机管理器（VMM），然后用 VMM 创建并管理虚拟机。操作 VMM 看起来像是"寄生"在操作系统上的，该操作系统称为宿主操作系统，即 Host OS。

2. 裸金属架构

顾名思义，裸金属架构是指将 VMM 直接安装在物理服务器之上而无须先安装操作系统的预装模式。再在 VMM 上安装其他操作系统（如 Windows、Linux 等）。由于 VMM 是直接安装在物理计算机上的，称为裸金属架构，如 KVM、Xen、VMware ESXO 裸金属架构是直接运行在物理硬件之上的，无须通过 Host ON，所以性能比寄生架构更高。

（六）服务器虚拟化的核心技术

1. 内存虚拟化

内存虚拟化技术把物理机的真实物理内存统一管理，控制将客户物理地址空间映射到主机物理地址空间的操作。

为实现内存虚拟化，内存系统中共有 3 种地址，它们分别为机器地址、虚拟机物理地址、虚拟地址。为实现虚拟地址到机器地址的高效转换，具体的实现方法有两种：页表写入法和影子页表法。

2. CPU 虚拟化

CPU 虚拟化技术把物理 CPU 抽象成虚拟 CPU，单 CPU 模拟多 CPU 并行，允许一个平台同时运行多个操作系统，关键的是不同的虚拟 CPU 在各自不同的空间内独自运行，相互之间不会产生影响，使系统的工作效率得到有效的提高。

3. 设备与 I/O 虚拟化

以 VMware 的虚拟化平台为例，虚拟化平台将物理机的设备虚拟化，把这些设备标准化为一系列虚拟设备，为虚拟机提供一个可以使用的虚拟设备集合。

在服务器虚拟化中，网络接口是一个特殊的设备，服务器虚拟化要求对宿主操作系统的网络接口驱动进行修改。经过修改后，物理机的网络接口不仅要承担原有网卡的功能，还要通过软件虚拟出一个交换机。

4. 实时迁移技术

实时迁移技术是在虚拟机运行过程中，将整个虚拟机的运行状态完整、快速地从原来所在的宿主机硬件平台迁移到新的宿主机硬件平台上，并且整个迁移过程是平滑的，用户几乎不会察觉到任何差异。由于虚拟化抽象了真实的物理资源，因此可以支持原宿主机和目标宿主机硬件平台的异构性。

五、网络虚拟化

虚拟化是对所有 IT 资源的虚拟化，充分提高物理硬件的灵活性及利用效率问题。网络作为 IT 的重要资源也有相应的虚拟化技术。网络虚拟化是使用基于软件的抽象，从物理网络元素中分离网络流量的一种方式。

（一）虚拟网络的分类

网络虚拟化包括 VPN 和 VLAN 这两种典型的传统网络虚拟化技术，对于改善网络性能、提高网络安全性和灵活性起到了良好效果。

1. VPN

虚拟专用网（Virtual Private Network，VPN）通常是指在公共网络中，利用隧道技术所建立的临时而安全的网络。VPN 建立在物理连接基础之上，使用互联网、帧中继或 ATM 等公用网络设施，不需要租用专线，是一种逻辑的连接。

2. VLAN

虚拟局域网（Virtual Local Area Network，VLAN）是一种将局域网设备从逻辑上划分成一个个网段，从而实现虚拟工作组的数据交换技术。VLAN 的特点是，同一个 VLAN 内的各个工作站可以在不同物理 LAN 网段。有助于控制流量，减少设备投资，简化网络管理，提高网络的安全性。

（二）主机网络虚拟化

1. 虚拟网卡

虚拟网卡就是通过软件手段模拟出来在虚拟机上看到的网卡。虚拟机上运行的操作系统（Guest OS）通过虚拟网卡与外界通信。当一个数据包从 Guest OS 发出时，Guest OS 会调用该虚拟网卡的中断处理程序，而这个中断处理程序是模拟器模拟出来的程序逻辑。当虚拟网卡收到一个数据包时，它会将这个数据包从虚拟机所在物理网卡接收进来，就好像从物理机自己接收一样。

2. 虚拟网桥

由于一个虚拟机上可能存在多个 Guest OS，各个系统的网络接口也是虚拟的，相互通信和普通的物理系统间通过实体网络设备互联不同，因此不能直接通过实体网络设备互联。这样虚拟机上的网络接口可以不需要经过实体网络，直接在虚拟机内部 VEB（Virtual Ethernet Bridges，虚拟网桥）进行互联。

VEB 上有虚拟端 EI（VLAN Bridge Ports），虚拟网卡对应的接口。就是和网桥上的虚拟端口连接，这个连接称为 VSI。

此外，VEB 也负责虚拟网卡和外部交换机之间的报文传输，但不负责外部交换机本身的报文传输。

3. 虚拟端口聚合器

虚拟以太网端口聚合器（Virtual Ethernet Port Aggregator，VEPA），即将虚拟机上以太网口聚合起来，作为一个通道和外部实体交换机进行通信，以减少虚拟机上网络功能的负担。

根据原来的转发规则，一个端口收到报文后，无论是单播还是广播，该报文均不能再从接收端口发出。由于交换机和虚拟机只通过一个物理链路连接，要将虚拟机发送来的报文转发回去，就得对网桥转发模型进行修订。为此，802.1Qbg 中在交换机桥端口上增加了一种 Reflective Relay 模式。当端口上支持该模式，并且该模式打开时，接收端口也可以成为潜在的发送端口。

VEPA 只支持虚拟网卡和邻接交换机之间的报文传输，不支持虚拟网卡之间报文传输，也不支持邻接交换机本身的报文传输。对于需要获取流量监控、防火墙或其他连接桥上服务的虚拟机可以考虑连接到 VEPA 上。

（三）链路虚拟化

链路虚拟化是日常使用最多的网络虚拟化技术之一。常见的链路虚拟化技术有链路聚合和隧道协议。这些虚拟化技术增强了网络的可靠性与便利性。

1. 链路聚合

链路聚合是最常见的二层虚拟化技术。链路聚合将多个物理端口捆绑在一起，虚拟为一个逻辑端口。当交换机检测到其中一个物理端口链路发生故障时，就停止在此端口上发送报文，根据负载分担策略在余下的物理链路中选择发送报文的端口。链路聚合可以增加链路带宽，实现链路层的高可用性。

在网络拓扑设计中，要实现网络的冗余，一般都会使用双链路上连的方式。而这种方式明显存在一个环路，因此在生成树计算完成后，就会有一条链路处于 block 状态，所以这种方式并不会增加网络带宽。如果想用链路聚合方式来实现双链路上连到两台不同的设备，而传统的链路聚合功能不支持跨设备的聚合，在这种背景下就出现了虚链路聚合（Virtual Port Channel，VPC）技术。VPC 很好地解决了传统聚合端口不能跨设备的问题，既保障了网络冗余，又增加了网络可用带宽。

2. 隧道协议

隧道协议是指一种技术/协议的两个或多个子网穿过另一种技术/协议的网络实现互联，使用隧道传递的数据可以是不同协议的数据帧或包。隧道协议将其他协议的数据帧或包重新封装后通过隧道发送。新的帧头提供路由信息，以便通过网络传递被封装的负载数据。隧道可以将数据流强制送到特定的地址，并隐藏中间节点的网络地址，并可根据需要提供对数据加密的功能。一些典型的使用隧道的协议有 GRE（Generic Routing Encapsulation）和 IPSec（Internet Protocol Security）。

六、存储虚拟化

（一）存储虚拟化概述

SNIA（Storage Networking Industry Association，存储网络工业协会）对存储虚拟化是这样定义的：通过将一个或多个目标服务或功能与其他附加的功能集成，统一提供有用的全面功能服务。存储虚拟化技术的核心就是将底层的存储设备统一管理，将存储物理设备中的存储资源抽象成一个个虚拟资源，并且可以根据用户的需求来分配用户所需的存储空间和存储类型给用户使用。

当前存储虚拟化是建立在共享存储模型基础之上，其主要包括 3 个部分，分别是用户应用、存储域和相关的服务子系统。其中，存储域是核心，在上层主机的用户应用与部署在底层的存储资源之间建立了普遍的联系，其中包含多个层次；服务子系统是存储域的辅助子系统，包含一系列与存储相关的功能，如管理、安全、备份、可用性维护及容量规划等。

（二）存储虚拟化的分类

1. 按实现不同层次分类

对于存储虚拟化来说，可以按实现不同层次划分：基于设备的存储虚拟化、基于网络的存储虚拟化、基于主机的存储虚拟化。

（1）基于主机的存储虚拟化

通常由主机操作系统下的逻辑卷管理软件来实现。操作系统不同，逻辑卷管理软件也就不同。基于主机的虚拟化主要用途是使服务器的存储空间可以跨越多个异构的磁盘阵列，常用于在不同磁盘阵列之间做数据镜像保护。

（2）基于网络的存储虚拟化

通过在存储域网（SAN）中添加虚拟化引擎实现，实现异构存储系统整合和统一数据管理（灾备）。也就是说，多个主机服务器需要访问多个异构存储设备，从而实现多个用户使用相同的资源，或者多个资源对多个进程提供服务。基于网络的存储虚拟化，优化资源利用率，是构造公共存储服务设施的前提条件。

（3）基于设备的存储虚拟化

用于异构存储系统整合和统一数据管理（灾备），通过在存储控制器上添加虚拟化功能实现，应用于中、高端存储设备。具体地说，当有多个主机服务器需要访问同一个磁盘阵列时，可以采用基于阵列控制器的虚拟化技术。此时虚拟化的工作是在阵列控制器上完成的，将一个阵列上的存储容量划分为多个存储空间（LUN），供不同的主机系统访问。

2. 按实现方式不同分类

按实现方式不同，存储虚拟化可以分为带内虚拟化和带外虚拟化。

(1) 带内存储虚拟化

带内虚拟引擎是在应用服务器和存储的数据通路内部实现虚拟存储,控制数据和需要存储的实际数据在同一个数据通路内传递。带内虚拟存储具有较强的协同工作能力,同时便于通过集中化的管理界面进行控制。但是,无论是基于设备还是基于交换机,带内虚拟化都比较脆弱。由于带内设备现在成为服务器和存储资源之间必须经过的网关,设备的失效可能会导致整个 SAN 数据访问出现问题。同时带内存储会占用较多的数据网络带宽来传输控制数据,因而容易在服务器和存储设备之间产生性能瓶颈。IBM 的 SVC 等存储网关设备都属于带内虚拟引擎。

(2) 带外虚拟化

带外虚拟引擎是在数据路径外的服务器上实现的虚拟功能,也就是将控制数据和存储数据安排在不同的数据路径上传输。带外能够避免带内的一些问题,但是每台服务器都必须安装虚拟化客户端软件,这种方式将数据路径和控制路径分开,确保了虚拟化设备不会成为数据传输的瓶颈,减少了存储数据网络中的流量,有助于提高系统性能。但是因为一般需要安装专用软件,也容易受到攻击,如 DFS 分布式文件系统。

第四章

云计算产业的资源管理

第一节 云计算在资源管理领域中的应用

一、云计算在运载教学系统中的应用

云计算作为一种全新的计算模式,因其具有安全快捷、经济高效诸多特点,帮助高校教育的信息化得到飞速发展,因而其巨大的潜在价值也得到了许多教育机构的认可。

在教育领域中,云计算也不断升温,到目前为止,已经有很多机构纷纷建起了云计算的教育项目。如阿拉丁网络教育构建的"阿拉丁云教育实战教学"、由云教育网提供的在线云教育系统等。除此之外,北京科技大学也建立了自身的云平台。北京科技大学的云平台由高性能计算和网格计算发展而来,提供 IaaS、PaaS 和 SaaS 服务。

与此同时,中国教育网体检中心也提供了教育网"云"安全服务,通过"云端"感知并抵御互联网威胁,与此同时将感知到的威胁上传至系统中,自动进行处理。该平台已经为近 600 所高校中的大部分网站提供监测与保障服务。还有很多高校及教育机构在云计算方面进行研究并实践,如多所教育机构利用微软新一代教育云计算解决方案构架了对内、对外的门户,为全校师生提供了稳定、全面的信息服务。

二、云计算在数字校园建设中的应用

教育信息化是指在教育各领域内全面深入地运用现代信息技术,加速实现教育现代化过程,促进教育的全面改革,使之适应信息化社会对教育发展的新要求。而高校作为教学教研的重要场所,教育信息化在高校教学、教研和管理工作中均发挥着重要的作用。目前我国高校教育信息化已经具备了一定的发展规模,高校硬件设施基本完备,校园初步实现信息化管理,师生有效应用信息技术,信息化经费投入持续增长。尽管如此,高校教育信息化建设过程中仍存在一些不足之处,如软硬件资金大投入低

产出，资源重复建设难共享，校园网络信息安全性低等。

云计算的出现为高校教育信息化解决眼前问题和进一步发展提供了一种全新的思路。目前，有关云计算在高校教育信息化建设中的应用探讨主要集中于以下几个方面。

（一）减少软硬件资金投入，充分利用软硬件资源

在教育信息化进程中，高校每年都需要投入大量的资金用于设施、设备以及各种教学学习软件、杀毒软件的更新和维护，以适应高校教学科研的需求。高校完全可以根据自身需要向云服务的提供商购买服务，只需要少量租赁资金即可享受完善的硬件环境服务，相当于拥有最新科技的硬件设备；对于软件方面存在的重复建设、更新升级等问题，高校只要通过云计算的"软件及服务"方式选择应用软件定制服务，即可减少软件许可证的购买量。而师生只要利用一台可以上网的终端设备（计算机、手机、平板等），就可以享受云计算带来的更高质量的教育教学服务。

（二）整合高校教育信息资源，实现资源共享

各高校资源建设中普遍存在诸如教学资源分布不均、教学资源更新速度慢、教学资源重复建设以及教学资源共享程度低等问题。面对这些问题，高校可通过云服务平台，建设大规模教育教学资源库，构建数字图书馆，打造教学科研"云"等，从而实现优质的教育教学资源的共建共享，实现资源管理与配置的集中化，缩减不同区域、不同类型学校的差距，为学生学习和教师专业发展提供更加有效的支持，促进高等教育的均衡发展。资源建设过程也可以是协作和开放的，教师和学生都可以参与教育资源的建设。这样不仅可以节约人力物力，还可以促进学术交流。

（三）提供安全数据存储服务，保证数据信息安全

在高校中，由于计算机和各种移动存储设备的交叉使用，机房的病毒可想而知，信息安全也成为令人焦虑的问题。高校可以选择购买云查杀服务或云存储服务。云查杀是指用远程大规模集群的服务器代替本地处理器分析检测病毒；云存储则是为用户提供安全可靠的数据存储"云端"。目前高校相对常用的是云存储服务，师生随时随地仅凭密码就可以方便地存取数据，既无须担心存储设备损坏导致数据丢失，也无须担心病毒入侵将数据损坏，因为云存储服务商提供了专业的团队来维护管理人们常说的网盘、微盘，它们可以帮助用户摆脱移动存储设备常常中毒的困扰，提供更安全可靠的数据存储服务。

（四）有利于构建泛在学习环境，支持个性化学习

云计算在教育领域中的应用愿景是为学生提供一个能随时随地进行学习的泛在学习环境。云计算的技术特性契合了泛在学习的特点，因此在云平台上构建泛在学习环境具有众多优势：有利于学习资源的聚合和泛在化，降低对学习终端性能的要求，便于学习平台的建设与管理。

第二节　云计算资源管理技术及系统架构

一、云计算资源管理的定义和特点

传统的计算资源包括 CPU、内存、磁盘空间等，云计算资源则包括整个网络中的多种复杂的集群系统，分布式系统中所包含的各种计算资源、网络资源以及其他如进程、客户账号等资源。通过虚拟化技术，云计算资源管理系统从逻辑上把这些资源耦合起来以抽象的方式提供服务。云平台屏蔽了云计算资源使用以及云计算的复杂性。云计算的资源地理上是分布的，本质上是异构的，不同的云平台有不同的资源管理策略。

相对于传统计算机系统，云计算系统的资源无论从功能的多样性还是资源的种类，均具有一些不同的特征，其特征主要表现在下面四个方面。

（一）动态性

云计算系统中的资源能够根据需要随时加入或离开云计算系统，随着需求的变化，云计算资源的状态是动态变化的，同时云计算资源的负载也是动态改变的。

（二）多样性

云计算资源种类多样，功能繁多，运算能力不齐，访问接口也不一致，管理方式也很不同。包括不同计算能力的计算机、不同类型的网络，各种类型的数据库，各种数据资源、信息资源等。

（三）分布性

云计算资源自由分布在不同的网络，空间跨度大；云计算资源部署于不同的时期，时间跨度也大。这些特征使云资源跨越的时间和空间范围广，且规模巨大，难以管理。

（四）自治性

云平台资源管理层，适时地监控资源运行状态，使云计算资源具有一定的自治能力。它遵循资源管理策略动态的加载或卸载云计算资源。

二、云计算资源管理目标

云资源管理系统把分散在网络中的各种资源有效地组织起来，云计算平台接收到服务请求后，先对请求分析处理，然后调配相应的云计算资源，提供满足用户请求指标的服务。在整个资源的调配过程中，云资源管理的主要目标有以下几个方面：①资源配置自动化，资源管理系统完全不用人工干预，根据客户请求自动完成资源的调度与配置，自动匹配云资源使用策略；②资源规模管理，云平台中的虚拟资源与物理资源之间的绑定关系是可变的，虚拟资源的增减也是可变的；③资源性能管理，不同级别的请求分配不同规模的资源，所有资源都有对应的性能指标，在满足请求的性能指标同时合理组织各种资源，采用合理的负载均衡技术能有效地提升云计算资源性能指标；④资源利用率管理，在满足服务请求性能指标的前提下，提高虚拟资源的利用率也是资源管理的重要需求。提高节点利用率可以降低单位计算性能的电能消耗，尽量提高资源节点的利用率可以降低云计算平台的整体功耗。

三、云计算资源管理模型

要对云计算平台进行资源管理，首先需要描述其管理目标，合理的资源建模成为云资源管理的前提。目前主要有两种方式：一种是按照云服务以及云服务流程建模，另一种是按照资源的分类及属性来建模。

按照云服务以及云服务流程建模，是因为调用云服务的流程符合 SOA 组合服务的调用流程，可以采用面向服务的方法对调用云服务所需资源建模。提供单一功能服务的云服务是原子云服务，由多个原子云组成的服务是组合云服务。衡量云服务的性能指标主要是服务响应时间和服务并发量。计算组合服务资源的依赖关系时，需要计算不同服务被不同流程调用的概率，加权计算所有的流程调用的资源依赖关系。

按照资源属性建模也是一种通用的资源描述方式。虚拟化存储资源和虚拟化计算资源配置在不同的虚拟化网络中，不同虚拟网络中的通信会占用虚拟带宽资源，虚拟网络内部的通信不占用虚拟带宽资源。虽然虚拟化资源的种类多种多样，但是几乎所有虚拟资源都包含存储空间、运算性能、网络带宽、归属网络等属性。所以虚拟化资源的描述可以根据资源运行情况来选取合适的指标，例如对存储资源的性能描述包括存储资源空间大小、读写速率等指标。

四、云计算资源管理策略

云计算平台资源管理策略主要以资源处理任务的分配方式来划分：集中处理、分散部署、负载均衡和就近分配。①集中处理。将所有的任务集中分配在少数几个资源上，只要资源有剩余处理能力，任务就尽量分配到该资源上处理。集中处理可以提高系统整体的资源利用率，还能降低云计算平台的系统功耗。②分散部署。与集中处理相反，分散部署把任务分散部署到空闲资源节点上，任务可以在各个资源节点上迁移。这样既可以提高单个节点的处理能力，还可以防止因为某个节点的失效而导致任务不可完成，从而达到云管理平台的容灾性能。③负载均衡。在资源管理策略中，集中处理和分散部署是两个极端，将任务部署到工作负载最轻或者处理能力最强的几个节点上，达到负载均衡的目的，从而减少服务响应时间，提高整个系统的服务性能。④就近分配。该方式主要考虑虚拟资源间的带宽资源，衡量通信时长。将任务分配给离请求最近的资源节点，缩短虚拟资源间的通信延迟，降低云计算平台的网络传输负载。

综上所述，所有的云计算资源管理策略，都是在保证服务质量的基础上，尽量提高云计算平台的性能指标，同时降低资源能耗。但是不同的管理策略涉及的侧重点不同，有的以服务响应速度为重，有的以服务安全可靠为重，有的以总耗能低为重。在选择资源管理策略时，需要根据具体情况选择不同的目标函数以判断优劣。

五、云计算系统的架构

为了更好地对云计算资源进行管理，首先需要了解其宏观的资源管理架构。架构通常可以分为物理架构和逻辑架构。物理架构是指计算机、服务器以及网络等设备的物理连接结构；而逻辑架构则是从各个元素所发挥的功能角度来区分它们的角色并描述了它们之间的关系。物理架构和逻辑架构是可以相互进行映射的。一个好的资源管理架构能够使得云计算系统在可用性、鲁棒性等方面有较大的提升。

系统架构是建立云计算环境首先需要考虑的关键问题。调度系统架构通常与数据中心架构密切相关，目前在有管理需求的大规模分布式环境下多是考虑多级分布式体系结构。

随着对云计算研究的日益广泛，学界与工业界也相继发布了许多开源的云计算基础架构，如 Hadoop、Enomalism 和桉树云等。

在目前许多开源的云计算框架之中，Hadoop 是其中最为著名的一个。很多大型企业对 Hadoop 进行了应用，并结合企业的具体业务进行了大量的改进工作。Hadoop 由许多模块组成，包括 Hadoop Common、HDFS、Mapreduce 和 Zookeeper 等。Hadoop 框架允许用户在大规模集群设备上使用简单的并行编程语言泛型对海量数据集合进行分布式处理。用户可以在不了解分布式底层实现细节的情况下对数据进行操作。在 Hadoop 集群系统中可能拥有成百上千个独立的物理设备。每个物理设备都有各自的计算与存储能力。不像其他传统方案依靠硬件设备来提供高可靠性，Hadoop 本身就被设计为在应用软件层可以随时检测并处理节点失效问题。Hadoop 的主要设计目标是为搜索以及日志分析工作服务，并不合适作为一种通用的分布式服务架构。

Enomaly's Elastic Computing Platform（ECP）是一个可编程的虚拟云架构。ECP v1 和 v2 两代产品在全球被部署过上千次。ECP v3 是一个面向云计算服务提供商的具有完全特征的云计算环境。ECP 被设计为在管理方便且使用容易的条件下来满足各种复杂的 IT 需求。该平台基于 Linux，同时支持 Xen、Kernel Virtual Machine（KVM）以及 VMware 等虚拟机管理程序，并且具有高容错性以及分布式扩展消息和 XMPP 协议用于错误恢复。ECP 的所有特征及元素都有相关的 API，这些 API 提供了一个完整统一的 IaaS。

桉树云是一种开源的软件基础架构。用户可以通过使用桉树云来对本组织现有的 IT 基础设施进行重组，并建立一个服务云。桉树云属于 IaaS。该平台与 Amazon 网络服务（AWS）的 API 完全兼容，可以用于建立私有云和混合云。

NimBus 是一组能够向科学计算用户提供计算能力和各类基础设施功能的工具集合。Nimbus 平台允许用户将 Nimbus、OpenStack、Amazon 和其他云产品集成到一起。NimBus 基础结构是一种开源的 EC2/S3 兼容 IaaS 应用。该应用受到科学社区的广泛欢迎，其特征主要包括支持代理、批调度以及尽最大努力配置。

以上各种开源架构虽然在实现形式上千差万别,但是它们的高层架构都是相同的,均是主从架构。此外许多研究人员也提出了若干云计算架构。

当前云计算架构存在一些不足,例如单个云计算服务提供商情况下的有限扩展性、多个云计算服务提供商直接缺乏协作性以及缺乏内置的商业服务管理支持等。云计算服务提供商(Cloud Computing Service Provider,CCSP)是了解具体业务需求并提供服务应用程序来处理这些需求的实体。CCSP不拥有提供服务应用以及处理这些请求的计算资源,相反它们从云计算基础资源提供商(Cloud Computing Infrastructure Provider,CCIP)那里租用技术、存储和网络等资源。CCIP则运营具体的物理资源。随后作者提出了一种支持商业服务管理和资源联合的模块化可扩展云计算架构。该架构采用了一种容器模型,采用这种模型有利于多个CCIP之间的资源协同,并能够避免上述若干问题。该架构示意图如图4-1所示。

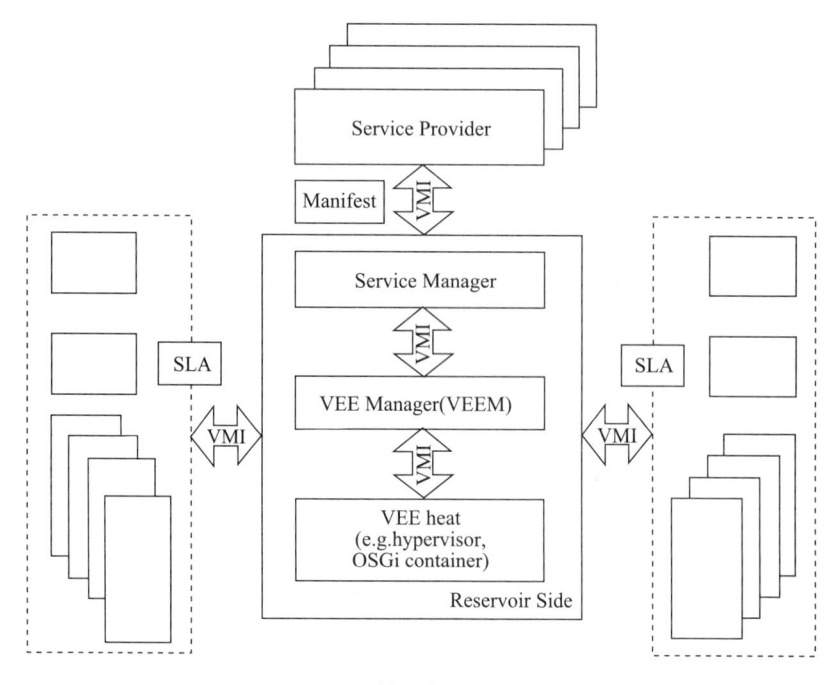

图4-1 基于容器的云架构

综上所述,在面向市场的云计算环境中,云计算环境中的角色主要包括云用户和云计算服务提供商和云计算基础资源提供商。

云计算用户根据与云计算服务提供商或云计算基础资源提供商签订的服务等级协议,向这两者发送相应的服务或资源请求。

云计算服务提供商CCSP,CCSP向用户提供数据库、存储、监控、内容发布等服务。这些服务都是基于云计算基础资源架构之上的。除了这些专业服务之外,CCSP还需要提供用户管理、计费、资源申请、服务工作流等通用服务。

云计算基础资源提供商CCIP,CCIP向用户或者CCSP提供云计算基础资源,如服务器、网络带宽、存储阵列等物理设备。CCIP通过虚拟化技术对这些物理设备进行分割以满足用户不同的需求。CCIP 还将提供场地及设备维护、用户管理、流量监测、虚拟机映像管理、负载均衡、故障监测与故障处理等通用服务。

当前 CCSP 和 CCIP 这两种角色多是由一家企业扮演。随着云计算产业的进一步发展以及行业竞争的加剧，它们所扮演的角色也必将细分。这种社会化分工越来越细是历史发展的必然趋势，因为这种方式能够提高效率，降低成本。

原本由一个实体承担的责任现在被划分由两个实体来完成，所以各个角色承担的管理功能也需要做出相应的调整，如图 4-2 所示。

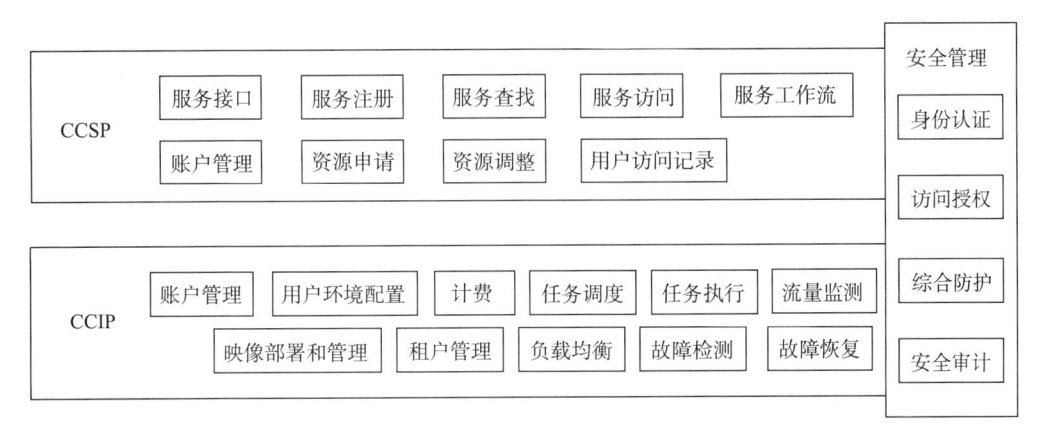

图 4-2　CCSP 与 CCIP 各自承担的管理功能

其中 CCSP 和 CCIP 均需要实现安全管理的功能。除此之外，它们都有账户管理功能，但面向的对象不同，CCSP 面对的是云用户，而 CCIP 则面对 CCSP 和云用户。CCSP 的功能集中在服务部署和服务执行上，而 CCIP 的管理功能则集中在环境配置、负载均衡和任务调度等方面。

在物理网络架构方面，一个 CCSP 可以从多个 CCIP 处租用资源，同时 CCSP 在不同的 CCIP 之间起到了类似主节点的调度管理的作用。

由于云计算业务以及可靠性的需要，必须采用一种分布式架构，但是出于运营监控、计费等方面的考虑，系统又需要采用一种集中式的架构。目前云计算架构均将业务（数据）节点与控制节点相分离，形成一种集中式的架构，由于会存在系统性能瓶颈以及单点故障的问题，我们可以通过 CCSP 与 CCIP 的分离，将部分管理功能从 CCIP 管理节点转移到 CCSP 中。

六、基于云计算的科技资源信息共享模式的构建

（一）科技信息资源与云平台

1. 科技信息资源的特点

科技信息资源广泛分布于科研院所、高校和科研管理部门等机构中，其内容主要包括数据、软件和设备特征，并涉及研发、使用、维护和流通等环节。其中，科研机构主要具有研发和使用功能，管理部门具有维护职责，而中介机构促进流通和推广的

作用。科技信息资源主要具有数据量庞大、系统异构和应用服务繁多的特点。

2. 云平台整合科技信息资源

使用云计算平台整合科技信息资源的意义可以概括为以下几点。

① 云平台为科技信息资源系统服务提供新的范式。通过该范式，可以将不同的科研机构和管理部门使用的数据和服务整合在一起，并统一服务接口，提供各种级别的科技应用。

② 云平台为实现海量科技信息数据的存储提供新的途径，为海量的数据存储和检索提供高效的方法。

③ 云平台还为跨平台的服务提供统一的接入方式，可以实现对不同系统上现有服务的整合。

通过云计算技术实现的科技信息资源整合，将具有如下的特征。

（1）高效的存储和检索

云计算平台通过改变存储和冗余的方法，提高了存储空间的整体利用率，正如超市中物品存放有别的方式提高了物品的查找效率，存储方式的改变将有助于提高数据被检索的效率。

（2）跨平台和跨应用

云平台可以为用户提供各种科技信息资源和应用，并不局限于受环境约束的几种应用，如农业部门不仅可以调用水利和气象等信息，还可以得到电力和煤炭等能源信息。数据和应用在最大范围内共享。

（3）成本低

云计算平台的搭建并不需要建立在高端的物理设备上，而只需要将廉价设备配置虚拟软件就可以形成对外统一的计算资源池和存储资源池，这种方式极大地保护了投资，降低了成本。

（4）高弹性的扩展

云计算的本质就是提供一种类似于电厂按需发电的工作模式，其虚拟系统可以通过用户的需求自动地适应，为用户动态地分配资源，该种模式特别适合于科技资源迅猛的生产和发展的需求。

（5）统一的访问入口

通过云平台对新旧系统的整合，通过虚拟技术设置统一的应用访问入口，保证了底层差异对用户的透明性，并通过权限统一分级管理和配置，用户一致界面的使用，极大方便了用户的使用。

（6）可靠性高。

云计算不仅解决了大规模科技数据的海量存储问题，而且通过副本技术来增加数据的冗余性，保证了数据遗失后的快速恢复，从而增强了系统的可靠性。

（7）统一的管理

云计算不仅为用户提供统一访问入口，而且通过统一的专业化管理，大大降低了原有分散部门维护的成本，减少了资源分散带来的重复浪费。此外，该管理方式保证了数据的一致化，防止了"脏数据"的存在。

(8) 高集成度

云计算是从分布式系统技术采用虚拟技术而来,天生就具备兼容异构系统的能力,可以通过虚拟技术将各个分散的系统整合起来,使现有的应用通过接口技术或总线技术连接在一起,具有很强的集成能力。

(二) 科技云的服务体系

1. 服务的总体范式

基于云计算的科技资源共享平台是为了科技管理部门、中介结构、高校和科研院所等单位可以实现信息服务的共享,资源最大化地利用,所以其服务的构建应该遵循一定的规范原则,建设指导部门通过服务的总体范化将有利于服务的共享和服务的整合。

如图4-3所示,基于云计算的科技资源共享平台的整体框架既需要满足科技政务系统建设的要求,又要保持技术路线开发的一致和符合国家电子政务开发的要求,从范化体系层次上包括云计算的物理基础层、系统层、服务支撑层、应用服务层和用户层。

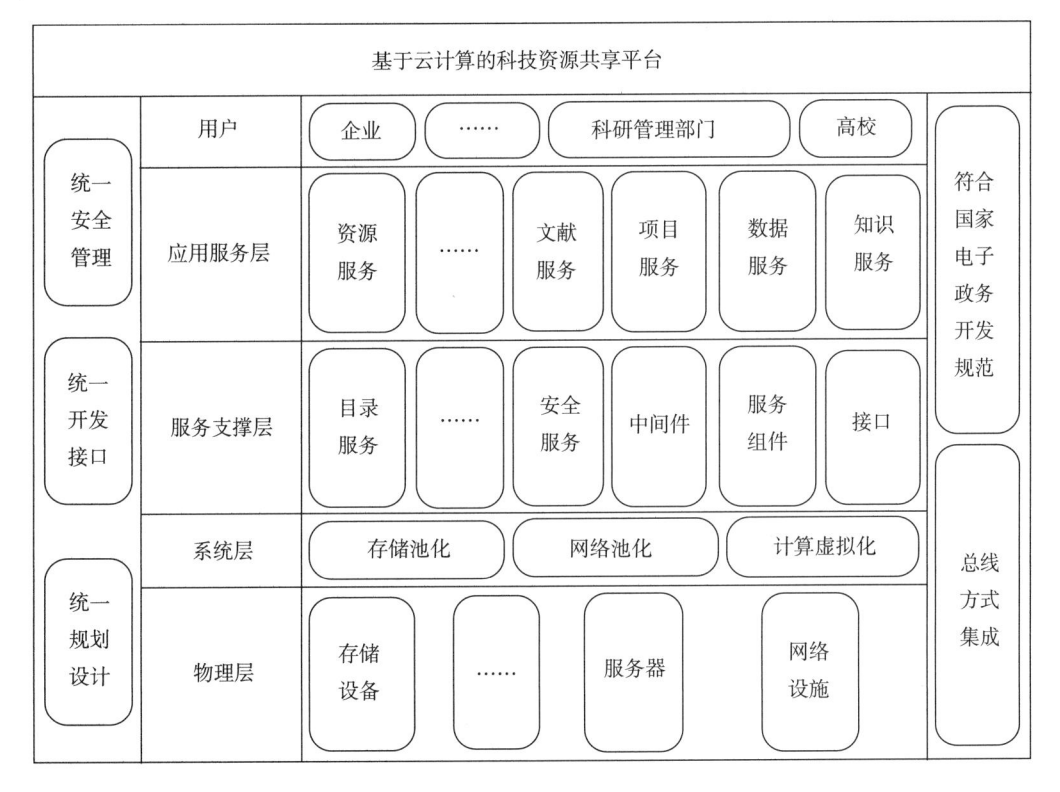

图4-3 科技云的总体架构

其中,物理基础层为云计算服务提供必备的物理设施包括存储设备、计算服务器和网络基础设施。系统层通过支持虚拟化服务的系统软件,将物理层异构和分散的设备整合在一起,形成对用户透明的整体设施,为上层提供一致的服务接口。支撑层并不是直接为用户提供独立的服务，而是为上层独立的服务提供功能组件，满足服务设计上的灵活性和重用性。服务层是针对用户的不同需求而开发的一系列功能，是整个体系的设计重点。

高新技术企业、高校和科研院所是科技云平台的主要用户，科研管理部门主要负责整个云平台的管理和维护工作，并且兼具规范服务和指导系统开发的义务，而中介机构主要推广新产品和新技术，负责加快资源的市场化流通。

2. 服务模式

针对科技用户的需求，科技云体系中的应用层中的服务可以划分为四大基本类，每一类中拥有多项服务。

第一类是知识服务，为科研用户完成科研提供必需的科学技术支持。知识服务还包括科研开发过程中文献服务和专家服务，为其智力过程提供技术指导。文献服务主要采用搜索引擎的方式，满足用户以关键字或主题的检索。专家服务可以通过在线咨询的方式，以用户使用"网上专家门诊"的形式进行答疑指导。

第二类是行政管理类，辅助科研管理部门完成行政类业务流程，主要包括项目奖项服务和专家的管理服务。其中项目奖项服务实现项目申报审批流程，以及对项目全过程的跟踪，是科研管理的部门一项重要活动。专家管理不仅实现了对专家成员的组织，更是对科学活动的科学化、规范化和公正化的保障。

第三类是科研资源服务，为科研过程提供基础支撑，是科学活动的条件，主要有数据服务和设备服务。数据服务包括自然科学的基础数据，社会科学的统计数据，人工智能的数据挖掘服务，是为科学判断提供基础资料。设备服务主要用于共享仪器设备和提供重点实验室信息，是减少投资和研究成本的一项重要功能。

第四类是流通推广服务，为科研过程资源的组合和市场转化提供催化媒介，形成贯穿研发、使用和流通的信息流，主要有技术的推广和产品的转化。科研过程也是一项资源组合的过程，不仅需要数据、文献、设备和资金等物质资料，而且更需要智力和人力的支持，技术的推广服务就是将这些智力资源快速配置到相应的科研系列活动中去，为科研活动的顺利开展提供支持。产品转化又是一项保障科研成果可以快速进入市场形成资金回流，为延续科研寿命提供保障支持。

3. 存储模式

存储为服务提供了基本的物质基础和保障，云存储往往采用"池化"技术将分散的异构存储服务虚拟成在一个整体的存储资源池，为用户提供统一使用方式，屏蔽了底层细节上的技术差异，实现了高可靠性和高性能的海量数据分布和备份。

七、云计算平台下的慕课

（一）慕课与云计算

1. 云计算服务具有以下特点。

第一，通过计算资源虚拟化集成以提高设备计算能力。将大量的可用于计算的资源汇集到一个资源池中，可以实现共享方式利用计算资源，从整体上提高整个网络资源利用率。

第二，通过分布式数据存储实现系统容灾能力。数据的存放本质上被多次备份到网络中的多个主机，既实现了系统的容灾能力，又达到了访问过程中的负载均衡。

第三，硬件虚拟化，减少软硬件相关性。虚拟化技术将云平台底层的硬件设施将同类硬件集成起来，并且将硬件与软件隔离开来，作为同种设备供用户透明使用，降低了软硬件的相关性和依赖性。

第四，高度模块化设计实现高可扩展性。云计算平台基本上都是遵从标准化构架，软硬件都是按照中间件方式设计模块化组织。这种方式不仅有助于系统的开发和设计，而且方便了系统的升级和维护。

第五，使用虚拟技术实现资源弹性服务。通过虚拟技术可以随时扩充系统的内部资源，并且将资源整合，但对用户整个接口和界面没有变化，也就是说内部功能的增强、资源的扩充完全对用户是透明的。这种方式对用户的计算量和存储量的需求变化都是具有弹性的，也就是所谓的按需增长，按需分配。

第六，按需计费，随用随计。云计算的使用最显著的特点之一是服务可以外租，用户可以在网上随时使用，按次或按时计算使用服务的价格。从建设成本、使用成本和维护成本上综合来看，大大地降低了用户的费用。

2. 慕课

所谓 MOOC（中文译为"慕课"），就是大规模在线开放课程的英文首字母的缩写。它的内涵对我们来说可能并不陌生，但是其外延包括一切通过网络学习的课程，乃至形成一种自由的学习模式，正在引领着一场教育革命。

慕课的主要特点如其英文名字所意。

第一，规模巨大。发布出来的课程不再是一两门课程，有可能是多学科、多体系的课程。

第二，共享开放。课程不再是私有的特殊群体享受，而是遵从一种开放共享的协议。

第三，网络传播。通过互联网技术传播，学习者不再受限于地域、时空、学历、社会地位和种族等限制，彻底消除了教育资源分布的不平衡性，打破了高等教育是一种特权的享受制约。任何人任何时间都可以享受世界最好的教育。

（二）慕课对教育的影响

1. 教育结构内涵和形式的变革

在传统的高等教育教学环境中，教育的主导是教师，教育的主体是学生。学校的课堂教学是主要的教学方式和形式。按专业或岗位设计的课程体系是整个教学的内容范围，学生只能是被动授课。

而慕课的形式可以让学生通过互联网+移动终端实现随时随地的学习，首先，突破教学的课堂地域和时间的限制。再次，所学的内容范围可以由学生选择，在一定程度上提高了学生的主动性，并突破了课程内容设置的限制。所以，慕课是对传统教育形式和内涵的一次彻底改变。

2. 变革的具体内容

所谓云计算与慕课的结合，就是以云计算为技术支撑平台，建立慕课所需要的物质基础和教学资源，建造一种基于互联网，可以在任意时间和地点点播学习的新教育环境，实现以教师为"编剧""导演"和"演员"，学生为"观众"的一种主导和主体的新型教育结构关系。

这一教育结构具有几个区别于传统教育方式的显著特征。首先，信息化程度非常高，信息技术彻底融入教学整个过程，不仅平台的运转需要云技术的支撑，而且在教学过程中的各个环节都需要信息技术的辅助，包括课件制作、模拟实验、动画演示甚至是全息技术展示等。其次，不受时空限制是该教育结构的最大特征，慕课突破了传统教育的围墙，打破了享受教育的"特权"，是人类历史上"贵族"享受教育的彻底颠覆。再次，在教学进度过程中，教师的角色发生转变，由原来课堂上的"主角"转变为"配角"。慕课产生以后，学生对现场教师的依赖程度大大降低，现场教师可能最终转变为辅助和辅导答疑的角色，也就是说教师"演员"将可能被分为两类，一部分当成"主演"，成为慕课的主角；另一部分将成为配角，成为真正意义上的助教。最后，慕课具有很强的整体性和分散性，即整体性强的可构成类似传统课程中的教学体系；而分散性强的，往往实践性很强，适合于单篇成课，可用于专题讲解，例如计算机路由器常见故障的排解、汽车的一般保养和出纳报税过程等。这些内容在传统的教学中不会出现，但具有很强的经验性和实践性，甚至可以即学即用或即用即学。

（三）未来慕课的发展趋势及应对举措

技术发展为慕课提供了必备的物质基础，而教学模式的根本改变才是其发展的实质，为了应对这种潮流趋势，采取必要的措施才能跟上时代的发展。

1. 未来慕课的发展方向

（1）互动性进一步增强

慕课的教育方式虽然对现代教育创新有着革新作用，但其还处于茁壮成长阶段，还有很多方面需要完善，尤其在互动方面还有赖于技术创新和发展。更强的互动技术支持可以即时通信，实现教师与学生间的交流，增强学习的效果。

（2）主体和主导的角色可能发生变化

随着支持互动性技术的发展，慕课将改变教育主体和主导的地位，在新的教学环境中，教师和学生的地位和角色可能演变成对等状态，这样更符合高等教育的要求，更有利于大学教学思想的开放。

（3）社区学习

慕课虽然突破了校园的边界，使学习者可以轻松共享优质教学资源，但这并不意味着学习成了个人行为，而是在网络的空间中重新聚合，构造出了新的学习团体，在世界范围内按兴趣或按学习内容形成学习社区，更有利于思维的碰撞、文化的交融、智慧的激发。

（4）大学联合以及优势资源互补

世界上各个大学基本都是通过自己的优势学科带动其他学科发展起来的，也就是在学校内部以及学校之间的学科发展是极其不平衡的，特别是专科类学校。例如财经类院校中，信息学院肯定不如会计学院具有学科优势。甚至综合性大学里的学科发展，也受环境、各种资源和学科带头人等软硬件因素影响。

大学联合打造慕课已经成为国内外的典范，通过合作建造慕课，可以更广泛地共享各个高校内的优质教学和科研资源，并且避免了重复建设精品教学资源库，实现更宽广范围内的优势教学资源互补。

2. 应对措施

（1）推动基础设施建设

我们已经知道慕课的发展是以云计算物联网技术发展为基础的，因此大力推动 IT 技术革新，建设基础公共云平台，不仅是为公众提供信息服务提供便利，更为教学网络和信息化提供了发展动力。

（2）鼓励大学联合实现资源互补

高校学科和专业的发展往往也是不同步的，我国的很多高校往往以某些学科为榜样，成为学校发展的主要方向，如财经、金融、电力和建筑等。通过高校间合作建设实现教育资源共享，不仅可以节省建设成本，而且可以发挥高校内部的"拳头"优势，并且在建设过程中也增加了学术交流和教学互相观摩，可以产生相互学习的促进作用。

（3）平台建设需要整体规划

建设精品课程和教学资源库是我国教育实现网络下的教学资源共享的产物，其成果突破了教学的代表典范，并可以通过网络自由访问，使大学更加接"地气"，成为公众生活学习的一部分。但是我们也发现了一些问题，如资源建设重复，资金的浪费。同时也存在大量垃圾资源与优势资源并存的现象，成为应付"发展"的产物。

为了杜绝此类现象的出现，应针对不同学校不同学科进行整体规划，融入优势学科资源，扬弃其他资源，更好地实现慕课的整体健康发展。

（4）鼓励社会资源和资金的融入

MOOC 的建设要实现集优势资源的互补，节省投资，但是必要的资金支持不仅有利于前期的建设和设计，更有利于后期的维护。其资金的来源，以政府的投入为主体，社会资金参与为辅的模式将更有利于系统的建设。同时，若涉及运营利润分配，则可以按其投入比例进行分配。

第三节　云计算中碎片资源管理关键技术

云计算作为一个解决大规模计算和存储的重要方法，是资源复用形式的一个演进，并且是对资源组织形式进行反思后所形成的产物。用户之所以选择云计算服务，是因为它可以在任何时间、任何地点以低廉的价格提供计算和存储访问服务，正如人们日常所见的电力供应一样。除了服务质量本身之外，价格是谁将赢得这场竞争的决定性因素。很显然，在提供相同的服务质量的前提下价格最低的供应商将赢得大多数用户。

云计算服务提供商可以通过尽可能地提高系统平均效率从而达到降低其价格的目的。因此一个合理并高效的调度机制，可以令云计算服务提供商以相对较少的资源满足更多的用户需求，所以它已成为云计算最核心的问题之一。

调度过程主要可以分为两类，即服务请求调度和资源调度过程。服务请求调度发生在用户与服务提供商之间，而资源调度过程发生在服务提供商和资源提供商之间（在许多情况下这两家提供商的功能可以由一个实体来完成，在该情况下资源调度过程则是发生在提供商内部）。一般情况下，用户在云计算服务提供商处获取服务的过程如下：①用户向云计算服务提供商发送请求；②执行请求；③服务调度过程；④资源调度过程；⑤完成服务并进行响应。本章主要研究的是云计算资源调度。

在云计算环境中，云计算服务运营商（Cloud Computing Service Provider，CCSP）将其提供的所有资源抽象为一个"资源池"。用户采用租用的方式根据其需求在该"资源池"中选择其所需要的资源数量。然而用户对资源需求的规格与服务运营商所提供的规格很可能不一致。因此在实际运行过程中系统容易产生资源碎片。如何处理资源碎片问题则是提高云计算系统资源利用率的关键问题之一。

此外，运营需要云计算环境中有中心调度节点。但是在大规模集群设备条件下，如果将所有资源的查找与组合工作都交由中心调度节点处理，那么单一节点无疑会面对过载的问题，因此需要将这些任务以一种分布式的方式解决。

一、资源调度技术综述

云计算数据中心将不同资源按照需求动态地自动化地分配给用户。但是用户的需求规格与数据中心物理服务器提供的规格不一致，如果采用简单的资源分配调度方法，例如常见的轮转法、加权轮转法、最小负载（或链接数）优先、加权最小负载优先和哈希等方法，较难达到物理服务器的负载均衡，进而会造成服务性能不均衡以及一系列其他问题。

轮转法（Round Robin，RR）是操作系统中一种最简单的调度算法。该算法通常会设定一个轮转周期，并将每个周期的时间片按照相同的比例分配给每个进程，循环往复，依次满足每个用户的需求。在该算法中，没有任何优先级之分，也不会令某些线程产生"饥饿"的现象。但是轮转法不能解决物理服务器和用户需求规格不一致造成的负载不均衡问题。

加权轮转调度算法（Weighted Round Robin，WRR）是对轮转法的一种改进，克服了轮转法的一些不足。该算法使用相应的权值来表示不同任务的重要性，权值较大的任务将被赋予更多的时间片。该算法为了获取一个标准化的权重集合，需要取得近似的广义处理器共享（Generalized Processor Sharing，GPS），还必须知道平均包大小。而在 IP 网络中，平均包大小是可变的，因此在实际中估计平均包大小是很困难的。此外，加权轮转调度方法无法保证公平性。

目标地址哈希调度算法（Destination Hashing，DH）通过以目的地址为关键字来查找一个静态哈希表来获得所需的真实服务器。该算法是针对目标 IP 地址的负载均衡，但它是一种静态映射算法。目标地址哈希调度算法首先根据请求的目标 IP 值，作为哈希键从静态分配的哈希表中找出对应的服务器，该算法在初始时会将所有服务器顺序、循环地排列到服务器节点表中。如果该服务器可用且负载未超过其自身能力范围，将请求发送到该服务器，否则返回空。

源地址哈希调度算法（Source Hashing，SH）是以源地址为关键字对哈希表进行查找，从而获得所需要的真实服务器信息。源地址哈希调度算法正好与目标地址哈希调度算法相反，它根据请求的源 IP 地址，作为哈希键从静态分配的哈希表找出对应的服务器，若该服务器是可用且未超载，将请求发送到该服务器，否则返回空。

上述两种哈希方法需要提前设计一个哈希函数，用于映射用户需求的虚拟机到相应的物理服务器上，执行速度快，但如何设计一个哈希函数既满足用户规格需求又满足物理服务器规格配置不一致是一个难题，负载不均衡的问题也很难得到解决。

最小连接算法（Least Connections，LC）需要负载均衡器记录各个真实服务器的连接数目。当用户提出请求时，负载均衡器把该连接请求分配到当前连接数最小的真实服务器上。当所有服务器处理能力相同时，该算法能够把请求均匀分布到各个服务器。但是当服务器处理能力相差较大时，该算法受限于 TCP 机制而效率较低。

加权最小连接算法（Weighted Least Connections，WLC）克服了最小连接算法的不足，通过为具有不同处理能力的服务器赋予不同权值来对用户请求进行分配。该算法会将用户请求分配给当前连接数与权值之比最小的服务器。

传统的任务调度机制并不适合云计算。目前，在不同的云架构中实现了许多任务调度机制。Hadoop 默认采用 FIFO（先进先出）的机制进行任务调度。FIFO 的优点是简单和低成本。所有来自不同用户的任务请求都提交到唯一的一个队列中。它们将根据优先级和提交时间的顺序被扫描。具有最高优先级的第一个任务，将被选中进行处理。FIFO 的缺点是公平性差。在有大量高优先级任务的情况下，那些低优先级的任务很少有机会得到处理。为了提高公平性，Facebook 提出了公平调度算法。公平调度的目标是让所有任务都可以随着时间的增长获得它们所需要的资源。该算法使较短的任务在合理的时间内完成，与此同时不让长期的任务等待过长时间。当系统中没有其他任务时此任务可以占据整个资源。系统将为这些新的任务分配空闲的时隙，使它们都可以得到相同的 CPU 时间。公平调度算法定义了任务的赤字，具有较大赤字的任务，意味着它们得到了更多的不公平待遇，因此它们也就有更大的概率获得资源。除此之外，公平调度算法保证了最小的共享资源。这意味着即使存在着许多具有较高优先级的任务，最低优先级的任务也可以获得其应得的资源。雅虎在 Apache 基金会的 Hadoop 开源项目中提出了容量调度的方法。它允许多个租户安全地共享一个大的集群，这样他们的应用程序在分配能力的限制下被及时地分配适当的资源。该机制允许共享一个大的集群，同时也让每一个组织得到最低的能力保证。集群将被分割在多个组织，每个组织都可以访问任何没有被别人使用的额外资源。上述提到的所有算法都关注与面向计算的任务，并不适合面向服务的任务。

二、问题分析

在云计算数据中心环境中，运营商部署的大多是性能较好且较常见的物理主机，而非昂贵的大型服务器。云计算服务提供商大多一次性批量购买上千台这样的设备来运行云计算服务。因此云计算对外宣称将所有物理资源汇总成资源池,但在实际中所有的物理资源还仍然是以物理主机为单位,只是通过多种技术手段并通过网络对资源进行调用。显而易见的是,这种资源的基本单位与多变的用户需求是不符合的。在业务规模大的情况下,用户可以租用远超过一台物理服务器所能提供的资源,在这种情况下云计算服务提供商会调度多个物理主机协同为其服务,同时在业务规模小的情况下,用户也可以租用一台物理主机所能提供资源的一部分。

因此也就存在着这样一种情况,一台物理主机的绝大部分资源都已经被其他用户所租用,仅剩的一些资源或资源组合难以单独满足绝大多数服务的需要,此时云计算系统便会产生碎片资源。

如果能够尽可能地利用这些碎片资源,对提高云计算系统资源利用率无疑是一个巨大的帮助。

三、云计算碎片资源描述与能力划分

(一) 碎片资源池

传统的云计算"资源池"概念过于宽泛,无法对碎片资源的利用提供实际意义上的指导。为了进一步利用好云计算环境中的碎片资源,编者在本节中提出了一个"碎片资源池"的概念。"碎片资源池"是"资源池"概念进一步细分的结果。"碎片资源池"就是将整个系统在运行过程中所产生的碎片资源信息汇总到一起,根据其耦合程度的强弱进行重新组合,以达到提高碎片资源利用率的目的。

(二) 云计算碎片资源组合

在碎片资源池中,资源主要包括 CPU core、硬盘空间和内存空间。这些资源在云计算环境中是离散分布的,但它们又根据距离远近等因素有着不同的耦合强度。同时处于云计算环境中不同位置的资源通过网络进行协同工作的时候,节点之间的距离造成的网络延迟对系统性能影响较大。对于不同的业务来说,各种资源之间的交互程度也是不同的。例如计算密集型任务所需资源按重要程度排列依次是 CPU core、内存和硬盘;而面向存储的任务所需资源按重要程度排列依次是硬盘、内存和 CPU core。因此,本章提出了一种按照业务类型区分的基于资源耦合强度和节点距离的云计算碎片资源组合方法。

首先,对于不同类型的任务,可以分别设定资源之间的耦合强度 e。不同类型的资源之间耦合强度越高,意味着它们在分布式环境中进行协同工作的难度越大。

在面向存储的任务类型中,CPU core 相对于硬盘和内存来说重要程度较低。因此将该任务类型中 CPU core 和硬盘之间的耦合强度设定为 1,即 $e_s(c_p, h_q) = 1$;类似的,还可以规定 $e_s(c_p, m_r) = 3, e_s(m_r, h_q) = 3, e_s(h_q, h_q) = 1$。而在计算密集型任务中,$e_c(c_p, h_q) = 1, e_c(c_p, m_r) = 5, e_c(m_f, h_q) = 3, e_c(h_q, h_q) = 1$。为了降低资源调度过程中的

复杂度，规定 CPU core 与 CPU core 之间，以及内存与内存之间的耦合强度不能进行协同工作。

其次，对于处于云计算环境中不同位置的资源，对它们之间的距离也做出规定：同一个管理域中，同一个机架上同一台物理设备当中的资源距离为 0；同一个管理域中，同一个机架上不同物理设备上资源的距离为 1；同一个管理域中，不同机架上的不同物理设备上资源的距离为 3；而不同管理域中，不同物理设备上的资源距离为 10。例如，处于同一个管理域中不同机架上的不同物理物理设备上的 CPU core 资源 i 和硬盘存储资源 j 之间 $d(c_i, h_j) = 3$。

第五章

基于云计算的传感器智能车辆导航系统

第一节 智能车导航定位系统的特征

智能车辆若要实现无人干预下的自主驾驶，必须具有感知环境的信息采集系统和自身定位与导航的能力，经由通信系统传输数据，上位机将这些传感器采集的信息分析处理，做出合理的决策判断，下发到底层控制单元使执行机构做出相应动作。

一、GPS 全球定位系统

随着现代化科学技术的发展而建立的新一代基于卫星的无线电导航系统：全球定位系统（Global Positioning System，GPS）。20 世纪 70 年代，美国国防部开始研究 GPS 系统，20 世纪 90 年代正式投入使用。GPS 系统的建立完成对人类的活动产生了巨大的影响，可以说 GPS 系统从根本上解决了人类在地球及其周围空间的导航定位问题，无论军用、商用抑或民用。

（一）GPS 系统组成

GPS 系统提供主要由 GPS 卫星星座、地面监控系统、GPS 用户三部分组成。

1. GPS 空间卫星部分

GPS 系统包括 21 颗工作卫星和 3 颗备用卫星，共计 24 颗工作卫星，卫星位于距地表 20200 千米的上空，运行周期 12 小时，24 颗卫星分布地球的 6 个轨道面上，为了达到对全球的覆盖目的，相邻轨道之间的卫星要彼此相距 30°。不同地点可观测到地平线上的卫星数最少 4 颗，最多可达到 11 颗，因此，GPS 是全球性和全天候持续定位的导航系统。

2. GPS 地面监控站

地面控制站负责收集由卫星传回之讯息，并计算卫星星历、相对距离，大气校正等数据。它由 1 个主控站、3 个注入站、5 个监测站组成。主控站处理各监测站传送的数据，推算各卫星星历、校正参数，推送到注入站。监测站在主控站的直接控制下，对卫星进行持续不断的跟踪测量，并将自动采集处理数据信息并存储和传送到主控站。注入站把主控站送来的导航信息在卫星过顶时传送给卫星并监测注入的导航信息是否正确。

3. 用户设备部分

用户设备部分即 GPS 信号接收机，用户接收机捕获待测卫星并跟踪，通过 4 颗以上卫星传下来的数据解算出接收天线至卫星的伪距和距离的变化率，解调出卫星轨道参数等数据。根据这些数据，接收机中的微处理计算机就可按定位解算方法进行定位计算，计算出用户所在地理位置的经纬度、高度、速度、时间等信息。

（二）GPS 定位原理

GPS 导航系统工作的基本原理是测量出已知位置的卫星，并通过记录卫星信号传播到用户所经历的时间，再将其乘以光速得到用户接收机之间的距离，然后综合多颗卫星就可知道的具体位置。

如图 5-1 所示，在某时刻测站点用接收机接收到距离为 ρ_1、ρ_2、ρ_3、ρ_4 的四颗卫星 S_1、S_2、S_3、S_4 通过电文解译出四颗卫星的三维坐标，用距离交会的方法求解点的三维坐标观测方程。

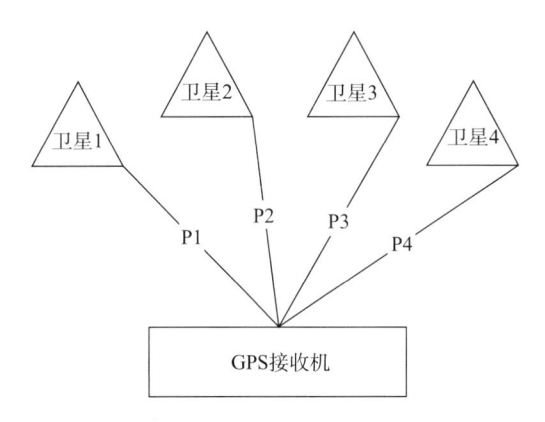

图 5-1　单点定位原理

全球定位系统采用多星、高轨、测距体制，以距离为基本观测量。通过对四颗卫星同时进行距离测量，即可解算出接收机的位置。

装在载体上的接收机，同时测定至 4 颗卫星的距离，测量卫星发射电波至接收机接收到电波的时间差 τ，乘以光速 c 求得距离 ρ，即

$$\rho = c \cdot \tau = c(t_1 - t_2)$$

公式中，t_1 为接收机接收的时刻，t_2 为卫星发射电波的时刻。GPS 统一采用原子时系统，由于卫星钟和接收机时钟与 GPS 原子时都存在钟差。实际测得的时间差包含有钟差的影响为：

$$\tau' = (t_r + \Delta t_r) - (t_s + \Delta t_s)$$

卫星钟差由 GPS 地面监控系统测定，并通过导航电文提供给用户，可以认为是已知值，所以实际测得的距离应为：

$$\rho' = c \cdot \tau' = c(t_r - t_s) + c\Delta t_r$$

因为距离观测值 ρ' 中包含了接收机钟差等引起的误差，而不是接收机至卫星的真正距离 ρ，故称其为伪距观测值。

一般用户很难以足够的精度测定接收机的钟差，可以把它作为一个待定参数与接收机的位置坐标一并解出。将式写为：

$$\rho' = \sqrt{(X - X_j)^2 + (Y - Y_j)^2 + (Z - Z_j)^2} + c\Delta t_r$$

式中，X_j，Y_j，Z_j 表示第 j 颗卫星在地球协议坐标系（WGS-84）中的直角坐标，它们可以利用卫星播发的导航电文中给出的卫星位置信息经计算得到，故可以认为是已知量。X、Y、Z 为接收机在同一坐标系中的位置坐标，与接收机钟差同为待求量。共 4 个未知参数，只需对 4 颗卫星同步观测，获得 4 个伪距观测值。组成 4 个方程式，通过解算即可解出接收机位置 X_j，Y_j，Z_j。经直角坐标系和大地坐标系的交换，得到用户的经纬度和高度。

按定位方式，GPS 定位分为绝对定位方式（单点定位）和相对定位方式（差分定位）。单点定位就是根据一台接收机的观测数据来确定接收机位置的方式，采用伪距观测量，可用于车船等的概略导航定位。相对定位（差分定位）根据两台以上接收机的观测数据来确定观测点之间的相对位置的方法，它既可采用伪距作为观测量，又可采用相位作为观测量，这种定位方式在大地测量及工程测量中得到了广泛的应用。

1. 绝对定位方式（单点定位）

因为在定位过程中仅需要一台接收机进行操作，所用观测量大多为伪距，因此也称伪距法，此方法的定位结果是输出其在协议地球坐标系中的绝对位置。相较于相对定位，在很多方面都有原则性的不同，其中包括观测方式、数据处理、定位精度以及应用范围等多种方面。

2. 差分定位方式

由两个或多个观测站同时对的卫星观测，而这样的好处是可以利用观测量之间的不同组合去消除诸多误差，其中包括轨道误差、卫星钟差、接收机钟差、电离层以及对流层的折射误差等，能够确保数据输出精度的可靠性和稳定性。

可依据差分 GPS 基准站所发送的信息方式不同将差分 GPS 定位分为三类，即：位置差分、伪距差分和相位差分。三类差分方式的基本工作原理是相同的，都是由基准站发送出改正数，由用户站接收并对其测量结果进行修正从而获取精确结果，不同点在于所发送改正数的具体内容是不一样的，其差分定位精度也有所不同。

位置差分原理：这种差分方法是最为简单的，任何一种 GPS 接收机均可组成这一差分系统。基准站上的 GPS 接收机在观测到 4 颗卫星后便可进行三维定位并解算出基准站的坐标，但由于存在着时钟误差、轨道误差、SA 影响、多路径效应以及其他误差，解算出的坐标与基准站的已知坐标是不尽相同的，存有误差。基准站将会利用数据链将此改正数发送出去，由用户站接收，并对其解算出的用户站坐标进行修正。

伪距差分原理：伪距差分是目前用途最广的一种差分技术，几乎所有的商用差分GPS接收机均是采用的这种技术。基准站上的接收机要求出它至可见卫星的距离，并将此计算出的距离与会含有误差的测量值进行比较，利用一个α、β滤波器将此差值滤波并将偏差求出，然后传输给用户所有卫星的测距误差，用户便可利用此测距误差来改正测量的伪距，最后，用户可利用改正后的伪距信息来解算本身的位置，即可消去公共误差，提高定位精度。

载波相位差分原理：载波相位差分技术又称作RTK技术，其是建立在实时处理两个测站载波相位基础上的。它能够实时地提供观测点的三维坐标，并可达到厘米级的高精度。与伪距差分原理相同，基准站会通过数据链实时地将其载波观测量及坐标信息一同传送给用户站，用户站在接收GPS卫星的载波相位与来自基准站的载波相位后组成相位差分观测值进行实时处理，便能实时地提供厘米级的定位结果。

（三）GPS误差分析

GPS定位中出现的各种误差从误差源上讲，主要可以分为如下3类：

1. 关于GPS卫星的误差主要包括卫星星历误差和星钟误差

卫星星历误差是指卫星星历给出的卫星空间位置与卫星实际位置间的偏差，由于卫星空间位置是由地面监控系统根据卫星测轨结果计算求得的。它是一种起始数据误差，其大小取决于卫星跟踪站的数量及空间分布、观测值的数量及精度、轨道计算时所用的轨道模型及定轨软件的完善程度等。星历误差是GPS测量的重要误差来源。卫星钟差是指GPS卫星时钟与GPS标准时间的差别。为了保证时钟的精度，GPS卫星均采用高精度的原子钟，但它们与GPS标准时之间的偏差和漂移总量在0.1～1ms内，由此引起的等效误差将达到30～300km，这是一个系统误差必须加以修正。另外还包括SA误差，相对论效应的影响。

2. 与GPS信号传播有关的误差主要包括电离层和对流层折射的影响以及多路径效应（NLOS）的影响

当GPS信号通过电离层时，与其他电磁波一样，信号的路径要发生弯曲，传播速度也会发生变化，从而使测量的距离发生偏差，这种影响称为电离层折射。在电离层中产生的路径延迟，主要是由于该层大气的组成除含有各种气体元素外，还含有杂质，它们对电磁波的传播有很大影响。GPS卫星信号从高空向地面发射，接收机除在接收到卫星发射的信号外，尚可能收到天线周边建筑物或水面多次反射的卫星信号，这些信号叠加使观测量产生误差，而GPS多路径效应视为主要误差来源之一，所以研究削弱多路径效应的方法就有很重要的现实意义，由于多路径效应是时空效应，与测量环境密切相关，所以双频差分数据也不能很好地对多路径效应进行消除。

3. GPS接收机造成的误差

GPS接收机一般采用高精度的石英钟，接收机的钟面时与GPS标准时之间的差异称为接收机钟差。接收机天线相位中心相对测站标石中心位置的误差，称为接收机位置误差。在精密定位时，要仔细操作，尽量减少这种误差影响。在GPS测量时，观测值都是以接收机天线的相位中心位置为准的，而天线的相位中心与其几何中心，在理论上应保持一致。但是观测时天线的相位中心随着信号输入的强度和方向不同而有所变化，这种差别叫天线相位中心的位置偏差。

GPS 的定位效果是由上述误差源及周围环境因素共同作用的结果，其中多数以 GPS 的连续性、实时性等性能指标来衡量 GPS 的误差。

（四）UTM 坐标变换

BJUT-IV 采用全球定位系统 GPS 作为导航系统，而 GPS 输出的坐标为 ECEF 坐标系统下的经度、纬度、高度，它使用两个数值表示位置。纬度用以表示从地球中心到地球表面东西方向线之间的角度。经度用以表示从地球中心到地球表面南北方向线之间的角度。经纬度可以表示为十进制角度（DD），或表示为度、分、秒（DMS）以上为 GPS 设备采用的格式。

然而经纬度坐标系并不适合于平面运动的车辆导航，因此采用通用横轴墨卡托坐标系（UTM）将经纬度转化到平面坐标系，通用横墨卡托网格系统坐标是一种平面直角坐标，这种坐标网格系统及其所依据的投影已经广泛用于地形图，作为卫星影像和自然资源数据库的参考格网以及要求精确定位的其他应用。UTM 投影与高斯投影都是横轴墨卡托投影演变而成的两种不同投影方式。UTM 投影与高斯投影非常近似，主要存在中央经线投影长度比不一样，导致同一地区采用两种方式投影变形就有差别。

关于 GPS 坐标至 UTM 坐标的变换实质上为十进制坐标通过一个六分仪和一个记时计确定数值。与此不同的是，UTM 坐标必须通过计算才能确定，虽然这些计算无非是最基本的三角形和代数计算，但是所使用的公式非常复杂。在工程实际应用中，UTM 坐标的转换公式由于过于复杂，且在系统中有实时性的要求下很难达到，因此本文采用经过简化处理的一组 UTM 坐标转换公式。

二、惯性导航系统 INS

惯性导航系统是以牛顿力学为根本理论而建立起来的导航系统，利用惯性器件感应并量测载体加速度。依据牛顿运动定律，经过一次、二次的数学积分运算，从而确定各个参数，进而求得运动载体瞬间速度和瞬间的位置。智能车导航定位系统采用的传感器各有不同，但多数智能车导航系统包含惯性导航系统（INS），主要是因为惯性导航系统不依赖于外部信息，同时又不辐射能量，属于全天候，全球范围内自发的、高隐蔽的在三维空间内的导航、定位和定向系统。

（一）惯性导航系统原理及组成

惯性导航系统通常由惯性测量装置、计算机、控制显示器等组成。惯性测量装置包括加速度计和陀螺仪，又称惯性导航组合。3 个自由度陀螺仪用来测量飞行器的三个转动运动；3 个加速度计用来测量飞行器的 3 个平移运动的加速度。计算机根据测得的加速度信号计算出飞行器的速度和位置数据。控制显示器显示各种导航参数。惯导系统在载体上建立东北天坐标系，三轴为东 e、北 n、天 u，运用固连在载体上的传感器本身感受运动体运动状态，分别沿三个坐标轴方向安装的加速度计会感测出各方向的加速度分量，经"数字平台"——计算机运算，通过数学一次积分获得物体的速度分量，随之再通过导航运算即可得知物体的位置。一次积分公式：

$$v_1 = v_{10} + \int_{t_{k0}}^{t_k} a_1 \mathrm{d}t$$

$$v_2 = v_{20} + \int_{t_{k0}}^{t_k} a_2 \mathrm{d}t$$

$$v_3 = v_{30} + \int_{t_{k0}}^{t_k} a_3 \mathrm{d}t$$

再次通过二次积分运算，对速度二次积分解算出载体的 L、B、h，为我们所规定的导航坐标系下的位置。该式也需要知道初始位置量，二次积分公式

$$L = L_0 + \int_{t_{k0}}^{t_k} \frac{v_1}{h + R_n} \cos\varphi \mathrm{d}t$$

$$B = B_0 + \int_{t_{k0}}^{t_k} \frac{v_2}{h + R_m} \mathrm{d}t$$

$$h = h_0 + \int_{t_{k0}}^{t_k} v_3 \mathrm{d}t$$

由于载体的初始位置在导航前已知，并且已经输入惯导系统中，因此 INS 系统实际上为相对定位。惯性导航系统是一种依靠惯性器件进行导航、定位的系统。在系统中用来控制和测量的陀螺仪、加速度计被统称为惯性器件，原因也很明显，惯性器件的测量方式是相对于惯性空间测量的，加速度计所输出的数据是载体的绝对加速度，陀螺仪所输出的数据是相对空间的角速度或角增量，而加速度、角速度、角增量信息里面则含有了载体的所有信息，因此 INS 系统不依赖于外部信息定位。

依据坐标系的不同可以将惯导平台分成两类：物理平台式和数学平台式。物理平台是一个实体性存在的平台，惯性装置安装在已建立的实体平台上；数学平台式指的就是现在普遍常用的捷联惯导系统（SINS）。SINS 中没有实体性平台，惯性装置直接安装在载体上，用数字平台——计算机直接代替物理平台的功效，完成导航平台的任务。SINS 系统整体构造简单、设备成本低，与载体连为一体，方便维护与更新，同时容易与其他导航系统相结合，便于采用余度配置，能够整体提高系统可靠性。

数字平台的工作机理是利用陀螺仪感测载体的角速度，对角速度进行计算得到姿态矩阵，随后就解算包括姿态和导航的全部信息，并运用姿态矩阵将加速度计输出的坐标进行转换。因为加速度计所输出的坐标是载体坐标系下的坐标值，需要转换到导航坐标系中，才能解算出具有价值的导航参数。

（二）坐标系系统

任何关于位置的参数信息都是根据固定的坐标系作为参考系而存在的，当我们在描述两个或多个物体的相对运动时，只有确定其是相对哪种坐标系下的运动，才可以对物体运动进行最贴近事实的虚拟再现和准确描述。而惯导中陀螺仪就是用来在载体上模拟坐标系，主要是地理坐标系或惯性坐标系，因为只有深入了解各坐标系的构成

以及相互之间的关系，在确定的坐标系下，各种参数才会有实际的意义。而且随着所运用的导航系统的不同，坐标系也会相应改变。因此，研究不同坐标系的含义是学习惯性导航系统乃至组合导航系统不可忽略的知识。下面介绍一下在惯性领域中常用的各坐标系。

1. 惯性坐标系

惯性坐标系是以地球质心作为坐标系对的原点，以地球质心、地球平均赤道和平春分点定义的坐标系。其中的三个坐标轴固定不动，指向惯性空间，且与时间无关。

2. 地球坐标系

地球坐标系是随着地球转动的坐标系，而且还是一个与地球固联的坐标系。它相对于惯性坐标系自转，速度是以地球自转角速度为准则。地球坐标系分别有空间直角坐标系、大地坐标系两种形式的表达，其在大地测量的科学范围内适用面很广。而在GPS系统方面，我们经常使用的WGS-84坐标系在本质上其实就是地球坐标系的近似。

3. 空间直角坐标系

空间直角坐标系以地球质心为原点，X轴指向格林尼治子午面与赤道的交点，Z轴指向北极，Y轴垂直于X、Z构成的平面。

4. 地心大地坐标系

以地球质心作为该系的椭球中心，短轴与自转轴重合一致，纬度L为椭球法线与赤道面的夹角，经度为子午面与格林尼治子午面之间的夹角，高度为点沿法线到椭球面的距离。

5. 地理坐标系

地理坐标系是载体相对地球位置的坐标系，有东北天坐标系（ENU）、北东地坐标系（NED）、西北天坐标系（WNU）几种表达方式，在导航领域中，对大地水准面和参考椭球面的区分并不十分精确。

6. 导航坐标系

一般情况导航坐标系取地理坐标系，导航坐标系在惯导解算过程中承担着重要的角色，是多数要用到的作为基准的坐标系。但是有特殊情况存在时（如纬度接近90°时），就不再适用于在全球范围层次上的导航，因为可能会有发散的可能。

7. 平台坐标系

它是INS系统在要复现导航坐标系的情况下，才会建立的坐标系。平台坐标系和导航坐标系的关系有两种：一是零误差情况，平台坐标系等同于导航坐标系；二是有误差存在时，两个坐标系之间就有了误差角。而平台坐标系和导航坐标系之间的误差同样也并不是以单一的误差所组成的，它包含了算法误差、敏感元件误差、初始对准误差等。

（三）惯导系统误差分析

惯导系统的误差源根据其特性有器件自身存在的误差，包括安装误差、标度误差、陀螺仪漂移误差、加速度计漂移误差以及系统的初始条件误差等。

根据这些误差的特性，大致分为两部分：确定性误差、随机性误差。确定性误差根据特性也包含了多种，有平台失准角误差、速度误差和位置误差；随机性误差同样也存在多种误差，例如陀螺仪的漂移误差、加速度计漂移误差。INS 系统最终定位精度依赖于惯性元件的工作精度，精度高低不同的测量元件所输出的结果也参差不齐，特别是陀螺仪漂移的影响占据主要位置，因此需要运用相对精度比较高的元件才能保证整体的导航、定位成果的可用性。

四、GPS/INS 组合导航系统

将两种或多种单一的导航系统用可靠的模式搭配成的统一性导航系统即为组合导航系统，其中参与的单一导航系统为子系统。从根本上进行剖析，组合导航系统的实质就是多个传感器输出的信息融合系统。数据融合原理主要是接收不同传感器输出的信息，依据我们为其规定的融合准则来对其甄选，并加以分析和进行后续处理。因为不同传感器上传回的信息具有互补的特性，所以传感器之间同时还可以相互协调，这样不仅可以打破单一传感器固定的局限，还可以获得正确定性和稳定性更高的决策，进而提升整个系统的定位精度和导航准确性。现在国际上的通用解决方法有很多，譬如加权平均法、卡尔曼滤波、贝叶斯估计、人工神经网络、统计决策理论等，而导航领域中我们常用卡尔曼滤波法来达到数据融合的目的。

GPS/INS 组合导航技术的技术原理对同一信息测量并解算，由得到的量测数据计算子系统的误差、校正，得到最优估计值。由于 INS 系统具有很多独特的、无可比拟的优点，所以 INS 系统被定为其中一个子系统也就成为主流选择。目前世界上所存在的多种类型的组合导航系统中，大部分都是以 INS 系统为主导模式的系统，其中 GPS/INS 二者相互组合的模式获得了国际组织及学者的最多关注。

关于 GPS/INS 组合导航系统，因 GPS 系统具有全球性和高精度的显著特征，而二者的互补性之强是组合导航系统最需要的条件。组合导航系统的关键点是卡尔曼滤波器，将二者各自输出的数据实现高精度融合，因此将 GPS 系统作为 INS 系统的辅助设备是非常理想的选择。由于 GPS/INS 组合的优越性能，因此对此组合系统的研究和发展是目前的热点。在 GPS/INS 组合导航系统中，依据应用目的的不同，可划分多种不同层次的方案，包含松散组合、紧密组合和超紧密组合。

松散组合方案：从实质上讲，松散组合其实是一种采用卡尔曼滤波器的位置、速度作为参考量的组合模式，两种子系统串联工作，直接采用 GPS 系统输出的信息对 INS 系统所输出的信息实行修正。具体原理是将 GPS、INS 两个子系统单独的输出信息做差得到的量测值经过滤波器进行深度解算，估计出 INS 系统的误差后对其进行校正，达到数据融合、系统组合的目的。

此类组合是最为基本的组合方式，组合原理、结构都比较简单，计算量低，应用中容易实现，并且 GPS、INS 子系统各自独立工作，所以具备高可靠性，并且 GPS 系统可以对 INS 系统实现测量更新，若在导航过程中任一子系统出现问题时，组合系统仍可继续工作，保持了连续性就可以继续完成定位任务。二者的数据处理相对独立，导航相关的信息存有余度，这样的特点意味着 GPS/INS 组合系统数据的准确性，可以进

行相互核对、便于容错处理、用于监控组合方案运行的完整性、协助故障修复等，是动态测量质量的可靠保证和有效措施，特别是在系统改装过程中占有绝对优势。但是任何方案都是相对完美的，没有绝对完美性的存在，GPS/INS 松散组合的缺点也是明显的：主要是组合后的系统鲁棒性差。由于独立运行，因此关于 GPS 方面的数据是自身内部处理的，由于 GPS 系统的误差都与时间相关，量测噪声被设置为白噪声，但是在实际情况下不可避免地会有有色噪声的存在，组合滤波器无法处理这一部分，因此导致模型准确性不是非常高。

紧密组合方案：紧密组合实质上是伪距、伪距率层次上的耦合，是在松耦合基础上的改进版，之所以这样定义是因为其核心价值的技术是运用 GPS 系统输出的星历数据与 INS 系统输出的位置、速度数据，解算相对于 INS 系统的伪距、伪距变化率，是深层次的组合模式。求得两个子系统伪距与伪距率的差值，而后在滤波器解算过程中将二者的差值作为观测量，进而深度解算来估计 INS、GPS 误差量，最后对系统实施输出较正。

此类组合的优点主要是直接使用了 GPS 系统的原始测量信息，这样就避免了有色噪声无法处理的问题，使得模型更精确，组合导航的精度也随之提升。该模式仅需 GPS 系统的星历、伪距、伪距率，省掉了 GPS 内其他的相应解算，因此处在高速运动的状态下，该模式也能保持相对稳定、精确的性能。随着数据融合技术的深入研究（例如基于卡尔曼滤波算法发展出了多种类型改进算法及更多优化算法），应用改进的滤波算法使组合方案的适应性得以提高，即便是在强噪声或者高动态的情况下，组合导航系统依然能够具有良好的适应性。

综上所述，组合导航的优点如下：①精度更高。INS 在短时间内的测量精度较高，但是长期会产生累积误差，因此 INS 与 GPS 结合，当 GPS 无法同时观测 4 颗卫星时仍然可以输出有效信号，保持持续定位而不间断。②提高抗干扰性能。当出现异常情况，譬如卫星信号信噪比恶化或出现故障时，INS 可独立完成导航任务，提高了整体性能以及抗外界干扰的能力。③合为一体。在 GPS/INS 组合导航系统内部形成单一算法，将松组合方案中两个独立的卡尔曼滤波器组合成一体，不用考虑两个子系统的单独卡尔曼滤波器由于数据输出造成的数理统计误差。另一方面，针对 GPS 位置和速度协方差可以交互解算，短时间内，GPS 即便提供不了完整的量测数据，或者由于周围不利的测量环境等其他外部原因导致的只能捕获到少数卫星情况，依旧能保持系统正常运行，进行定位解算。

第二节　机器视觉筛选 GPS 卫星信号的组合导航方案

针对城市路况下 GPS 容易失效的问题，引入机器视觉模块，提出基于传统的 GPS/INS 组合导航系统的多传感器融合方案，达到解决城市路况下由于多路径效应造成的导航系统定位不准确等问题的目的。

其中，常见的抑制多路径效应的方法为更换视距条件良好的测量地点，这种方法最简单。这一要求在实际车辆行驶时，监测点位的选择也未必能保证不受多路径效应的影响，在这种情况下，道路两侧经常存在连续的建筑物遮挡，通过更换测点位来避免受到多路径效应影响。这种方法针对固定点位测量改善效果较好，而针对车辆定位方面的应用具有很大局限性。在设计接收机时，系统进行了硬件补偿，在 GPS 接收机中利用可吸收微波材料或者跟踪放大器来减小多路径效应的影响。也可以采用软件削弱多路径效应的影响，在大地测量领域，有很多学者通过软件程序所嵌入的算法来削弱影响 GPS 的误差源，其中就包括多路径效应的影响。这种方法理论研究层面均能取得良好效果，但在实际状况中，由于外界的干扰是复杂多变的，无法套用单一的误差元模型来模拟实际误差状况，因此效果并不突出。

然而无人驾驶智能车多行驶在城市路况下，因此选择适当的低多路径效应的监测点位可行性较低。而多数商用 GPS 接收机在设计的时候已经考虑到硬件补偿，只是效果并不理想，为了抑制城市路况下由于多路径效应造成的 GPS 卫星信号进行非视距传播或失效，以及惯性导航设备单独工作所带来的快速积累误差，需要将机器视觉模块引入到组合导航方案中。

现阶段导航系统不再局限于单一传感器所提供的地理位置信息，在一台无人驾驶汽车上甚至装配了二十几个传感设备。根据车辆装配的传感器所提供的信息形式，将传感器分为提供绝对信息的传感器如惯导系统（INS）、全球定位系统（GPS），与提供相对信息的传感器，如视觉导航（VISION）、引导磁钉或电缆。其中 INS、GPS 系统提供的数据更为多样、全面。然而不同的传感器具有不同的特性，任何一种传感器都无法保证复杂状况下的可靠导航。

一、基于视觉筛选的组合导航方法

根据导航传感器的配置，常用的组合导航方法有三种：①载体间的 GPS 测量值直接相减；②载体间的相对 GPS 信息失效时采用视觉校正相对惯导信息；③载体间的相对视线矢量校正相对惯导信息。方法一算法简单，但依赖于 GPS 信号；方法二在方法一的基础上引入 INS 信息，在 GPS 信号短暂失效时仍能使用，但长期失效时，精度下降严重；方法三使用视觉导航设备获取载体间的相对视线矢量，校正 INS 信息，且不依赖于 GPS 信号，具有自主性，是当前的研究热点。但是，机器视觉系统中需要处理数据时间过长，而且容易受外部环境干扰。也就是说，现有的相对导航系统都存在一定的局限性，并且单一的导航系统不具备容错性。

如图 5-2 所示。导航定位系统在智能车系统构架中属于环境感知模块，在组合导航系统中，视觉导航属于相对导航，而 GPS 和 INS 属于绝对导航。本书的导航系统，首先通过机器视觉部分采集的周围环境信息，经过图像处理得到周围建筑物相对车体遮挡角度信息与 GPS 的可接收到的卫星与地面夹角信息进行对比，最终判定并筛选 GPS 卫星所提供数据，进行下一步导航信息融合，并通过一种改进的自适应平方根卡尔曼滤波器进行滤波，将得到的精准地理位置信息传送到决策计算机，最终由决策计算机进行底层控制。

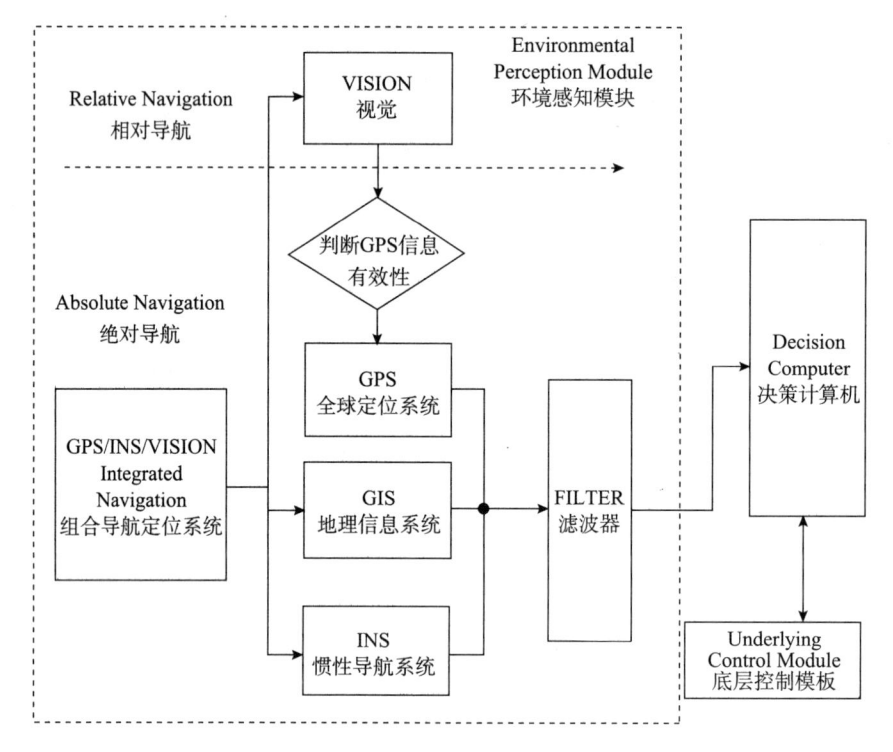

图 5-2　组合导航系统框架

二、建筑物正当角度识别

（一）机器视觉模块坐标定义

摄像头成像变换涉及包括大地坐标系、摄像机坐标系、成像平面坐标系和图像平面坐标系等不同坐标系之间的转换。在多传感器融合组合导航系统中，需要进行两次坐标转换，首先需 GPS 采集并换算得到大地坐标系中的位置信息，换算到摄像头坐标系中。

图 5-3 中包含三个坐标系统，分别为：视觉坐标系、车体坐标系以及大地坐标系。GPS 采集的数据信息经前文提到的改进通用横轴墨卡托坐标系将经纬度转化到平面坐标系并转换到东北大地坐标系下，以此坐标系为主坐标系，将其他坐标系再换算到大地坐标系下。这里规定在视觉坐标系中 X 轴的正方向为智能车通常行驶方向的反方向，Y 轴的正方向水平向右，垂直于 X 轴。在图 5-3 中，视觉处理模块选用的特征点为建筑物群中的特征点，可以将视觉坐标系转换到以车为主的视觉坐标系下，其在视觉坐标系中的坐标定义为 $(x_p^{vision}, y_p^{vision})$。摄像头在大地坐标系中的位置是由 GPS 实时获得的，其坐标为 (x_v, y_v)，通过此坐标和智能车的航向角可以将视觉坐标系转换到大地坐标系下，最终获得了欲求的目标点，大地坐标系下的坐标表示形式 (x_p, y_p)。因此，建筑物特征点在大地坐标中的坐标表示如公式所示，视觉坐标系中的坐标可表示为如下：

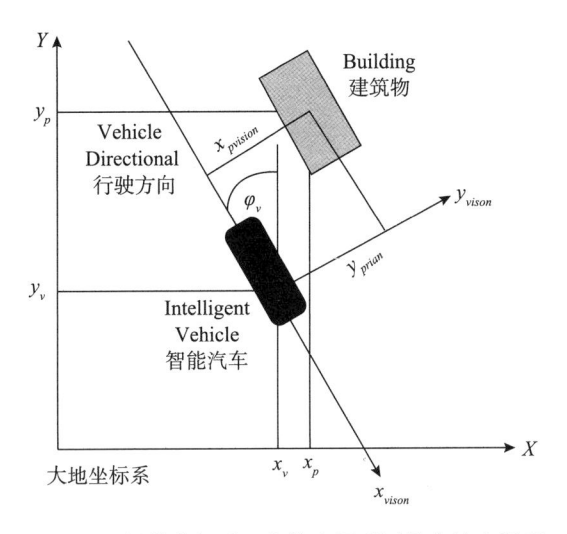

图 5-3 视觉坐标系、车体坐标系以及大地坐标系

$$x_p = x_v + x_p^{vision}\cos\varphi_v + y_p^{vision}\sin\varphi_v$$
$$y_p = y_v - x_p^{vision}\sin\varphi_v + y_p^{vision}\cos\varphi_v$$

(二) 图像处理方法

由于在实际行驶的情况下,智能车辆的摄像头设备会受到很多外界因素的干扰,如天气变化以及道路本身都会使得摄像头读入的图像出现各种噪声,从而严重干扰计算机对于前方车辆的判别。此时需要在读入每一帧图像的时候对图像进行预处理。

在本工程中,由于需要灰度图片进行图像处理,而最终要将原图像显示并在原彩色图像上将车辆底线以及轮廓线画出,所以在 OpenCV 中使用了两个图像指针来分别表示这两幅图像。

Ipl Image * srcl;
src 1 = cvLoadTmage ("C: Wa. bmp");
Ipl Image * src = cvCeat elmage (cvGetSize (srcl), srcl - > depth, 1);
cvCvtColor (srcl, src, CV_BGR2GRAY);

上面代码为两个数据指针的初始化,首先定义了 srcl 图像指针,并用其指向一幅图像 a. bmp,之后创建了指针 src 并使得 sre 与已经读入的图像尺寸大小相等。最后用 OpenCV 函数 cvCvtColor 将 srcl 彩色图像转为灰度图像后存放至 src 图像指针。

随后在原始图像的基础上对于图像的噪声进行消除。高斯滤波器是平滑线性滤波器的一种。它的具体操作是:用一个模板(或称卷积、掩模)扫描图像中的每一个像素,用模板确定的邻域内像素的加权平均灰度值去替代模板中心像素点的值,这样就可以克服边界效应。高斯滤波如果采用 3×3 掩模,具体公式如下:

$$g(x,y) = \{f(x-1,y-1) + f(x-1,y+1) + f(x+1,y+1) + [f(x-1,y) + f(x+1,y) + f(x,y+1)] \times 2 + f(x,y) \times 4\}/16$$

这个公式可以用 3×3 的掩模按如下方法结构化:

1	2	1
2	4	2
1	2	1

×1/16

从上述结构化掩模中我们可以看出，掩模中间的位置的像素点在均值计算中所占权值最大值，而距离掩模中心较远的像素点就显得不太重要，这样能够减小平滑处理中所出现的模糊。高斯滤波在滤除噪声的同时会给图像造成模糊，而且随着高斯滤波邻域的扩大，这种模糊会越来越明显。所以在实际工程中，只选用 3×3 的高斯滤波算法以防止由硬件设备引起的高斯噪声。

在单帧图像的处理过程中，高斯滤波以及建立窗口显示图像这两部分占据较长的时间，分别是 16ms 和 24ms，而其他算法或者操作所占用的时间相对于这两部分可以忽略不计。程序总体用时 40ms。

视频处理过程中每幅图像的处理时间约为 30ms，由于增加了一些程序段，但是不用在每一帧图像显示的过程中再次建立窗口，所以综合下来，每一帧图像处理时间较静态识别缩短了 10ms 左右。

而对于实际工程来说，30ms 的时间，假定车速在 100km/h，那么处理两帧图像之间所走过的距离约为 0.83 米，完全能够满足智能车动态识别的安全性能指标。

经过了图像的灰度化以及降噪两个预处理过程之后，我们对图片识别进行操作，针对城市化道路图像特点，选用 2G-R-B 特征增强建筑物与背景的对比度，采用此特征对图像进行灰度变换并选择最大类间方差（OTSU）对图像进行分割，随后选用 3×1 腐蚀模板和 1×3 膨胀模板，完成以上预处理步骤后，开始提取代表建筑物群特征的候选点。具体操作流程为：

首先，利用最大区域填充法进行图像水平面标定，基本方法为：在经预处理的图像中随机投放 200 个种子点，对每个种子点进行漫水填充算法，选取图像下方填充范围最大的填充区域作为路面范围，为选取水平面做准备。对图像的处理并未强调车道线的显像效果，因组合导航系统中已结合 GIS，通过 GPS/INS/GIS 组合可实现将车辆本体置于车道中的目的。为了寻找建筑物上下角点，对图像做 Canny 变换，得到图中物体轮廓。

在 Canny 图中以累计概率霍夫变换（PPHT）寻找连续性较高的，近水平和竖直方向的直线簇，作为建筑边缘。寻找水平和竖直方向建筑边缘的交点作为建筑物上角点，以上角点作垂线，与最大填充域的交点作为建筑物下角点。然后，分别计算各交点到车体点（图像处理中专业名词）的距离。最后，将处于同一垂直线上的点（大于一个的）到车体点的距离做 cos 值。

建筑物的俯仰角换算方法定义如下：

$$COS(E_{bn}) = \frac{\overline{VB_{ndown}} \cdot \overline{VB_{nup}}}{\sqrt{VB_{ndown}} \cdot \left| \sqrt{VB_{nup}} \right|}$$

最终得到前方楼宇上隅角与车体连线相对水平线的角度，将其定义为楼宇遮挡角度，将在其与 GPS 接收卫星角度进行对比，进行非视距环境下卫星信号可用性检测。

三、卫星信号有效性判断

(一) 非视距传播定义

采用视觉模块来判定 GPS 卫星传输信息的可用性，主要由于 GPS 基于无线电定位技术，无线电定位技术是通过检测与观察者之间的距离的特征参数估计出来目标位置，其中视距传播（LOS）是无线电定位技术中准确测量定位参数的必要条件，GPS 定位系统在旷野地区定位精度高的主要原因是满足视距传播 LOS 的条件。但配备了 GPS 的智能车辆行驶在城市道路上，因受到信号衰退和阴影效应的影响，接收机接收到的信号，可能不包含视距传播信号或者视距传播信号微弱，即为非视距传播（NLOS）。以视距传播信号的有无和所占的地位为标准，移动终端与基站间的无线信号传播可以分成三种情况：直射信号占支配地位（DDP）、直射信号不占支配地位（NDDP）和接收不到直射信号（DDP）。根据 GPST 作原理可知，在 DDP 的情况下 GPS 系统定位精度可达到最高，而在 UDP 的情况下定位估计的精度低。在城市道路情况下，智能车辆对导航系统定位精度要求较高，但由于建筑物群的遮挡，GPS 移动端与基站之间视距传播的情况非常少，无线信号只能通过反射、散射和衍射方式到达接收端，大多数为非视距传播（NLOS）。此时的无线信号通过多种途径被接收，而多径效应会带来时延不同步、信号衰减、极化改变、链路不稳定等一系列问题。

(二) 非视距传播判定标准

为了将智能车上安装的接收机可接收范围内的卫星信号按照遮挡程度进行分类，本书采用一种改进的 NLOS 识别方法，主要原理为将 GPS 的数据信息（主要为卫星位置信息）与视觉模块得到的楼宇遮挡角度信息融合，进而判断车体周围的建筑物是否遮挡了 GPS 所提供的卫星信号。

接收机从每个卫星接收海拔和方位角信号与摄像头采集的前方建筑物上隅角与高度信息进行融合，原理如图 5-4 所示。

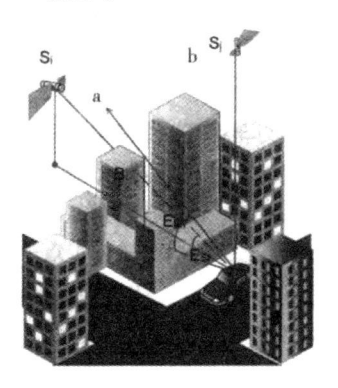

图 5-4 信号检测示意图

示意图中 a、b 分别表示被建筑物遮挡而进行非视距传播的卫星与未被遮挡直接进行视距传播的卫星。卫星高度与车体所在位置水平切线的夹角定义为

$$\cos(E_a) = \frac{\cos(L_e)\cos(L_s)\cos(L_{si} - l_e) + \sin(L_e)\sin(L_s)}{\sqrt{1 + \left(\frac{r_e}{r_s}\right)^2 - 2 \cdot \left(\frac{r_e}{r_s}\right)\cos(L_e)\cos(L_s)\cos(L_{si} - l_e) + \sin(L_e)\sin(L_s)}}$$

因此，若 $\cos(E_a) < \cos(E_{bn})$，则说明卫星 S_a 俯仰角度大于前方建筑物 B_n 的俯仰角度，接收机接收到的 S_a 卫星传输数据属于视距传播，精确度高。若 $\cos(E_a) \geqslant \cos(E_{bn})$，则说明卫星 S_a 俯仰角度小于前方建筑物 B_n 的俯仰角度，接收机接收到的 S_a 卫星传输数据属于 NLOS 传播方式，精确度相对较低，此颗卫星提供的数据信息不予以考虑。由于采用双目摄像头可以直接采集车体到前方建筑物距离信息，因此采用此方法计算量小，实时性好，能很好地满足实际工程需求。

第三节　基于云计算的智能车组合导航滤波算法

组合导航系统性能优劣的关键为经过算法融合是否会形成最优解，而融合的对象则是不同的传感器数据，对象是导航参数。组合导航系统一般会使用卡尔曼滤波技术，卡尔曼滤波是现今实际运用次数最多、也是发展最成熟的方法。所谓滤波，就是通过对一系列带有误差的实际测量数据的处理来滤除信号中的干扰，从而尽可能地恢复一个被噪声干扰了的信息流。滤波理论就是在系统可观测信号进行测量的基础上，根据一定的滤波准则，采用某种统计最优的方法，对系统的状态进行估计的理论和方法。

一、随机线性系统卡尔曼滤波

卡尔曼（Kalman）滤波方法是一种时域方法，对于具有高斯分布噪声的线性系统，可以得到系统状态的递推最小均方差估计。卡尔曼滤波首次将现代控制理论中的状态空间思想引入最优滤波理论，用状态方程描述系统动态模型，用观测方程描述系统观测模型，并可处理时变系统、非平稳信号和多维信号。由于卡尔曼滤波采用递推计算，因此非常适宜于用计算机实现。

Kalman 滤波是递推式算法，在计算机上实现相对容易。时至现今，电子计算机技术的快速上升，Kalman 滤波在实践中迅速推广开来，特别是在导航领域得到了长足、有效地应用。当前多个领域都有 Kalman 滤波的涉足，作为重要的最优估计理论，前景广阔。更具有实用价值的是，Kalman 具有三种性质的估计问题，分别是滤波、预测、平滑，根据不同时态的观测量来估算现在、未来、过去的状态。

卡尔曼滤波最成功的工程应用是设计运载体的局精度组合导航系统，这对提高组合导航系统的精度十分有利。而工程应用中遇到的实际问题又使卡尔曼滤波的研究更深入更完善，但同时卡尔曼滤波需要知道系统的精确数学模型，并假设系统为线性的，噪声信号也必须为噪声统计特性已知的高斯噪声，且由于要计算方程，对高维系统计

算量较大。于是后续有学者提出非线性滤波方法及其改进方法。

二、离散非线性系统滤波

(一) 扩展 Kalman 滤波

卡尔曼最初提出的滤波理论只适用于线性系统,于是有学者提出并研究了扩展卡尔曼滤波,将卡尔曼滤波理论进一步应用到非线性领域的基本思想是将非线性系统进行线性化,然后进行卡尔曼滤波,因此其是一种次优滤波。

由于扩展卡尔曼滤波(EKF)具有方法简单、容易实现、快速收敛等优点,因此它成了最广泛适用的非线性估计方法。车载导航系统中的惯性导航系统(INS)和全球卫星定位系统(GPS)的测量方程是非线性的,因此需要采用非线性滤波方法对状态进行估计以提高导航精度。但 EKF 只是简单地将非线性模型线性化,再利用线性卡尔曼滤波方法,EKF 给出的是最佳估计的一阶近似。而且 EKF 在实际使用中存在明显的缺陷:一是线性化有可能产生极不稳定的滤波;二是 EKF 需计算雅克比矩阵的导数,这在多数情况下不是一件容易的事。

(二) 无迹卡尔曼 Kalman 滤波

基于无迹(Unscented, UT)变换的无迹卡尔曼滤波(UKF)算法是一种非线性滤波方法。对于线性系统来说,它的性能则明显优于 EKF。它不需采用矩阵对状态方程和量测方程线性化,因此也就降低了线性化过程中高阶项的截断误差。算法的基本思想是,先选择一批可表达系统状态的均值和方差的采样点,然后对这些采样点进行非线性变换,经过变换后采样点的分布以二阶以上精度近似于真实均值和方差。UKF 虽然克服了 EKF 存在的一系列问题,但系统噪声相关信息的不确定性以及状态模型扰动等都会影响 UKF 的滤波精度。

(三) 容积 Kalman 滤波

容积滤波同无迹卡尔曼滤波原理相同,只是容积卡尔曼滤波器仅需要选取一半的 sigma 点进行采样,运算速度明显较 UKF 加快。而且,更适合工程需求。

三、多模型自适应平方根容积卡尔曼滤波算法

针对组合导航系统现有的滤波算法难以检测传感器的错误数据并及时排除的问题,针对多传感器组合导航方案,科学家提出了相应的改进滤波算法,该算法可以在不重构滤波器的情况下对数据进行融合。这就是自适应平方根容积卡尔曼滤波算法(AS-RCKF),与卡尔曼滤波相比,容积卡尔曼的量测更新方程计算量相对较小,更能满足智能车实时性的需求。

具体原理为,经过机器视觉判定是否为 NLOS 传播后的 GPS 数据,与 INS 采用松组合模式进行组合,状态变量 X 取为 15 维,与 INS 状态方程维数相同,包括 3 个相对

平面坐标系的位置误差、速度误差、姿态角误差、加速度计偏差、陀螺飘逸等。

$$\dot{X} = FX + u$$

$$X = \begin{bmatrix} \delta r & \delta v & \delta \psi & \Delta & \varepsilon \end{bmatrix}^T$$

组合导航数据融合采用松耦合方式，取 GPS、INS 输出的位置和速度之差作为观测值，构造观测量：

$$Z_r(t) = r_{GPS}(t) - r_{INS}(t) = r_{GPS}(t) - \left(r_{INS}(0) + \int_0^t v_{INS}(0) dt + \int_0^t \int_0^t a(t) dt \right)$$

$$Z_v(t) = v_{GPS}(t) - v_{INS}(t) = v_{GPS}(t) - \left(v_{INS}(0) + \int_0^t a(t) dt \right)$$

则 SRCKF – KF 的量测方程为：

$$Z_{k+1}^{GPS} = h_{k+1}^{GPS}(x_{k+1}, u_{k+1}) + v_{k+1}^{GPS}$$

（一）初始化

$$\hat{x}_0 = E[x_0]$$

$$S_0 = chol\{[(x_0 - \hat{x}_0)(x_0 - \hat{x}_0)^T]\}$$

其中 chol { } 表示 cholesky 分解，并产生容积点及权重。

（二）时间更新

求容积点值

$$X_{i,k-1} = S_{k-1}\xi_i + \hat{x}_{k-1}, \ i = 1, 2, \cdots 2n$$

通过非线性状态方程进行容积点传播

$$X_{i,k}^* = f(x_{i,k-1})$$

状态预测

$$\hat{x}_k = \varphi_{k,k-1}\hat{x}_{k-1}$$

计算估计预测误差协方差矩阵的平方根

$$S_k^- tria([\lambda_k^* \quad S_{Qk-1}])$$

计算估计预测误差协方差矩阵的平方根

$$\lambda_k^* = \frac{1}{\sqrt{2n}}[X_{1,k}^* - \hat{x}_k^- \quad X_{2,k}^* - \hat{x}_k^- \quad X_{2n,k}^* - \hat{x}_k^-]$$

（三）测量更新

计算容积点

$$X_{i,k}^- = S_k^- \xi_i + \hat{x}_k, \ i = 1, 2, \cdots 2n$$

传播容积点

$$Z_{i,k} = h(X_{i,k}^-)$$

计算两个估计值
$$\bar{z}_k = \sum_{2n}^{i=1} \omega_i Z_{i,k}$$

平方根 Cholesky 因式分解
$$S_{\text{ss},k} = tria([\lambda_k \quad S_{R_k}])$$

新息协方差矩阵平方根
$$P_{XZ,K|k-1} = \frac{1}{\alpha_k} \gamma_k \lambda_k^T$$

α_k 为自适应渐消因子，用来平衡状态方程、预测信息与观测信息权重，最终达到控制状态模型扰动异常对滤波解的影响的目的。

计算 ASRCKF 滤波增益
$$W_k = (P_{xs,k|k-1}/S_{ss,k}^T)/S_{ss,k}$$

计算状态估计值
$$\hat{x}_k = x_k^- + W_k(z_k - \hat{z}_k)$$

计算状态估计误差协方差矩阵
$$S_k = tria([\gamma_k - W_k\lambda_k \quad W_k S_{Rk}])$$

第四节　智能车与智能手机软件的结合

一、移动机器人的发展

机器人是一种自动化的机器，这种机器具备一些与人或生物相似的智能能力，如感知能力、规划能力、动作能力和协同能力，是一种高度灵活的自动化机器。这是我国科学家对机器人的定义。

移动机器人作为机器人领域的一个重要分支，一直是各个科研单位研究的重点和热点。世界上第一台智能移动机器人是 20 世纪 60～70 年代，美国斯坦福国际研究所（SRI）研制的移动式机器人 Shakey。这是首台采用了人工智能的移动机器人。Shakey 具备一定人工智能，能够自主进行感知、环境建模、行为规划并执行任务（如寻找木箱并将其推到指定目的位置）。它装备了电视摄像机、三角法测距仪、碰撞传感器、驱动电机以及编码器，并通过无线通信系统由两台计算机控制。

我国对移动机器人的研究虽然起步较晚，但取得的成果丰厚，尤其是进入 21 世纪后，在移动机器人的实际应用方面有了很大成就。例如在室外变电站的巡视检查工作中已广泛使用了巡检机器人。该机器人系统可以携带红外热像仪、可见光 CCD 等变电站设备检测装置，以自主和遥控的方式，代替人对室外高压设备进行巡测，以便于发现电力设备的内部热缺陷、外部机械或电气问题。对于发现的异物、损伤、发热、漏油等设备问题，及时给运行人员提供诊断电力设备运行中的事故隐患和故障先兆的有关数据。该机器人系统可以部分地代替人在合适的时间进行巡视检查工作，并且能生成报表m。机器人还可以在夜间和恶劣天气情况下代替人工作。该机器人能够按照固定的路线进行巡检，并且能自动返回库房、自动开关库门、自动充电。

在移动机器人中，面向消费大众的移动机器人有了更进一步的发展。例如，海尔推出了智能机器人Ubot，主要面向智能家居。Ubot拥有人型的外观，可以移动，具有家电智能管家、家庭安全卫士、家人陪护、生活助手等多种功能。当它通过Wifi连接网络后，通过内部传感器，能动态感知家居环境的温度、湿度、照明亮度、安全设备工作状态等环境情况，并根据主人的语音指令做出相应的控制。此外，与传统的被动控制模式相比，Uhot还可以自己不断学习，在感知了用户的生活习惯，了解用户的行为喜好之后，实现自主决策，帮助用户控制家电，主动提供服务。

二、智能手机的发展

智能手机作为人们生活中的必需品得到了广泛的使用。智能手机的快速发展直接促进了移动互联网的井喷式发展。

移动互联网，就是将移动通信和互联网结合起来，成为一体，是互联网的技术、平台、商业模式和应用与移动通信技术结合并实践的总称。

5G时代的开启以及移动终端设备的凸显必将为移动互联网的发展注入巨大的能量。中国的移动互联网达到了一个相当大的规模。随着移动互联网的发展，人们通过手机终端可以获得各种各样的服务，例如语音搜索、图片搜索等，这在过去是无法想象的。

三、智能手机与移动机器人的结合

过去，移动机器人笨重而昂贵，而且由不易挪动的大型计算机系统来控制，二者之间的联系只能依赖线缆或是无线设备。例如第一台智能移动机器人Shakey就由两台计算机控制，且运算速度非常慢，Shakey往往需要数小时的时间来分析环境并规划行动路径。进入21世纪，随着ARM的推广普及和运算速度的提升，越来越多的移动机器人采用基于ARM的嵌入式系统作为其控制中心。但是采用ARM也有其固有的不足，例如需要移植Linux操作系统，并编写底层驱动程序，其难度大，且后期软件升级困难，最重要的是直接使用Linux系统，机器人难以获取丰富的网络资源，利用网络的强大计算能力显得更加困难，网服务企业对开发者开放的接口多是Java接口，基于安卓操作系统。将安卓智能手机作为移动机器人的上位机，控制底层移动平台的运动。

与传统的基于ARM控制的移动机器人相比，基于安卓智能手机的移动机器人具有很大的优点：一是硬件资源比较丰富，最廉价的智能手机的板载资源数量也远远多于上千块钱的ARM开发板；二是操作系统更加稳定，基于Linux系统的控制系统，开发者需要关注的底层驱动比较多，且不够稳定，而基于安卓智能手机的控制系统，由于使用了成熟的安卓操作系统，控制系统稳定性大大提高；三是软件开发的难度降低，易于上手。由于安卓系统是个开源且已经广泛应用的系统，尤其是在智能手机端的软件开发，可以借鉴的资源非常多，并且开发语言选择面向对象的Java，可以使开发效率大大提高。

市场上也有部分成品的移动机器人移动平台，但是价格偏高，动辄上万元，对于普通用户来说难以接受：

四、智能车系统

智能车系统由智能车部分、远端遥控设备和家庭环境中的智能节点（基于 Wifi 的智能灯和红外遥控开关）组成，其中智能车部分又由移动平台部分和位于移动平台上的智能手机（下文统称为车载手机）组成，远端遥控设备又分为智能手机端的遥控（下文统称为遥控器手机）和 PC 端的遥控。

智能车的整体结构如图 5-5 所示。

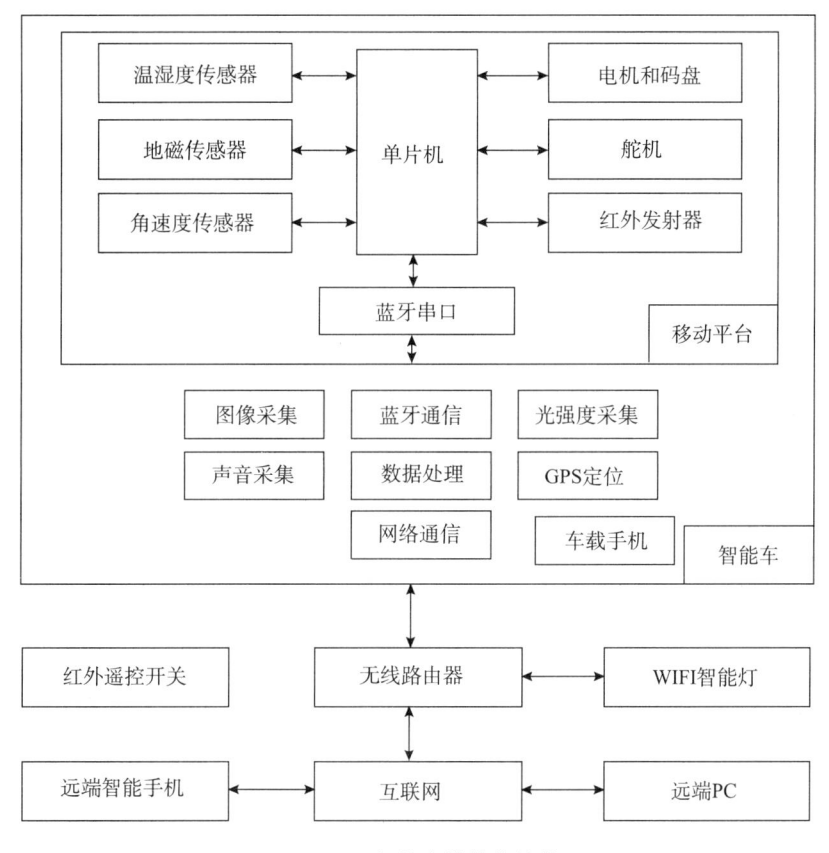

图 5-5　智能车的整体结构

五、遥控器手机软件设计

遥控器手机实现的主要功能是：①建立与服务器端的 TCP 连接。②接收智能车端的数据，包括图像、声音、温度等信息并予以显示。③响应 UI 界面上的用户操作，形成相应的控制指令字节流，发送至服务器端，对智能车进行遥控操作。远端手机软件在功能上比较简单，仅有一个 Activity。

在遥控器手机操作界面，点击连接按钮，会启动 Receive Thread 线程，在该线程中会建立到车载智能手机的 TCP 连接，并在该线程中接收车载智能手机的数据。但是在安卓应用中，不允许在子线程中进行 UI 操作，因此在 Receive Thread 中无法将接收到的数据输出至 UI 界面。为了使用户在 UI 界面中看到接收到的数据，需要使用安卓的 Handler 对象。

在安卓应用中，Handler 可以接收子线程发送的数据，并用此数据更新 m。当应用程序启动时，Android 首先会开启一个主线程（也就是 UI 线程），主线程管理界面中的 UI 控件，进行事件分发，例如用户点击一个 Button，Android 会分发事件到 Button 上，来响应用户的操作。如果此时需要一个耗时的操作，例如联网读取数据，或者读取本地较大的一个文件的时候，不能把这些操作放在主线程中，如果你放在主线程中的话，界面会出现假死现象，如果 5 秒钟还没有完成的话，会收到 Android 系统的一个错误提示"强制关闭"，这个时候我们需要把这些耗时的操作，放在一个子线程中，因为子线程涉及 UI 更新，Android 主线程是不安全的线程，也就是说，更新 UI 只能在主线程中更新，子线程中操作是危险的。而 Handler 可以解决这个复杂的问题，由于 Handler 运行在主线程中（UI 线程中），它与子线程可以通过 Message 对象来传递数据，这个时候，Handler 就承担着接受子线程传过来的［子线程用 sendMessage（）方法传递］Message 对象（里面包含数据），把这些消息放入主线程队列中，配合主线程进行更新 UI。

六、基于互联网的远程遥控实现

远端遥控手机与车载智能手机在同一个局域网内，要实现遥控智能车比较容易实现，因为两部手机处于同一个局域网中，两者相互可见，只需要知道车载智能手机所获得的 IP 地址就可以与之建立 TCP 连接，进而实现遥控，但这种遥控局限于局域网内。

生活中更多的应用场景是这样：智能车处于家庭环境，通过家庭无线路由器接入互联网，而用户手机位于家庭之外，通过其他方式接入互联网，此时用户手机需要远程遥控智能车，仅知道智能车获得的 IP 地址是不能实现遥控的。

家庭局域网的一般结构，无线路由器作为中心节点，负责与外网建立连接，无线路由器在连接互联网时会获得网络服务商提供的动态的外网 IP 地址，这个 IP 地址随着每次拨号可能不同。由于 IPV4 地址有限，而需要上网的设备越来越多，国内越来越多的网络服务商不再为接入互联网的家庭分配动态的外网 IP 地址，取而代之的是内网地址。此时用户手机通过互联网遥控家庭中的智能车更加困难，下面我们分两种情况分析实现方法。

（一）路由器获得动态公网 IP 地址的远程遥控实现

路由器拥有网络服务商提供的动态外网 IP 地址，此时需要借助第三方工具获得该动态 IP 地址。常用的方法有花生壳动态域名解析服务。使用花生壳动态域名服务一般需要以下几个步骤：

第一，注册花生壳账号，获得免费壳域名。

第二，路由器需要支持 DDNS，并登陆花生壳账号。

第三，在路由器转发规则中添加智能车车载智能手机的 IP 地址和服务端口号。

第四，在远程遥控客户端，直接使用 Socket 函数就可以建立与车载智能手机的 TCP 连接。

（二）路由器无法获得动态公网 IP 地址的远程遥控实现

路由器无法获得动态公网 IP 地址情况下的远程遥控实现，需要借助一台具有公网 IP 地址的计算机，该计算机上运行服务器程序，智能车和远端遥控器都作为客户端连接至该服务器，服务器将智能车和遥控器的数据进行转发，进而实现遥控操作。

第六章

支持绿色云计算的资源调度技术

第一节 支持绿色云计算的资源调度框架及技术分析

随着云计算技术的不断成熟和发展,越来越多的企业和组织将应用迁移至云平台上运行。用户规模的增加使得数据中心设备数量激增,且数据中心规模不断扩张,其所引起的能耗问题也日益突出。云数据中心的能耗问题已经成为工业界和学术界的关注焦点,数据中心的电力成本支出也引起了各国政府广泛关注。此外,云数据中心的电力消耗还引起了全球变暖等环境问题。当前云数据中心的电力消耗仍然以煤炭为主,而煤炭的燃烧将会排放大量的二氧化碳以及其他污染气体。因此,云数据中心的能耗问题已经成为制约信息化产业发展的一个重要因素。云环境下的资源调度技术是推动构建绿色云数据中心关键技术之一,通过设计支持绿色云计算的资源调度方法和技术,可以有助于降低云数据中心的能源消耗,实现数据中心节能减排。

云计算的相关技术特征推动着云数据中心资源调度技术的进步与发展。云环境下的资源调度需要考虑用户的服务质量需求,以及与用户协定的服务水平协议所设定的协议指标,同时还需要考虑应用执行过程中所产生的海量能源消耗问题。由于调度目标的多样性和复杂性,支持绿色云计算的资源调度问题比传统的资源调度问题更为复杂。具体而言,支持绿色云计算的资源调度主要面临如下挑战。

第一,云数据中心能耗需求量日益增加。随着云计算技术的高速发展和不断成熟,云数据中心部署的应用与日俱增。为了满足应用的资源需求、保障云服务的服务质量,各大云服务供应商在全球各地不断扩建云数据中心。云数据中心消耗的能源持续增长,其能耗问题已经成为产业界和学术界广泛关注的问题。因此,云数据中心需要相关资源调度方法和技术,实现数据中心节能减排、推动云计算产业健康发展。

第二,云数据中心面临多种 QoS 增强的需求。云服务供应商在提供云服务的过程中需要关注用户对于云服务质量的需求。对于用户而言,其主要关注的 QoS 评估指标包括执行价格、响应时间等。如果相关 QoS 指标能够在资源调度操作中得到增强，将会有助于提升云服务的市场影响力和竞争力。因此，设计绿色、节能的资源调度方法需要考虑潜在 QoS 提升的空间。将服务质量的增强与数据中心节能相结合的资源调度是云环境下资源调度的一个新方向。

第三，绿色云数据中心面临海量的虚拟机迁移。作为云数据中心普遍应用的支撑技术，虚拟机实时迁移技术可以有效地服务于云数据中心的资源管理。云环境下，物理机到虚拟机的迁移技术可以实现将传统的应用迁移到云服务平台；而虚拟机到虚拟机的迁移技术可以实现不同虚拟机的跨物理机迁移。通过虚拟化迁移技术可以实现对低负载物理机上的虚拟机进行有效管理和调度，进而关闭部分低负载运行的物理机，以达到节约能耗的目的。但是，海量的虚拟机迁移可能会对数据中心的网络通信带来影响，并伴随产生额外的网络通信能耗、虚拟机迁移操作（虚拟机关闭/开启）能耗以及虚拟机性能衰减等影响。因此，需要针对数据中心的海量虚拟机迁移设计相应的资源调度技术。

第四，云数据中心存在海量个性化的资源请求。当前，云数据中心中部署了不同类型的应用，这些应用通常具有个性化的资源请求特征。例如：云数据中心中部署的实时任务对时间需求比较严苛；Pub/Sub 任务对于资源的扩展性要求较高；而视频流应用对带宽资源的需求量较大；科学工作流对于计算资源的计算性能要求较高。因此，云数据中心需要针对不同类型的应用设计高能效的资源调度实现方法。

在实际应用中，支持绿色云计算的资源调度离不开两个关键要素的支撑：①支持绿色云计算的资源调度框架；②支持绿色云计算的资源调度关键技术。一方面，支持绿色云计算的资源调度框架根据云环境下资源调度的应用需求，从宏观的角度，对云环境下的资源调度层次进行了分解；另一方面，支持绿色云计算的资源调度关键技术，则是从微观角度，为支持绿色云计算的资源调度提供所需的基础技术支撑，包括关闭/休眠技术、虚拟机放置技术、虚拟机实时迁移技术以及多目标归一化处理技术等。

一、支持绿色云计算的资源调度框架

为解决支持绿色云计算的资源调度所面临的挑战，提出了一种支持绿色云计算的资源调度框架。本框架自下而上分为五个层次：硬件层、虚拟化层、资源调度方法层、资源调度技术层以及应用实现层。该框架以底层的硬件资源作为资源调度的物理资源保障；以虚拟化技术层提供的虚拟机实例和关键技术作为资源调度的基础；在资源调度方法层，实现 QoS 增强的虚拟机调度；在资源调度技术层，实现能耗与性能衰减之间权衡的虚拟机调度优化；在应用实现层，实现针对具有个性化特征的应用进行虚拟机分配与调度。支持绿色云计算的资源调度框架可以为构建节能环保的云数据中心提供参考依据。在该支持绿色云计算的资源调度框架中，各层次核心功能具体描述如下。

硬件层：硬件层主要提供用于计算、存储和通信的物理资源，包括刀片机、服务器、磁盘阵列以及网络交换机等。硬件层提供的物理资源具有异构性，在云数据中心中，不同的服务器可能具有不同的计算能力和存储能力。硬件层处于资源调度框架的最底层，其主要用于为上层的资源调度方法层和调度技术层提供资源保障，以应对用户大规模、并发的资源需求。用户所提交的任务请求最终均需要在硬件层的物理设备得到资源映射。此外，为了维持数据中心稳定运行，硬件层还需要部署相关辅助设施，包括空调制冷设备、通风设备以及照明设备等。

虚拟化层：虚拟化层主要利用虚拟化技术对硬件层提供的硬件资源进行整合，并对外提供服务。通常云服务供应商利用虚拟化技术向用户提供多种不同类型的虚拟机实例，包括 CPU 优化型实例、存储优化型实例以及 I/O 优化型实例等，用户租赁云资源时，需要根据云服务的特征选择特定的虚拟机实例。而对于云服务供应商而言，为了支撑云数据中心的高效运行，需要为虚拟机管理提供技术支持，包括虚拟机创建、虚拟机迁移以及虚拟机删除等虚拟机操作技术。虚拟机迁移技术是支撑云环境下资源调度的关键技术之一，而虚拟机的创建与删除则是实现虚拟机迁移技术不可或缺的技术手段。

资源调度方法层：当前 QoS 框架中没有包含能耗因素，而能耗所引起的成本开销是决定云服务价格的一个必不可少的参照依据。因此，在设计高能效资源调度方法的过程中需要考虑云服务 QoS 的增强需求。对于云服务而言，用户对 QoS 的增强需求主要包括减少执行时间和降低执行开销等。资源调度方法层将着重考虑上述 QoS 增强的需求，其所解决的关键问题是如何通过节能的虚拟机调度以增强云服务的 QoS。为了实现执行成本的优化，需要利用虚拟化层提供的虚拟化迁移技术，将高能耗服务器上运行的虚拟机迁移到低能耗服务器上运行，从而尽可能关闭高能耗的物理机，有效地实现云数据中心的动态节能。节能所带来的数据中心运行成本的节约，可以部分让利于用户（即降低云服务价格或者提供用户以折扣的价格），而将虚拟机从低性能物理机迁移至高性能物理机上运行，则有助于提升云服务所在物理资源的计算能力，进而缩减云服务的执行时间。

资源调度技术层：云数据中心在进行资源管理的过程中，利用虚拟化迁移技术可以实现数据中心能耗优化。一般而言，虚拟机迁移操作发生在同一机架，或者在跨越少量交换机的物理机之间，由于网络通信时间较短，迁移产生的额外能耗远小于执行能耗。但是当跨越数据中心或较多的交换机进行虚拟机迁移操作时，迁移所产生的额外能耗相对于执行能耗而言不可忽略，也会对能耗产生较大的消极影响。而且，虚拟机迁移操作会给虚拟机的运行性能带来消极影响。因此，需要设计虚拟机调度优化技术，以兼顾考虑能耗与性能两个调度目标。资源调度技术层是对资源调度方法层的调度优化，所面临的关键问题是如何实现能耗与性能之间权衡优化的虚拟机调度。为了解决此问题，在资源调度技术层首先需要系统分析和量化虚拟机迁移带来的虚拟机性能衰减和能耗变化，然后设计相应的虚拟机调度策略，以权衡考虑数据中心节能与虚拟机性能衰减。

应用实现层：云环境下各种类型的应用，如数据密集型应用、计算密集型应用、实时任务以及科学工作流应用等，均可以部署到云平台上运行，这些应用具有个性化的特征以及不同的资源调度需求。应用实现层主要针对上述具有个性化特征的应用进行节能方法的设计。为了满足个性化应用的执行需求，首先需要对个性化应用进行特征分析，以获取相应的虚拟机资源需求。然后通过虚拟机放置技术进行静态资源分配，在分配阶段实现云数据中心节能。同时，考虑到在应用动态执行阶段，部分运行的物理机可能会出现低负载甚至空载等情况，需要对基于调度方法层与调度技术层的虚拟机调度方案进行节能技术的设计，最终实现支持个性化应用的高能效资源分配与调度。

在支持绿色云计算的资源调度框架中，资源调度方法层、资源调度技术层以及应用实现层均是基于虚拟化层提供的虚拟机资源以及相关虚拟化技术进行的。资源调度技术层则是对资源调度方法层进行优化调度，以实现面向虚拟机迁移的优化调度，对应的是本章第三节中支持绿色云计算的能耗与性能权衡的资源调度技术的研究；在最顶层的应用实现层，是在资源调度方法层与资源调度技术层的基础上为不同类型的应用提供个性化的应用实现方法，与之相对应的研究内容是支持绿色云计算的科学工作流应用分析与研究。五个层次相互之间相互支撑，有助于云数据中心在资源管理层面实现动态节能。

二、支持绿色云计算的资源调度关键技术及问题分析

基于支持绿色云计算的资源调度框架的分析可知，支持绿色云计算的资源调度方法、资源调度技术以及应用实现的研究，可以为构建绿色云数据中心提供技术支撑。针对不同用户的虚拟机资源请求，绿色资源调度过程所涉及的关键技术主要包括：关闭/休眠技术、虚拟机放置技术、虚拟机实时迁移技术以及多目标归一化处理技术等。

（一）支持绿色云计算的资源调度的关键技术分析

1. 关闭/休眠技术

在云数据中心中，关闭/休眠技术是使用较多的用于实现物理机动态节能的技术手段之一，主要是从电源本身的角度出发进行节能操作。此外，对于休眠的物理机，可以通过关闭部分制冷设备或调整冷气走向以达到节能的目的，也可以让能源得到更有效的利用。目前，云数据中心普遍采用关闭/休眠技术实现对物理机的电源管理。

物理机在数据中心中通常有三个状态：工作状态、空闲状态以及休眠状态。当物理机运行任务时，该物理机处于工作状态，需要占用大量的CPU、内存以及磁盘等物理资源。而当物理机上没有任务运行时，物理机处于空闲状态。在这种情况下，为了维持操作系统等系统级应用以及外围设备的运行，该物理机仍然会消耗大量能耗。数据中心中处于空闲状态的物理机可以转换为休眠状态，休眠状态下物理机能够以较低能耗状态运行，也可以通过关闭物理机的方式使得机器完全关闭产生节能效果。处于关闭状态的物理机在面临动态资源请求时可能会被频繁访问，需要从关闭状态切换到运行状态，上述状态切换操作会产生大量的物理机开启/关闭能耗，而且会对网络流通产生消极影响，并导致物理机需要额外的运行成本。因此，通常情况下，数据中心空闲的机器会设置成休眠状态。当物理机处于休眠状态下，一旦有任务到达该物理机，需要先激活该物理机，然后对该任务进行资源分配。这与空闲状态的物理机响应任务请求的情况是不同的，一旦有任务到达空闲的物理机，该物理机能够立即响应该任务的执行请求。

云数据中心中存在大量长期处于空闲状态的物理机，为了维持此类物理机的正常

运行，数据中心需要消耗大量的能耗，关闭/休眠技术有助于降低空闲物理机所产生的能耗。休眠技术的缺陷在于当任务到达时需要重新激活机器，这将造成云计算服务质量的下降，影响任务的响应时间。因此需要采用合理的技术手段用于判断在状态切换操作过后，空载的物理机是否应该切换为休眠状态。

关闭/休眠技术可以有效地降低硬件层空闲物理机的能耗。一般情况下，基于关闭/休眠技术的动态电源管理策略（DPM）主要有三种：超时策略、随机策略和预测策略。超时策略主要利用时间阈值对物理机空闲状态与休眠状态之间的转换进行判断；而随机策略主要关注机器的性能与能耗，将机器负载问题看作是一个随机优化的过程，然后通过数据建模求最优解；预测策略则是根据对机器后续工作的负载情况的预测，进而对机器预先进行休眠判断。

上述这三种策略是当前应用最为广泛的关闭/休眠技术。当前云数据中心能耗模型设计和研究工作中，主要利用的是超时策略。超时策略的主要思想是让机器先处于一定时间阈值范围内的空闲状态，如果在时间阈值内任务到达，则机器直接响应新到达的任务请求；如果时间阈值内没有下一个任务到来，那么将该机器设置为休眠状态，进而降低机器的运行能耗。现有的研究工作中，超时策略又分为固定超时策略和自适应超时策略。固定超时策略在机器经过一段固定的空闲时间段后会对机器进行休眠或者关闭操作，而自适应超时策略则会根据机器的历史记录对超时阈值进行动态设置。上述两种超时策略在不同的应用场景中都得到了广泛应用。

数据中心除了物理机可以使用上述关闭/休眠技术外，其他设备也可以利用此技术达到节能的目的，如：网络设备。当网络设备处于空闲状态时，为了达到节能的目的，也可以根据需要将网络设备设置为休眠状态。空闲的网络设备在选择是否需要进行休眠操作时，同样可以使用上述三种关闭/休眠判定策略。总体而言，通过关闭/休眠技术，可以有效地避免数据中心设备能耗浪费现象，达到数据中心节能减排的目的。

2. 虚拟机放置技术

在云数据中心进行资源分配与管理的操作中，如何对虚拟化资源进行初始化分配（即将虚拟机映射到物理机）是云环境下资源调度所面临的众多关键的技术难点之一。虚拟机放置技术能够有效地对用户请求的虚拟化资源进行初始物理资源映射。虚拟机优化放置有助于云数据中心节能。虚拟机放置过程类似于传统的装箱问题，将云数据中心中的物理机看作是箱子，而虚拟机可以看作是放置于箱子中的物品。

云环境下虚拟机放置的资源分配目标可以表述为：将虚拟机放置到物理机上，使得托管在每个物理机上虚拟机的容量之和不会超过该物理机的容量，并且使得所使用的物理机数量最优。在经典的装箱问题中，所有的箱子具有相同的体积限制。将每个物品放入一个箱子是一个可行解，但不是最优解。而虚拟机放置的情况则不同，首先云数据中心物理机的规格不同，虚拟化技术应用后物理机的容量不同。此外，容量相同的物理机对应的虚拟机实例配置也不尽相同。再加上虚拟机放置具有不同的目标约束，使得原本的装箱问题变得更为复杂。总体而言，虚拟机放置问题仍然是一个装箱问题。

（1）基于FF算法的虚拟机放置

基于FF算法的虚拟机放置按照虚拟机列表中虚拟机的顺序依次处理每个虚拟机。

首先把第一个虚拟机 v_1 放置到第一台物理机 p_1 上。再考虑第二台虚拟机 v_2，如果 v_2 放置后能够保证不超过 p_1 容量，则将 v_2 放置到该 p_1 上。否则，开启另外一台物理机 p_1 进行 v_2 的放置。然后按照相同的方法处理其他虚拟机的放置问题，在对第 n 台虚拟机 v_n 进行虚拟机放置的过程中，首先在已经被使用的物理机列表中寻找物理机是否能够托管列表中的物理机是按照开启先后顺序（物理机序号）排列的，在物理机选择操作中，首次匹配的能够托管 v_n 运行的物理机将被选择用于 v_n 放置。如果在已使用的物理机列表中没有找到合适的机器用于托管 v_n，则另外开启新的物理机托管该虚拟机。

（2）基于 BF 算法的虚拟机放置

基于 BF 算法的虚拟机放置按照虚拟机列表中虚拟机的顺序依次处理每个虚拟机，首先把第一个虚拟机 v_1 放置到第一台物理机 p_1 上。再考虑第二台虚拟机 v_2，如果 v_2 放置后能够保证不超过 p_1 容量，则将 v_2 放置到该 p_1 上。否则，开启另外一台物理机 p_2 进行该 v_2 的放置。然后在每次进行虚拟机放置时，将会从已经开启的物理机列表中选取空闲空间最小而且能够容纳该虚拟机的物理机托管该虚拟机。如果所有处于运行状态的物理机均无法托管该虚拟机，则需要开启新的物理机用于托管该虚拟机。

（3）基于 FFD 算法的虚拟机放置

首先根据虚拟机的资源请求大小进行降序排列，然后对排序后的虚拟机依次按照 FF 算法进行虚拟机放置。

（4）基于 BFD 算法的虚拟机放置

基于 BFD 算法的虚拟机放置将首先根据虚拟机的资源请求大小进行降序排列；然后对排序后的虚拟机依次按照 BF 算法进行虚拟机放置。

在实际利用上述方法进行虚拟机放置的研究工作中，可能还需要考虑其他方面的因素，包括虚拟机的运行周期、同一虚拟机请求的多个虚拟机实例是否可分（即分布在不同物理机上运行）、资源使用率、CPU 是否过载等。

3. 虚拟机实时迁移技术

虚拟机实时迁移技术也可以称为在线迁移技术，其允许虚拟机在不影响运行的情况下从一台物理机迁移到另外一台物理机。当前，虚拟机迁移主要分为三类：物理机到虚拟机的迁移、虚拟机到虚拟机的迁移以及虚拟机到物理机之间的迁移。从上述分析中可以看出，虚拟机实时迁移技术属于 V2V 在线迁移。目前，虚拟机实时迁移技术已被云数据中心广泛使用，用于实现数据中心负载均衡、在线软件迁移、平台升级以及硬件/系统维护等不同的场景。动态迁移过程包括对虚拟机自身运行状态以及所占用资源的迁移等。为了保障虚拟机在迁移过后能够在目标物理机上正常运行，虚拟机在线迁移操作需要向目标物理机提供多种资源配置信息，包括内存、存储信息等。当前，云数据中心常用的迁移工具均要求物理机之间采用 SAN、NAS 之类的集中式共享外存设备的存储技术，这使得存储信息可以实现共享。因此，为了获得较好的迁移性能，虚拟机迁移操作主要考虑迁移操作系统的内存执行状态。

虚拟机的内存迁移广泛采用内存预拷贝算法，Xen 和 VMware 的相关实时迁移技术产品均是基于该算法实现的。

首先，源物理机 A 上运行的虚拟机选择目标物理机 B 作为虚拟机迁移的目标位置，需要在 B 上预留足够的内存资源。然后，在 t_0 阶段将虚拟机的镜像从物理机 A 拷贝到物理机 B 上，在此拷贝操作中，该虚拟机将不会停止运行，会伴随产生大量修改的内存页。为了保持虚拟机迁移前后内存状态的一致性，内存脏页也需要被传输到目标物理机上。而内存脏页传输操作中，又将会产生新的内存脏页。因此，内存页需要经过多次迭代传输。随着迭代次数的加大，所产生的脏内存页也逐渐变小。一般而言，迭代的终止条件通常有以下四种：①某一轮传输过程中产生的内存脏页的大小小于某个预先设定的阈值；②内存脏页的产生速率大于网络传输速率；③迭代次数超过了预先设定的阈值；④内存传输的数据量总和与内存镜像大小的比值超过了预先设定的参考值。经过有限量的迭代传输过后，最终，在 t_n 阶段传输过后将停止迭代，然后关闭该虚拟机，把最后的内存脏页传输到目标物理机。最后，在目标物理机上开启新的虚拟机。

从基于 Pre–Copy 的虚拟机实时迁移过程可以看出，虚拟机迁移过程受到诸多因素的影响，包括虚拟机镜像的大小、内存脏页的产生速率、网络带宽等。虚拟机镜像的大小将直接影响虚拟机的迁移时间、迁移操作产生的额外网络通信开销以及通信能耗。特别是对于内存密集型负载，其镜像所占用的物理空间较大。内存脏页的产生速率将会影响上述场景中的迭代次数，以及每一轮迭代所产生的额外通信数据量。此外，网络带宽直接影响数据传输的时间，进而影响迁移的总体时间以及虚拟机宕机时间。

4. 多目标归一化技术

云环境下的资源调度需要综合考虑多方面的资源调度目标，例如：节能、降低虚拟机运行性能衰减等。因此，需要高效的归一化技术对多个资源调度目标进行统一处理，设计归一化的效用函数。

当前，基于 SAW 和 MDCM 的归一化技术已经在服务组合领域内的多目标处理研究工作中得到广泛应用。SAW 和 MCDM 在服务组合中将 QoS 评价标准划分为消极标准和积极标准两个方面。此处，消极的标准是指随着值的变大，评价标准的质量伴随衰减。而积极标准则反之，伴随着评价标准值的变大，该标准质量伴随提升。在考虑能耗与性能权衡的资源调度研究工作中，能耗指标值越大，所产生的消极影响越大，其是一个消极的评价标准；同样，性能衰减指标的值越大，所产生的消极影响越大，其也是一个消极的评价标准。

资源调度研究工作中存在部分消极评价，而根据前文的分析，能耗和虚拟机性能衰减也属于消极评价指标。当然，云环境下的资源调度也存在其他积极评价指标，如：资源公平性、资源使用率、资源负载均衡度。在进行多目标资源调度时，可以利用 SAW 和 MDCM 技术进行归一化处理。

当归一化处理各个调度指标时，SAW 方法主要用于权重计算。基于 SAW 和 MDCM 的归一化资源调度可以有效地解决资源调度过程中出现的调度策略选择问题。但是，在实际应用中，需要先行寻找所有可行的资源调度策略，然后才可以依据这两种技术进行最终调度策略的选择和确认。

（二）支持绿色云计算的资源调度的关键问题分析

实际应用中，云环境下高能效的资源调度面临的关键问题集中体现为以下三个方面：

1. 绿色云计算领域缺乏较为有效的支持 QoS 增强的资源调度方法

在传统的 QoS 服务框架中，QoS 的指标主要包括执行时间、价格、可用性、成功率以及声誉等，并没有将能耗纳入 Qos 的服务框架中。在云数据中心中，节省能耗可能对云服务的 QoS 指标带来关联影响。其中较为直接的一个方面是云服务的价格，通过合理的节能资源调度后，可以节约数据中心的运行成本，该部分节约的成本可以让利给用户，以降低云服务的价格。另外一个方面，通过有效的虚拟机调度，处于运行状态的虚拟机可以从性能较低的物理机迁移到性能较高的物理机上运行，进而使得虚拟机的计算性能得以提升，从而使得云服务执行时间可以得到优化。与此同时，用户对云服务的满意度也会相应提升。

然而，目前的相关研究工作普遍关注云服务执行过程中如何满足 QoS 相关指标的约束，如：执行时间、云服务的价格等，忽略了上述节能操作对于增强 QoS 相关指标的潜在影响。因此，如果能够在设计支持绿色云计算的资源调度方法中，考虑进一步增强云计算的服务质量，则更能体现能耗优化研究成果的应用价值。因此，绿色云计算领域缺乏较为有效的支持 QoS 增强的资源调度方法。

2. 缺乏兼顾绿色云计算的能耗优化与性能保障的资源调度技术的研究

虚拟机实时迁移技术被普遍应用于云数据中心资源管理，用于实现资源整合、资源使用率提升等应用需求。目前，为了实现绿色云数据中心，云环境下的节能资源调度方法中，虚拟机实时迁移技术得到广泛利用。虚拟机在进行实时迁移操作时，虚拟机内存镜像需要从源物理机传输到目标物理机。而内存镜像的传输导致通信设备（如：网络交换机）产生了额外的通信开销，也会伴随产生额外的通信能耗。特别是在跨越多个网络交换机进行镜像传输时，通信能耗将显著增加。此外，迁移操作过程中虚拟机的关闭和重新启动等操作，将会不可避免地产生部分停机时间，进而造成虚拟机性能衰减，而且虚拟机的关闭与重新启动操作也会产生部分额外的虚拟机操作能耗。

然而，目前关于支持绿色云计算的资源调度的相关研究工作主要集中在如何通过迁移技术使得物理机空载，然后通过动态关闭/休眠物理机达到节能的目标，并未综合考虑物理机运行能耗、虚拟机迁移所引起的额外通信能耗、虚拟机迁移操作能耗以及虚拟机性能衰减等因素。因此，缺乏兼顾绿色云计算的能耗优化与性能保障的资源调度技术的研究。

3. 缺乏支持绿色云计算的科学工作流应用分析与研究

为了验证提出资源调度方法与技术的有效性，需要针对性进行应用分析与研究，本文选取科学计算应用作为范例进行应用实现研究。随着云计算技术的推广和日益成熟，将科学应用部署到云平台运行是当前科学计算技术发展的应用趋势。

科学工作流可以有效地模拟科学应用执行，其包含大量的数据密集型计算任务。科学工作流可以受益于云平台弹性资源供给、虚拟化、按需付费等技术特性。科学工作流具有个性化的资源特征需求，需要租赁大量计算能力较高的 CPU 密集型虚拟机执行工作流中的子任务，以及存储优化型虚拟机存储所需要处理的数据等。一般情况下，科学工作流在执行过程消耗的资源量较大，需要消耗大量的能源来维持科学工作流的高效运行，因此，需要为科学工作流设计相应的节能调度机制以支持数据中心的节能环保。

云环境下，云服务供应商对于请求资源服务的科学工作流进行统一资源调度。但是科学工作流子任务之间数据依赖和控制依赖、资源请求量大、资源请求复杂、工作流位于不同的时空等问题使得支持绿色云计算的科学工作流应用实现问题变得复杂。因此，如何实现支持绿色云计算的科学工作流应用分析与研究是一个具有挑战的问题。

第二节 支持绿色云计算的 QoS 增强的资源调度方法

技术上而言，云计算具有"弹性""可伸缩""高可用"等特性，因此云平台适用于托管各种应用和服务。如 Google、Amazon、Microsoft 等大型云服务供应商，允许用户通过 Internet 在任意地点按需访问云数据中心共享的基础设施层的资源（包括计算资源、存储资源和通信资源等），为个人用户和企业用户提供了不同种类的云服务，并根据"pay-as-you-go"的方式进行付费。用户租赁的云资源通常具有不同的配置（CPU、内存、带宽等），而云服务的性能和价格也不尽相同。QoS 通常可以用于衡量云服务的性能和价格指标，也可以为用户选择云服务提供参照标准。

QoS 通常在评估单个服务、服务组合和服务规划中起到至关重要的作用。当前，复杂型应用通常基于服务进行部署，并具有不同的 QoS 约束需求，这使得全局 QoS 质量评估变得越来越重要。云数据中心在进行资源管理与调度的过程中需要重点考虑云服务的 QoS 指标。当前，云服务的 QoS 框架经常忽略了云服务执行过程中所产生的能耗，云服务在定价的过程中也没有考虑节能所带来的成本降低的可能性。因此，云数据中心的能耗可以作为 QoS 的度量指标之一。通过节能方式提供云服务，可以让用户获得更廉价的服务价格，并通过节能减排更好地保护环境，实现云计算产业的可持续发展。随着全球范围内对绿色计算话题的广泛关注，为了满足云环境下 QoS 增强的需求，针对服务执行、服务组合以及服务规划设计高能效的资源调度策略已经变得尤为重要。

虚拟化技术是构建和管理云平台的关键技术之一，其可以完成对 CPU、内存以及带宽等物理资源的虚拟化，使得多台虚拟机可以并发运行于同一台物理机之上。云环境下，虚拟化技术主要用于实现资源分布式共享和动态供给，也可以用于实现应用负载的灵活部署，进而降低数据中心硬件设施的运营成本。典型的虚拟化平台，如：Xen、VMware、Hyper-V 等，均提供资源监控机制以及虚拟机到物理机的映射机制。此外，虚拟化实时迁移技术也是数据中心进行资源管理的一个重要技术手段，可以实现虚拟机在不同的物理机之间进行动态调度。当前与 QoS 相关的虚拟机调度研究工作主要集中在静态的虚拟机调度以及 QoS 驱动的虚拟机调度，较少关注于 QoS 增强的动态虚拟机调度。综上所述，针对云数据中心实现 QoS 增强的虚拟机调度仍然是支持绿色云计算的资源调度领域的一个重要挑战。

一、面向资源调度的 QoS 增强问题描述与分析

计算任务提交至云平台后，将根据其资源请求分配相应的虚拟机资源。在任务执行的过程中，可以利用实时迁移技术实现虚拟机在不同的物理机之间动态放置。使用虚拟机迁移技术的虚拟机放置策略会导致任务执行过程中所产生的能耗发生变化，而能耗的变化也将引起任务执行成本的变化。同样，虚拟机迁移也会使得任务的计算环境发生变化，进而影响任务的执行时间。

云环境下，不同类型的物理机具有不同的计算性能。而同一物理机可以部署多台资源配置（如：CPU、内存、带宽等）相同的虚拟机。一般而言，计算能力较高的物理机上的虚拟机实例具有较高的计算性能。

基于虚拟机迁移技术的虚拟机调度可以实现 QoS 增强。当前，为了实现互联网应用的高效处理与分析、提升互联网经济效益，数据密集型应用得到了广泛的关注。而云数据中心运行的任务种类繁多、资源使用率低下、能耗严重等现状，需要为云数据中心设计有效的资源调度方法。本章主要针对数据密集型计算任务设计支持绿色云计算的 QoS 增强的资源调度方法。

二、云环境下能耗分析与建模

云数据中心所产生的能耗包含多个方面，包括执行任务所产生的能耗以及制冷、照明、通风设备所产生的能耗等，主要关注任务执行所产生的能耗。为了更好地计算数据密集型任务所产生的能耗，将分析云环境下任务执行的能源消耗细节，并建立云环境下的能耗模型。

在所设计的能耗模型中，将云环境下的应用运行所产生的总能耗分为两个部分：①应用执行能耗；②动态操作能耗。

总能耗 E 的计算表达式如下所示。

$$E = E^{Appxxe} + E^{DynaOp}$$

假设云环境下共有 M 台物理机可以用于支持应用执行。物理机可以位于单个数据中心，也可以跨数据中心分布。云数据中心中的物理机可以看作由大量资源块组成，即由多个具有相同配置的虚拟机实例组成。数据密集型计算任务的资源需求可以通过虚拟机实例的数量来衡量。云服务供应商通常提供多种类型的虚拟机实例供云用户选择，例如：计算密集型虚拟机实例、内存优化型虚拟机实例、高 I/O 型虚拟机实例以及存储密集型虚拟机实例。每种类型的虚拟机代表了虚拟机主要配置的资源。例如：计算密集型虚拟机实例通常会配置更多的 CPU 资源。当用户为数据密集型计算任务选择虚拟机实例时，通常优先选择计算密集型虚拟机实例运行任务。

任务的执行时间由任务的长度，以及所占用的虚拟机的计算能力决定。在任务长度一定的情况下，虚拟机的计算能力越强，相应的执行时间越短。虚拟机的计算性能通常根据其具体的资源配置，并由其所映射的物理机的性能所决定。一般情况下，云

数据中心中物理机具有不同的计算性能。例如：假设两个物理机与s_2，如果s_2的计算性能高于s_1，那么，在容量相同的情况下，s_2上的虚拟机实例的计算性能高于s_1上虚拟机实例的性能。对于计算密集型虚拟机而言，处理器的能耗占据了执行能耗的主要部分。在云数据中心，物理机的处理器通常有两种速度模型：常速模型和空闲速度模型。当处理器使用空闲速度模型时，一旦处理器空闲，处理器可以处于零速度运行。但是，如果物理机采用的是常速模型，无论物理机上是否有任务运行，处理器均以常速度运转。本章假设所有的物理机均采用空闲速度模型运转。当物理机空闲时，物理机可以被切换到休眠模式，保持以低能耗的功率运行。

当某个物理机上被分配任务时，该物理机处于运行状态。处于运行模式的物理机需要消耗基础能耗，将应用执行过程中物理机消耗的基础能耗记作其计算表达式。

$$PE^{hase} \sum_{M}^{m=1} T_m^{active} \cdot \varphi_m$$

基础能耗占据了峰值能耗的60%左右，因此可以根据物理机的峰值能耗率估算该物理机的基础能耗率。在此基础上，根据物理机上所运行的虚拟机实例的数量，可以计算每个虚拟机运行的能耗率。虚拟机一旦被创建，其在空闲时刻也需要消耗基础能耗。应用执行过程中，同一个物理机上部署的虚拟机可能会存在内部通信。此外，分布在不同的物理机上的虚拟机同样存在数据通信。

物理机空闲时，根据托管应用的服务间隔将其设置为两种模式：低功耗模式和休眠模式。

三、云环境下 QoS 增强的虚拟机调度方法

基于云环境下能耗的分析与建模，提出了一种云环境下 QoS 增强的虚拟机调度方法，主要步骤如下所示。

步骤 1：物理机资源使用监控。虚拟机配置的资源需要映射到物理机上，设计虚拟机调度策略的过程中需要考虑物理资源的使用情况。通过对资源使用情况的监控，可以在任意时刻获取物理机上空闲虚拟机的数量。

步骤 2：能耗感知的虚拟机调度。为了节约计算密集型任务执行过程中的能耗，需要设计高能效的虚拟机调度策略。能耗的节约有助于数据中心运行成本的缩减，节省的成本可以用于反馈给用户，为用户提供折扣价格，降低任务执行的价格。

步骤 3：执行时间感知的虚拟机调度。步骤 2 执行完成后，云数据中心中运行的部分物理机仍有节能的空间，且不同规格的物理机通常具有不同的计算性能。通过实时迁移技术将运行在低性能服务器上的虚拟机迁移到高性能服务器上，可以有效地减少虚拟机上数据密集型计算任务的执行时间。

步骤 4：基于迁移剪枝的全局虚拟机调度。步骤 2 和步骤 3 设计的虚拟机调度策略中包含了大量的虚拟机迁移。频繁的虚拟机迁移将会导致虚拟机运行性能下降，因此，需要设计迁移剪枝策略，避免重复、冗余的虚拟机迁移。

(一) 物理机资源使用监控

数据中心处于运行状态的物理机通常会装载一台或者多台相同配置的虚拟机。数据密集型计算任务提交至云数据中心后,需要从不同规格的虚拟机实例中选取特定规格和一定数量的虚拟机用于执行任务。虚拟机实时迁移技术支持虚拟机跨物理机无中断迁移。在资源分配与调度的过程中,物理机的容量是以虚拟机的数量来衡量的。因此,在云环境下,物理机空闲资源统计的重点是对空闲的资源块数量进行实时监控与统计。空闲资源的实时监控与统计能够为设计全局的虚拟机调度策略提供动态资源保障。

资源使用表 RUT_m,会在下面两种条件下发生更新操作:①当某个数据密集型计算任务因请求资源而分配的虚拟机映射到物理机 s_m 时,s_m 将会产生相应的虚拟机占用记录,资源占用表会发生更新操作;②当物理机知道某个运行的虚拟机在运行周期中迁移到云数据中心其他物理机上时,RUT_m 也会发生更新操作。

在云计算环境下,针对运行中的虚拟机进行动态调度需要实时判断各个物理机上空闲虚拟机的数量,并根据物理机使用情况选择迁移操作的目标物理机,进而实现虚拟机的放置和迁移。本章主要通过对资源使用表中的虚拟机占用记录进行分析与统计,进而获取任意时刻物理机上空闲虚拟机的数量。

(二) 能耗感知的虚拟机调度

为了实现云服务 QoS 的增强,从用户角度出发寻求云服务价格潜在的可降空间。节约能耗可以降低云服务供应商的成本支出,节约的成本支出可以部分让利给云用户。因此,降低云服务价格的目标可以通过节省能耗来实现。有针对性地提出了一种能耗感知的虚拟机调度策略。该策略利用虚拟机实时迁移技术,将高能耗物理机上的虚拟机尽可能地迁移到低能耗且具有足够空闲空间的物理机上。然后通过关闭物理机或者将物理机切换到休眠模式,减少数据密集型计算任务的执行能耗,降低数据中心的运行成本,进而优化云服务的租赁价格。

不同的数据密集型计算任务由于资源需求不同,所请求的虚拟机的数量和规格也是不同的。为了减少能耗,需要对虚拟机映射的物理机的数量进行优化。假设高性能的物理机具有较高的能耗。因此,在设计的能耗感知的虚拟机调度策略中,应当将高能耗物理机上的虚拟机尽可能地迁移到低能耗物理机上运行,进而关闭/休眠部分空载的高能耗物理机。

执行数据密集型计算任务主要消耗的是硬件资源中的 CPU 资源。CPU 的过载会产生额外的执行能耗,并导致计算性能下降,因此,物理机的 CPU 资源使用率在进行迁移操作的过程中应该避免出现过载的情况。在设计虚拟机调度策略的过程中,也需要考虑目标物理机在虚拟机发生迁移后是否会发生过载现象。

物理机上空闲虚拟机的数量可以实时、动态地获取。在此基础上,将处于运行状态的物理机列表根据空闲虚拟机的数量按降序方式排列。空闲资源越多的物理机将优先得到处理，其上所运行的虚拟机将优先被迁移。每台需要被迁移的虚拟机均需要选择目标物理机进行托管。按照前文所述，虚拟机迁移操作将优先选择低能耗物理机作为目标物理机。在不失一般性的情况下，假设高性能的服务具有高能耗。因此，在虚拟机从高能耗（性能）物理机迁移到低能耗（性能）物理机上时，为了不影响任务的执行，通常需要开启更多在低能耗（性能）物理机上运行的虚拟机用于执行任务。因此，目标物理机的选择需要考虑运行在虚拟机上的计算任务的类型。数据密集型计算任务按照其特性，有些可以拆分为多个子任务。根据任务是否可分，设计能耗感知的虚拟机调度策略需要考虑以下两种情况：

1. 任务可分

如果任务可分，那么可以选择将任务所在的虚拟机映射到较低能耗的物理机上，也可以将该虚拟机映射到同类型物理机上。在任务可分的情况下，优先将虚拟机迁移到能耗较低的物理机上，且确保接受该虚拟机后，目标物理机的资源使用率不超过预先设置的阈值。

2. 任务不可分

如果任务不可分，那么该任务所在的虚拟机只能够映射迁移到同类型的物理机上。在该种情况下，如果有多种同类型物理机供选择，将选择节省能耗最多的目标物理机进行迁移。同样，需要确保接受该虚拟机后，目标物理机的资源使用率不超过预先设置的阈值。

如果一个物理机上的所有虚拟机均能够找到目标物理机进行迁移，则该物理机上的所有虚拟机同时被迁移；否则，所有的虚拟机将不进行迁移，保持现有运行状态不变。在迁移操作过后，将关闭/休眠数据中心空载的物理机。上述分析和操作将会重复执行直到所有的物理机都不能继续被优化为止。

（三）执行时间感知的虚拟机调度

数据密集型计算任务的执行价格得到了优化。该优化过后，运行的物理机上仍然存在空闲资源。此时，运行在较低性能物理机上的虚拟机可以迁移到较高性能的物理机上。迁移的前提条件是该高性能物理机有足够的空间，并且接受该虚拟机后，资源使用率不会超过预先设定的阈值。执行时间感知的虚拟机迁移操作有助于提升虚拟机所映射物理资源的计算能力，进而减少该虚拟机所托管任务的执行时间。

一般情况下，计算任务由多个子任务组成。这些子任务通常存在两种任务调度模型：串行模型和并行模型。为了缩减相关计算任务的执行时间，子任务的调度需要根据其预期的执行时间长短进行排序。子任务的执行时间越长，其调度优先级越高。假设某个子任务的执行时间最长，那么其任务调度等级为第一级，次长子任务的调度等级为第二级，以此类推。根据上面描述，虚拟机调度优先级的设置主要存在以下两种情况：

(1) 对于运行在虚拟机 v_i 和 v_j 上的两个子任务,如果 v_i 上运行的子任务的优先级高于 v_j 上运行子任务的优先级,则 v_i 的调度优先级高于 v_j。

(2) 对于运行在虚拟机 v_i 和 v_j 上来自不同计算任务的两个子任务,如果 v_i 与 v_j 上子任务的优先级相同,则执行时间越长的子任务所在的虚拟机调度优先级越高。

执行时间感知的资源调度策略对计算性能相同的物理机上的虚拟机进行同批次调度处理。因此,这里对数据中心中运行的物理机按性能的大小进行降序排列。从执行时间的角度出发,迁移操作主要是将虚拟机从较低性能的物理机迁移到较高性能的物理机上运行,以获得更好的计算能力,从而降低任务的执行时间。从任务的执行时间角度出发,若虚拟机运行在性能最高的物理机上,则该虚拟机将无法找到更合适的物理机进行迁移。

在所设计的调度策略中,首先对运行在计算性能次高的物理机上的虚拟机进行调度策略的设计。此类虚拟机需要在最高性能的物理机列表中选择目标物理机进行迁移。如果在具有较高性能的物理机列表中未发现合适的目标物理机,则在同一性能的物理机列表中选择合适的物理机进行迁移。选择的目标物理机需要拥有足够的空闲空间,并能够保证虚拟机迁移过后该物理机的负载不会超过预先设置的阈值。以此类推,直到所有的物理机均被处理为止。经过上述迁移操作后,部分物理机可能会变为空闲模式。在这种情况下,可以将这些空闲的物理机设置为休眠模式或者直接关闭,从而进一步降低能耗。

(四) 基于迁移剪枝的全局虚拟机调度

经过虚拟机调度策略的设计,QoS 指标(价格和执行时间)将会得到增强。但是,上述的虚拟机调度策略中有重复的虚拟机迁移操作,而过多的虚拟机迁移容易导致应用执行性能的下降。因此,将会在保障 QoS 增强的前提下,提出一种基于迁移剪枝的全局虚拟机调度策略。

在能耗感知的虚拟机调度和执行时间感知的虚拟机调度策略设计中,有可能出现重复迁移的场景。首先,出于节能考虑,虚拟机可能从较低能耗物理机(低性能)迁移到高能耗(高性能)物理机上,即从源物理机迁移到中间物理机。然后,为了节约虚拟机执行时间,虚拟机会迁移到较高性能的物理机上,即从中间物理机到目标物理机。在此种情况下,虚拟机不需要首先迁移到中间物理机,可以从源物理机直接迁移到目标物理机。

虚拟机 v_n 的资源调度策略中包含了大量该虚拟机的调度记录。将设计的调度记录按照上述剪枝操作进行分析和处理,可以得到优化的迁移调度策略。每次剪枝操作发生过后,资源使用表和资源调度分配策略都会得到相应的更新。

第三节　支持绿色云计算的能耗与性能权衡的资源调度技术

云平台允许用户通过互联网按需获取来自远程云数据中心的海量资源，包括计算资源、存储资源和带宽资源等，并按使用量付费。通过租赁云服务，用户不需要花费大量的人力和物力用于构建和管理基础设施资源。随着云计算技术的不断推广与普及，受其"弹性""高可用性"等特征的吸引，越来越多的用户选择将本地应用部署到云平台上运行。为了便于应用的托管与执行，云服务供应商通常将云服务封装成为不同规格的虚拟机实例进行租赁，云消费者只需租赁按需定制的虚拟机，便可以实现个性化的资源配置。

为了保障托管应用的高效执行，云数据中心需要消耗大量的能源来满足托管应用的资源需求。当前，云数据中心的能源消耗问题已经受到世界范围内的普遍关注。云数据中心广泛采用虚拟化技术实现数据中心节能。虚拟化技术（特别是服务器虚拟化技术）是云数据中心进行资源管理的关键技术之一，为实现云计算"按需服务"提供了强有力的支撑。虚拟化技术有助于提升数据中心的资源利用率，实现资源的动态供给。云数据中心提供的云主机是由虚拟机实例组成而不是直接占用物理机。因此，用户所请求的资源不需要占用整个物理机，且可以在同一物理机上实现多任务的并发执行，进而有助于云数据中心实现节能的目标。

虚拟机实时迁移技术是虚拟化技术的关键技术之一，其允许虚拟机在物理机之间快速在线迁移，并能够保障虚拟机在迁移过程中不间断运行。虚拟机实时迁移技术的本质是将虚拟机由一台物理机映射到另外一台物理机，其有助于数据中心管理员对物理机进行统一维护和管理，提升云数据中心的资源使用率。此外，虚拟机迁移技术可以支持运行虚拟机的动态优化配置，从而为云数据中心的进一步节能优化提供了可能。通过虚拟机迁移、整合等技术手段可以实现物理机资源的高效利用，进而可以使部分低负载运行的物理机实现空载，从而降低物理机运行所产生的能耗。当前，虚拟机实时迁移技术已经被广泛应用于云计算产业，而且依托该技术进行的绿色云计算应用实施的相关工作已经在各个领域得到研究，如：科学工作流的执行、实时任务调度、虚拟机放置等。

在实际应用中，虚拟机实时迁移操作有助于降低物理机的整体运行能耗。但在虚拟机迁移操作中，虚拟机镜像的传输将会使得网络通信设备产生额外的通信能耗，而且虚拟机关闭/开启操作也会增加能源消耗。此外，虚拟机迁移操作会使得虚拟机产生部分不可避免的宕机时间，进而对虚拟机的运行性能产生消极影响，导致虚拟机性能衰减。然而，当前支持绿色云计算的虚拟机调度的相关研究工作并未综合考虑虚拟机执行所产生的能耗，虚拟机迁移所引起的额外能耗以及迁移过程中产生的虚拟机性能衰减等因素。综上所述，如何兼顾考虑虚拟机迁移操作所引起的执行能耗优化、通信能耗增加以及虚拟机性能衰减是实现虚拟机高效调度的一个重要技术挑战。

针对上述挑战,设计了一种支持绿色云计算的能耗与性能权衡的资源调度技术。主要工作包括 3 个方面:①为面向虚拟机迁移的能耗和虚拟机性能衰减,设计了联合优化模型,将能耗与性能的多目标优化问题转变为单目标优化问题。②设计了一种能耗与性能权衡的虚拟机调度方法。该方法首先通过物理机分类与选择选取可以实现迁移优化的物理机;然后通过启发式搜索获取虚拟机迁移策略;进一步基于联合优化模型设计全局虚拟机调度策略。③通过实验验证,论证了虚拟机调度方法的有效性。

一、面向虚拟机迁移的能耗与性能权衡优化问题描述与分析

在云数据中心资源管理层面,虚拟机迁移技术有助于提升资源使用率、降低成本开销以及降低能源消耗。通过一个示例说明在资源分配与调度过程中,虚拟机迁移技术对能耗优化的作用。

假设有 3 台虚拟机 v_1、v_2 和 v_3,均从某一时刻开始被租赁运行,运行时间分别为 1h、2h 和 3h。这 3 台虚拟机分别部署在物理机 pm_1 和 pm_2 上运行。在静态分配策略中未使用虚拟机迁移技术,而在动态分配策略中,v_1 执行完成后(即 1h 过后),v_2 将使用虚拟机迁移技术进行迁移。

(一)静态资源分配策略

任务执行过程中所有的虚拟机放置状态保持不变。一种可行的静态资源分配策略,即将虚拟机 v_1、v_2 放置在 pm_1 称为上运行,将虚拟机 v_3 放置在 pm_2 上运行。

(二)动态资源分配策略

任务在执行的过程中,虚拟机可以使用动态迁移技术实现虚拟机动态调度。一种可行的动态资源分配策略将虚拟机的放置过程主要分为两个阶段。第一阶段:在 0 ~ 1h 时间段内,v_1、v_2 放置在 pm_1 称为上运行;第二阶段:在 1 ~ 3h 时间段内,v_1 执行完成后被释放,v_2 迁移到 pm_1 上运行,而 pm_2 由于空载被关闭。

在虚拟化云环境下,物理机的运行能耗主要包含两个部分:物理机的基础能耗和虚拟机的运行能耗。假设具有相同的基础能耗,均设置为 200W;3 台虚拟机 v_1、v_2 和 v_3 对应的运行能耗分别设置为 20W、40W、20W。若按照静态分配策略运行任务,则任务执行周期内所产生的能耗为:$200 \times 2 + 200 \times 3 + 2 \times 1 + 40 \times 2 + 20 \times 3 = 1160 W \cdot h$。而若按照动态资源分配策略执行任务,则任务执行周期内共产生的能耗为:$200 \times 3 + 200 \times 1 + 20 \times 1 + 40 \times 2 + 20 \times 3 = 960 W \cdot h$。从计算结果可以看出,使用虚拟机迁移技术的动态资源分配策略相比于使用静态资源分配策略,物理机运行所产生的能耗更低。进一步推断可以得出,云计算环境下使用虚拟机迁移技术,能够有效地实现节能,并进而降低数据中心的运行成本。

然而,部署在云平台上的虚拟机规模庞大,特别是随着大数据时代的到来,越来

越多的任务被部署在云平台上执行。为了实现绿色节能,云数据中心可能会发生大量的虚拟机迁移。然而,在虚拟机迁移的过程中,虚拟机镜像的传输会使得网络通信设备产生额外的通信能耗,而且虚拟机关闭/开启操作也会增加能源消耗。此外,虚拟机迁移次数过多也会导致虚拟机性能的下降,继而对任务的执行效率产生消极的影响。

二、云环境下能耗与性能联合优化模型

(一)面向虚拟机迁移的能耗模型

在数据中心资源管理和监控方面,虚拟化技术由于其独特的技术优势被云数据中心广泛使用。通过虚拟机化技术可以有效地实现数据中心的物理资源共享。而且在单个物理机上可以同时部署多台虚拟机,进而实现多个任务的并发运行。此处将云数据中心运行的物理机列表集合记作 P,其中 N 代表物理机的数量。另外,假设有 M 台虚拟机部署在 P 中的物理机上运行,记作 V。

根据能耗模型,云数据中心中任务执行所产生的能耗包括虚拟机的执行能耗、空闲虚拟机的能耗、物理机的基础能耗、虚拟机内部/外部通信能耗。下面针对虚拟机迁移情况下这四个部分的能耗进行仔细的分析。

任务所占用的虚拟机处于运行状态,将 t 时刻任务执行所引起的虚拟机执行能耗记作 $E_{Active}(t)$,其计算表达式为:

$$E_{Active}(t) = \sum_{M}^{m=1} \alpha_m \cdot \zeta_m(t)$$

在任务执行过程中,由于物理机上占用的虚拟机的生命周期不同,可能会存在部分虚拟机在物理机运行中处于空闲。t 时刻后,物理机的执行时间与物理机上虚拟机的生命周期密切相关。t 时刻,将物理机 P_n 后续执行的时间记作 $\tau_n(t)$,其计算表达式:

$$\tau_n(t) = \max_{M}^{m=1} \{I_m^n(t) \cdot \zeta_m(t)\}$$

根据 t 时刻虚拟机的运行状态,可以计算空闲虚拟机运行所产生的能耗,其计算表达式:

$$E_{Idle}(t) = \sum_{N}^{n=1} \sum_{M}^{m=1} \beta_m \cdot (\tau_n(t) - \zeta_m(t))$$

运行中的物理机无论处于空闲状态还是运行状态都将消耗基础能耗,物理机基础能耗计算表达式:

$$E_{Base}(t) = \sum_{N}^{n=1} \gamma_n \cdot \tau_n(t)$$

任务执行过程中,虚拟机之间数据通信所产生的能耗记作 $E_{DTrans}(t)$,计算表达式为:

$$E_{DTrans}(t) = \sum_{M}^{m=1} \sum_{M}^{m'=1} \frac{D_{m,m'}}{\pi_{m,m'}} \cdot \lambda_{m,m'}$$

基于上述能耗分析,在无迁移操作的情况下,t 时刻任务执行过程中所产生的总能耗的计算表达式:

$$E(t) = E_{\text{Active}}(t) + E_{\text{Idle}}(t) + E_{\text{Base}}(t) + E_{D\text{Trans}}(t)$$

如果运行的某些运行的物理机上仍有足够的空闲空间适合托管其他虚拟机运行,那么在这种情况下,实时虚拟机迁移技术可以有效地提升资源的使用效率,进而减少能耗。当前,Pre-Copy 算法被广泛应用于多种虚拟化产品中以实现虚拟机无中断迁移,如:VMware 和 Xen。

在支持绿色云计算资源调度的关键技术中,介绍了虚拟机实时迁移技术的技术细节以及 Pre-Copy 算法的执行原理。在 Pre-Copy 算法中,虚拟机镜像内存需要通过多次迭代传输,最终完成从源物理机到目标物理机的迁移。首先,将需要迁移的虚拟机镜像从源物理机传输到目标物理机;然后,将传输过程中所产生的内存脏页在下一轮迭代中传输到目标物理机;最后,经过多轮虚拟机镜像传输后,源物理机上的虚拟机将停止运行,未被传输的内存脏页将会被传输到目标物理机上,然后虚拟机将在目标物理机上重新启动。从上述虚拟机实时迁移操作可以看出,虚拟机镜像的传输将会产生额外的通信能耗,而且虚拟机关闭/开启操作也会增加能源消耗。

在虚拟机镜像内存迭代传输之前,将虚拟机 v_m 的镜像内存的大小记作 $MS_m(t)$。在镜像内存传输过程中,虚拟机运行将产生大量修改的内存页。为了保持虚拟机迁移前后内存状态的一致性,这些内存脏页将在下一轮传输时被送到目标物理机。因此,迭代传输的内存脏页的大小与文件生成率以及上一轮内存脏页的传输时间有关。虚拟机镜像多次迭代传输所占用的时间和即为虚拟机迁移的总时间。

此外,虚拟机迁移过程中,虚拟机关闭和开启操作也需要消耗一定量的能耗。

(二) 面向虚拟机迁移的性能衰减模型

根据虚拟机迁移过程的分析,虚拟机迁移操作会使得虚拟机产生部分不可避免的宕机时间。而虚拟机的宕机时间又将引起虚拟机性能的衰减,即响应时间的延退,进而影响任务的执行时间。造成虚拟机性能衰减的因素有很多方面,包括虚拟机镜像大小、源物理机与目标物理机之间的带宽、内存脏页的产生速率、CPU 资源使用率以及源物理机和目标物理机之间的网络拓扑距离等。

在最后一轮迭代传输虚拟机镜像的过程中,剩余的内存脏页将完全传输到目标物理机上。内存脏页的传输时间也是虚拟机宕机时间的一部分。此外,虚拟机宕机时间还包括虚拟机关闭时间以及虚拟机启动时间。根据虚拟机迁移技术对虚拟机性能衰减影响的分析,将虚拟机对应的性能衰减值记作 $PD_m(t)$。

基于上述分析,在同一时刻,云数据中心因虚拟机迁移所引起的虚拟机性能衰减总值的计算表达式:

$$PD(t) = \sum_{M}^{m=1} PD_m(t)$$

（三）联合优化模型

在数据中心资源管理与调度过程中，为了节约能耗，通常存在多种可行的虚拟机迁移策略。因此，为了寻找最优化的虚拟机迁移策略，需要设计多目标优化的效用函数以及目标函数，用于判断虚拟机是否应该发生迁移以及发生迁移的虚拟机应该被迁移至哪一台目标物理机。

技术上而言，我们在建模过程中，主要利用引入简单加权和多准则决策两种技术，构建联合优化模型。该模型将综合考虑虚拟机性能衰减和任务执行所产生的各方面能耗。SAW 和 MCDM 两种技术已经被应用于建立带有多 QoS 评价标准的服务组合的效用函数和目标函数。SAW 和 MCDM 在服务组合的过程中将 QoS 评价标准划分为消极标准和积极标准两个方面。在考虑能耗与性能权衡的资源调度中，能耗指标的值越大，其产生的消极影响越大，由此可以被认定为一个消极的评价标准；同样，性能衰减指标的值越大，其产生的消极影响越大，也是一个消极的评价标准。

基于 SAW 和 MCDM 两种技术构建联合优化模型的效用函数需要确定所有可行的虚拟机迁移策略：根据每种迁移策略所评估的能耗和性能衰减值构建效用函数；且每种迁移策略可以包含大量并发的虚拟机迁移操作；假设某一时刻有 K 种虚拟机迁移策略，使用向量 ME 和向量 PD 分别表示每种迁移策略对应的能耗值组合和性能衰减值组合。

最后，根据计算的效用值集合 U，将选取最大效用值 $\max_{i=1}^{K} U_i(t)$ 对应的虚拟机迁移策略作为最终的资源调度策略。

三、云环境下能耗与性能权衡的虚拟机调度方法

基于虚拟机迁移所产生的能耗和虚拟机性能衰减的分析，本节提出了一种云环境下能耗与性能权衡的虚拟机调度方法。从技术上分析，该方法主要包含 3 个步骤。

步骤 1：物理机分类与选择。由于运行的虚拟机需要满足任务特定的资源需求，所以运行的物理机需要根据资源需求划分为多个种类。在本步骤中，将筛选存在空闲空间的物理机用于能耗与性能权衡的虚拟机调度。

步骤 2：虚拟机迁移策略获取。在步骤 1 筛选出来的物理机上，选择虚拟机并获取可行的虚拟机调度策略。本步骤通过启发式获取虚拟机迁移策略，为下一步效用值的计算提供决策依据。

步骤 3：全局虚拟机调度。基于步骤 2 获取的可行的虚拟机调度策略，然后根据效用值计算方法，选择效用值最大的虚拟机迁移策略作为最终的虚拟机调度策略，并进行全局虚拟机调度。

（一）物理机分类与选择

云服务供应商通常会提供不同类型的虚拟机实例，方便云租户根据所需托管任务的特征和需求进行选择和租赁。例如：Amazon EC2 提供了具有不同配置和不同资源类

型的虚拟机实例，其中资源类型包括内存优化型、CPU 优化型以及带宽优化型等。在云数据中心进行资源配置的过程中，通过利用虚拟化技术，物理机可以被映射成为多个具有同等配置的虚拟机实例。同样，不同资源类型的物理机也可以映射成为不同资源类型的虚拟机实例。

用户在提交任务至云平台前，可以根据虚拟机实例的规格和数量来衡量任务的资源需求。运行中的虚拟机具有特定的资源类型，故在虚拟机迁移操作中，虚拟机需要迁移到与该虚拟机资源类型相同的物理机上。虚拟机资源占用记录的概念，旨在追踪虚拟机资源的使用情况，包括虚拟机服务的起始时间、占用时间以及虚拟机的类型。

云数据中心中，所有处于运行状态虚拟机的资源占用记录组成了虚拟机资源占用集合。虚拟机按照资源类型部署在不同类型的物理机上运行。为了便于设计虚拟机调度策略，虚拟机需要根据资源占用记录中的虚拟机类型进行分类。假设在虚拟机列表 V 中存在 H 种类型的虚拟机实例，且每种类型的虚拟机需要统一进行分析与处理中的虚拟机按照虚拟机类型可以分为多个虚拟机集合。

一般情况下，同种类型的虚拟机所映射的物理机具有相同的容量。按照资源调度的需求，同种类型的物理机将放置于同一个集合中，供对应类型虚拟机进行调度选择。因此，虚拟机所占用的物理机同样可以分为 H 个集合。满负载运行的物理机，即没有空闲空间的物理机，将不会用于虚拟机调度。而且，与资源调度方法类似，资源调度技术同样需要满足物理机的整体资源使用率不会超过预先设定的阈值。

（二）虚拟机迁移策略获取

对数据中心中运行的虚拟机与物理机按照资源类型进行了分类处理，使得分布在同一个虚拟机集合中的虚拟机具有相同的资源类型。在获取虚拟机迁移策略的过程中，需要对同类型的虚拟机进行综合分析和考虑。同类型的虚拟机需要同种类型的物理机提供其运行所需的物理机资源。一旦虚拟机从源物理机迁移到目标物理机，虚拟机迁移策略相应产生。虚拟机迁移策略反应虚拟机迁移操作前后，虚拟机到物理机映射状态的变化。

同一时刻云数据中心可能会发生多组不同的虚拟机迁移操作，因此，多组不同的虚拟机迁移策略应运而生。定义迁移组合用于记录同一时刻并发产生的多组不同的虚拟机迁移策略，便于效用值的进一步分析与计算。

不同迁移策略的组合会生成不同的迁移组合，而不同的迁移组合所引起的节能优化和性能衰减程度也不同。利用 SAW 和 MCDM 技术确定最终的虚拟机调度策略。因此，需要获取所有可能的迁移组合，并用于效用值的计算。

虚拟机迁移问题类似于虚拟机放置问题，可以抽象为对运行的虚拟机进行装箱操作，这是一个 NP-Hard 问题。因此，需要设计启发式的迁移策略用于确定有效的迁移组合。

空闲空间越大的物理机，其上运行的虚拟机的调度优先级越高。同一个任务请求的多个虚拟机可以被视作一个特殊虚拟机,因此,在虚拟机迁移操作中,特殊虚拟机所涉及的虚拟机实例需要被同时放置于同一个物理机上。特殊虚拟机采用无分割的虚拟机放置策略,当发生迁移操作时,同一任务请求的多个虚拟机实例需要同时迁移到同一目标物理机上运行,以避免单个任务执行过程中所租赁的虚拟机之间会产生额外的通信开销。当对某个物理机上的虚拟机进行迁移操作时,首先需要获取虚拟机上的任务;然后统计该任务租赁的总虚拟机数量和虚拟机的编号;最后从物理机列表中选择合适的目标物理机进行虚拟机迁移,其中空闲空间最少且足够托管该任务的物理机将会被优先选择。

在目标物理机的选择过程中,满足迁移条件的物理机可能有多台。在这种情况下,需要根据性能衰减值的计算公式来评估选择不同的目标物理机所引起的性能衰减值,并选择性能衰减值最小的物理机作为目标物理机,完成虚拟机迁移策略的设计。如果某台物理机上的所有虚拟机均能够找到目标物理机进行迁移,那么此物理机上的虚拟机迁移策略组合就是一个迁移组合。

单个迁移组合产生后,对于尚未关闭的物理机同样按照空闲虚拟机的数量进行降序排列,然后对具有最大空闲空间的物理机进行操作,并按照迁移组合的生成思想生成另外一个迁移组合。以此类推,迭代生成虚拟机迁移组合,直到所有的虚拟机不能够再发生迁移。在迁移策略的获取中,当前迁移组合是基于前一迁移组合生成的。因此,按序产生的迁移组合将作为新的迁移组合用于后续效用值的计算。

(三) 全局虚拟机调度

在面向能耗和虚拟机性能权衡的虚拟机调度技术的设计中,需要对虚拟机迁移组合方案进行最终的判断和筛选,以确定最终的全局虚拟机调度方案。

在虚拟机调度过程中,需要确认当前虚拟机的操作时刻,此时间信息是生成虚拟机资源占用记录以及虚拟机迁移策略时不可或缺的元素。同时,根据虚拟机资源占用记录可以在任意时刻确定云数据中心物理机中空闲虚拟机的数量。在此基础上,可以有效地进行物理机的分类和选择,主要对云数据中心中可以进行虚拟机迁移的物理机进行了初步的筛选,并将筛选得到的物理机按照资源类型进行分类。当然,所有经过筛选所得的物理机均存在空闲空间,即部署在其上的虚拟机没有完全被占用。针对不同类型的物理机生成虚拟机迁移组合,进而为不同类型的物理机提供候选的虚拟机调度策略。

第四节 支持绿色云计算的科学工作流应用分析研究

近年来,云计算技术已经逐渐发展成为最受用户欢迎的资源提供方式之一。云数据中心的基础设施层采用集中式资源管理，用户可以按需获取所需的资源，并通过"现用现付"方式进行付费。云计算"弹性资源供给"的特征吸引越来越多的用户将应用部署到云平台上运行，包括商业应用和科学计算应用。云平台可以为科学计算应用按需、动态地提供执行所需要的计算资源和存储资源，而不需要用户投入硬件成本以及管理成本。因此，将科学计算应用部署到云平台上运行是当前科学计算应用发展的主流趋势。科学计算应用涵盖不同领域（例如：物理学、天文学、天文物理学、高能物理学、地质、气象等），大多数的科学计算应用可以通过科学工作流进行建模分析。

工作流是一类能够部分或者完全自动执行的业务过程，业务之间存在控制关系或者数据流向关系。科学工作流是工作流技术在科学计算应用方面的发展，是为了求解科学问题（即科学计算）进行的一系列结构化活动和计算过程。科学工作流主要面向数据处理，其计算过程主要包括对海量数据进行采集、分析和挖掘等。由于科学工作流具有规模大、复杂性高等特征，因此针对科学工作流执行的资源配置可以受益于大规模的云基础设施。科学工作流通常包含成百上千个任务，需要海量的计算资源提供执行保障，这些资源可以由云基础设施提供。然而，工作流中的任务与离散的独立任务不同，他们之间存在依赖性和数据通信，需要进行个性化的资源配置。因此，在虚拟化云环境下，需要针对科学工作流进行资源分配的研究。

云平台通常以虚拟机的形式为用户提供科学工作流执行所需的计算资源。一般情况下，云服务供应商面向用户提供不同类型的虚拟机实例，每种类型的虚拟机实例均包含多项配置参数，包括CPU、内存、硬盘等。由于科学工作流中的任务具有计算密集以及数据密集等特征，用户为科学工作流选择虚拟机资源时，需要租赁计算能力较高的CPU密集型虚拟机实例用于执行工作流中的子任务，以及存储优化型虚拟机实例用于存储所需要处理的数据。当前针对科学工作流执行过程的资源调度研究工作主要包括执行时间优化、QoS约束情况下的调度优化（QoS指标主要包括执行时间、成本等指标）、截止时间感知的成本优化等。然而在云环境下，科学工作流的执行需要消耗大量的硬件资源，且随着云数据中心硬件资源的不断膨胀，云平台的能耗问题变得日益突出。

当前，云平台的能耗问题已经受到世界范围内的普遍关注。在云数据中心中，大量的能源被用于运行服务器、处理器的制冷风扇、控制台、监视器、网络设备、照明系统和制冷系统等。此外，云数据中心的能源消耗主要依赖于煤炭发电，因此数据中心电力消耗通常伴随产生二氧化碳的排放，加剧了全球温室效应。据估计，数据中心产生的二氧化碳占全球二氧化碳排放量的2%。为了实现数据中心节能减排，以节能的方式在单个云平台内部或者跨云平台部署科学工作流变得尤为重要。基于上述的描述，如何实现支持绿色云计算的科学工作流应用部署是一个重要的技术挑战。

一、面向科学工作流应用的高能效资源分配问题描述与分析

工作流模型通常可以分为顺序型工作流模型和非顺序型工作流模型。现有的研究

成果显示，无论何种工作流模型均可以被转化为顺序型工作流模型执行，因此，在引出研究动机的过程中，选用顺序工作流模型作为示例。

一般情况下，云环境下通常需要同时运行多个并发的科学工作流。在不失一般性的前提条件下，以两个科学工作流的并发执行为例，考虑多科学工作流执行情况下的资源分配问题。在此示例中需要考虑任务是否能够并发执行，而虚拟化技术可以有效地支持单个物理机上任务的并发执行。在本示例中，所有虚拟机均设定为具有相同的配置（包括：CPU、内存、硬盘等）的资源块。假设 3 台物理机上可以部署的虚拟机数量分别为：2、3、4。对于同一时刻执行的两个任务 t_1 和 t_4，资源需求量化为请求虚拟机的数量，分别为：1 和 2。在这种情况下，由于总的资源需求量大于物理机 pm_1 上可容纳的虚拟机数量，不能够直接根据上述的第二种分配方案简单地将任务 t_1 和 t_4 分配到物理机 pm_1 上。故而需要为两个工作流设计一种更为合理的资源分配方案，使得物理机的整体运行能耗最低。

在云环境下，用于科学计算的云服务平台需要为大量并发执行的科学工作流进行资源分配。通常情况下，科学工作流具有不同的规模并且工作流中每个子任务所需求的资源量也不相同。QoS 增强的资源调度方法和能耗与性能权衡的资源调度技术主要考虑虚拟机动态运行中的能耗优化和性能优化，而针对科学工作流进行资源分配时，还需要考虑科学工作流的个性化服务请求。因此，如何实现支持绿色云计算的科学工作流应用实现是云数据中心所面临的一个重要挑战。

二、针对科学工作流执行的能耗感知的资源分配方法

步骤 1：起始时间分片。科学工作流中包含海量的任务，这些任务具有不同的起始执行时间。为了获得高效的分配策略，需要对提交云平台执行的科学工作流的子任务按照起始执行时间进行分片。

步骤 2：物理机资源监控。科学工作流的资源分配本质上是为了满足任务的资源需求而进行的虚拟机静态放置与动态调度。因此，需要实时监控物理机上虚拟机（即资源块）的使用情况。通过对物理机进行资源监控，云平台资源管理系统可以获取任意时刻、任意物理机上空闲虚拟机的数量。

步骤 3：基于实时迁移技术的资源分配。利用实时迁移技术整合空闲的虚拟机资源，进而为同一时间片中的任务请求按需进行动态资源分配。通过本步骤的处理，每个时间片中的任务请求均可以获取高能效的资源分配方案。

步骤 4：能耗感知的全局资源分配。步骤 3 中基于实时迁移技术的资源分配可以为单个时间片中的任务请求提供高能效的资源分配方案。在此基础上，本步骤主要实现在部分任务完成时刻动态调整全局资源分配方案，并通过物理机的动态模式切换，进一步降低科学工作流执行所产生能耗。

云计算环境下，任务执行所产生的能耗主要包括：物理机的基础能耗、运行虚拟机的能耗、空闲虚拟机的能耗、虚拟机之间的通信能耗以及物理机模式切换的操作能耗。科学工作流执行所产生的能耗主要来源于其子任务的执行以及数据通信。因此，

能耗模型对估算科学工作流执行所产生的能耗同样适用。根据能耗分析和计算，针对支持绿色云计算的科学工作流应用进行实例分析，并提出了一种针对工作流执行的能耗感知的资源分配方法。

（一）起始时间分片算法

云平台可以同时响应多个并发科学工作流的资源请求。假设云资源管理系统接收到来自不同用户提交的多个科学工作流，共包含 W 个子任务。为了使科学工作流高效、稳定运行，需要为所有的子任务按需分配资源。假设任务的资源需求是定量的，且可以通过虚拟机数量来衡量，任务在请求资源时可以立刻获得响应并开始任务的执行，即为任务的起始执行时间。由此，任务请求可以具体描述为任务的起始执行时间、任务对虚拟机资源的占用时间以及任务所需占用的虚拟机数量。

由于科学工作流处于不同时空且数据中心的运行时间具有不同的精准度，因此，任务请求的时间属性需要进行统一校准。选用云管理系统的时间作为参照标准进行时间校对。任务请求集合进行时间校对后形成新的任务请求集合。

资源分配过程中，按照任务请求的起始执行时间越早越优先服务的原则进行资源分配。因此，需要对时间校准后的任务请求集合按照任务请求的起始执行时间进行排序。对于排序后的任务请求，定义时间片用于记录具有相同请求起始时间的任务请求。

（二）物理机资源监控

对时间分片所得的具有不同起始执行时间的时间片，云资源管理系统需要进行动态的虚拟机分配。故而需要对数据中心中所有的物理机进行资源监控，以获取任意时刻物理机上空闲虚拟机的数量。为了更好地监控物理机的运行，提出了资源分配表的概念。

资源分配表根据物理机响应任务请求的变化而发生动态更新操作。更新操作主要发生于下述两个场景：①任务请求被响应：当某一物理机上的一台或者多台虚拟机被分配以响应任务请求时，该物理机的资源分配表将会被更新，并产生相应的资源分配记录。②任务请求被迁移：当正在响应任务请求的虚拟机被迁移到其他物理机上运行时，该物理机上对应的资源分配记录同样会被更新，任务请求的资源占用时间将会根据实际服务状态进行动态调整。

（三）基于实时迁移技术的资源分配

实时迁移技术为迁移运行中的应用提供一种高效、可靠的保障机制，其可以实现虚拟机从一台物理机映射到另外一台物理机，并保障应用无中断运行。通过对物理机资源的监控，可以实时获取物理上空闲虚拟机的数量。在此基础上，将为在同一时刻请求分配资源的时间片设计一种基于实时迁移技术的资源分配策略。该资源分配策略充分利用 QoS 增强的虚拟机调度的核心思想，在资源分配阶段尽可能提升物理机的资源使用率，在分配阶段优化科学工作流执行所产生的能耗。

科学工作流中的子任务属于计算密集型任务，因此科学工作流的执行需要消耗大量 CPU 资源，且 CPU 所产生的能耗与负载密切相关，但能耗与负载并不是按比例增长。例如：单个满负载工作的 CPU 可能比两个负载为 50% 的 CPU 单位时间内的能耗高。然而，根据云数据中心能耗的分析，工作流执行时将产生多个方面的能耗，包括物理机的基础能耗、运行虚拟机所产生的能耗、空闲虚拟机所产生的能耗、虚拟机之间的通信能耗、虚拟机镜像的传输能耗等。物理机的基础能耗占据物理机峰值能耗的 60%。物理机的基础能耗指的是物理机完全空闲的状态下，物理机所产生的能耗。在这种情况下，当某物理机能够托管整个应用时，只需开启该物理机，而不需要开启多台物理机，进而使得整体的物理机基础能耗降低。

在关于 QoS 增强的资源调度方法研究工作中，通过能耗感知的虚拟机调度，可以使得数据中心中运行的物理机数量最优，实现云数据中心高效节能。提升物理机的资源利用率有利于降低科学工作流的整体执行能耗。由此，在针对时间片内的任务请求进行虚拟机分配过程时，为了获得高能效的资源分配策略，需要考虑物理机的资源利用率。

通过虚拟机实时迁移技术，云数据中心可以获得较高的资源使用率。一般情况下，迁移操作不会对运行在虚拟机上的应用执行性能产生影响，特别是在同一数据中心内部进行虚拟机迁移，虚拟机中断时间可以忽略不计。因此，对于发生在同一数据中心甚至同个机架内虚拟机迁移操作，不考虑虚拟机中断的影响，并给出虚拟机迁移"零中断"的假设。

当对科学工作流的子任务请求进行资源分配时，所请求的虚拟机放置方式有两种：①所请求的虚拟机位于同一物理机；②所请求的虚拟机位于不同的物理机。在第二种虚拟机放置方式中，任务请求会在不同的物理机之间产生通信开销。通信开销可能会带来额外的时间开销，进而影响科学工作流的执行效率。在虚拟机调度的研究工作中，单个任务请求的所有虚拟机资源在虚拟机调度操作时需要同时被迁移和放置。因此，这里假设科学工作流中单个子任务请求的所有虚拟机资源均放置于同一个物理机上。且迁移操作发生时，虚拟机资源将同时被迁移至其他物理机上运行。

由于物理机的主要能耗来源于物理机的基础能耗，因此，对于同时能够满足任务请求和资源需求的两种不同规格的物理机，优先选用基础能耗率低的物理机。设计的目标物理机选择方式与 QoS 增强的资源调度方法在能耗优化操作中选择物理机的方式类似。将物理机列表按照基础能耗率的大小进行升序排列，排列后的物理机列表记作 SP。

对于单个时间片而言，其总资源需求量是一定的。当时间片中的任务请求到达云平台时，云平台中已存在部分处于运行状态的物理机。为了实现最优化资源利用率以及尽可能降低能耗的资源调度目标，需要尽可能利用处于运行状态的物理机上的空闲资源。合理地分配和利用空闲资源有助于构建绿色数据中心，降低物理机的运行成本。

为了实现任务请求的动态资源分配,需要设计相应的智能算法应对动态伸缩的资源请求。科学工作流的资源分配问题本质上是虚拟机放置问题。根据支持绿色云计算的资源调度关键技术的描述与分析,虚拟机放置策略的获取过程可以看作是对经典装箱问题的求解过程。将运行的任务以及新到达的任务作为装箱的物品,将运行的物理机作为箱子。将运行中的任务请求以及新到达的任务请求合并为新的任务请求集合。装箱策略主要是基于 BFD 方法。NS 中的任务请求需要按照请求虚拟机数量的多少进行降序排列。使用 BFD 方法进行资源分配的核心思想是:在为每个任务请求进行资源分配时,选择具有最少空闲虚拟机并且能满足该任务请求资源需求的物理机进行虚拟机分配。

按照上述资源分配方案,时间片中所有的任务请求将全部实现资源分配,但是上述处理过程并不一定能够满足所有任务请求的资源需求。假设,只有一个新到达的任务请求,其资源需求量为9。此时,空闲虚拟机的总量仍然满足该资源需求。但是无论如何迁移,都无法满足该任务的资源需求。在这种情况下,需要开启具有更多资源的(能耗率更高的)物理机响应该任务请求。资源分配完成后,资源分配表和资源分配策略需要做相应的更新,便于下一时刻到达的任务请求进行资源分配。

(四) 能耗感知的全局资源分配

主要为科学工作流中的子任务提供全局的能耗感知的资源分配策略。该策略旨在为并发执行的科学工作流提供高能效的虚拟机调度。基于实时迁移技术的资源分配方法可以为分类所得的各个时间片中的任务请求进行能耗感知的资源分配。为了获取更加节能的资源分配策略,将对给出的分配策略进行动态调整。在进行能耗感知的全局资源分配中,主要引入支持绿色云计算的能耗与性能权衡的资源调度技术,对按虚拟机进行动态调度,进一步降低科学工作流执行所产生的能耗。

对于时间片集合 TP 中连续的两个时间片 tp_z 和 tp_{z+1},其任务请求的起始执行时间分别记作 si_z 和 Si_{z+1}。在时间区间 (si_z, si_{z+1}] 内,时间片 tp_z 会进行资源分配。由此,对每个任务进行跟踪,确认完成时间落于区间 (si_z, si_{z+1}] 的所有任务请求,然后对此区间内的所有任务请求按照任务的完成时间进行升序排列,并在每个任务完成时刻动态调整现有的资源分配策略。由于任务请求的虚拟机服务时间不同,所以租赁的虚拟机也会在科学工作流执行周期内动态地释放资源。为了实现科学工作流在执行过程中的能耗优化目标,需要考虑虚拟机资源的动态释放环节。

在每个任务执行完成后,对运行中任务的资源分配策略进行动态调整,主要使用支持绿色云计算的能耗与性能权衡的资源调度技术和基于实时迁移技术的资源分配算法。资源调度技术主要用于调整虚拟机的分布,进而在资源动态分配中实现能耗与性能之间的权衡。将当前运行的任务以及新到达的时间片中的任务请求作为物品,同时选取当前运行的物理机作为箱子;然后利用 BFD 算法进行资源分配调整;最后,对尚未成功分配的任务选取合适的物理机进行托管。该操作旨在提升系统的平均资源使用率，并用较少的服务器响应动态的任务请求，进而降低工作流执行的整体能耗。

在支持绿色云计算的资源调度关键技术中，将云数据中心中物理机设为三种状态：工作模式、空闲模式和休眠模式。为了节约能耗，物理机不是一直处于工作状态，而是在这三种状态之间动态切换。在执行科学工作流的过程中，物理机模式切换主要包括以下2种场景：①当对时间片进行资源分配时，如果需要使用处于休眠模式的物理机，则将该物理机由休眠模式切换到工作模式；②当对虚拟机进行动态资源分配时，部分处于工作模式的物理机需要切换到空闲模式或者休眠模式。在工作流执行周期内，每个物理机的运行模式均需要动态调整，因此需要为物理机设计模式切换策略。

模式切换策略可以根据资源分配表中物理机资源的使用情况来进行设计。首先，需要确认任务请求运行的时间段；然后，针对每个时间段，确认物理机模式切换操作的起始时间和结束时间（起始时间为物理机设置为工作模式的时间，结束时间为物理机设置为空闲模式的时间）；最后，根据物理机空闲模式下能耗率的计算表达式确认空闲模式下的物理机的能耗率，进而判断处于空闲模式的物理机是否应该切换为休眠模式。

第七章

物联网及云计算产业在交通运输中的应用

第一节 交通物联网主要关键技术

一、数据采集技术

(一) RFID

1. RFID 概述及工作原理

射频识别技术（RFID，Radio Frequency Identification）是一种非接触的自动识别技术，基本原理是利用射频信号和空间耦合（电感或电磁耦合）或雷达反射的传输特性，实现对被识别物体的自动识别并获取相关数据。识别工作无须人工干预，可工作于各种恶劣环境。RFID 技术可同时识别高速运动物体和多个标签，操作快捷方便。在感知层中最重要的技术就是 RFID 技术，它对物联网的实现起着决定性的作用。

最基本的 RFID 系统由四部分组成，即标签、读取器、天线和应用软件系统。电子标签是射频识别系统的数据载体，由标签天线和标签专用芯片组成。RFID 阅读器（读写器）通过天线与 RFID 电子标签进行无线通信，可以实现对标签识别码和内存数据的读出或写入操作。典型的阅读器由高频模块（发送器和接收器）、控制单元、阅读器天线以及接口单元组成。

其基本工作流程为：阅读器通过发射天线发送一定频率的射频信号，当射频卡进入发射天线工作区域时产生感应电流，射频卡获得能量被激活；射频卡将自身编码等信息通过卡内置发射天线发送出去；系统接收天线接收到从射频卡发送来的载波信号，经天线调节器传送到阅读器，阅读器对接收的信号进行解调和解码后送到后台主系统进行相关处理；主系统根据逻辑运算判断该卡的合法性，针对不同的设定做出相应的处理和控制，发出指令信号控制执行机构动作。

射频识别系统的基本工作方式分为全双工、半双工和时序（SEQ）系统。全双工表示射频标签与读写器之间可在同一时刻互相传送信息。半双工表示射频标签与读写器之间可以双向传送信息，但在同一时刻只能向一个方向传送信息。

在全双工和半双工系统中，射频标签的响应是在读写器发出的电磁场或电磁波的情况下发送出去的。因为与阅读器本身的信号相比，射频标签的信号在接收天线上是很弱的，所以必须使用合适的传输方法，以便把射频标签的信号与阅读器的信号区别开来。在实践中，人们对从射频标签到阅读器的数据传输一般采用负载反射调制技术将射频标签数据加载到反射回波上（尤其是针对无源射频标签系统）。

时序方法则与之相反，阅读器辐射出的电磁场短时间周期性地断开。这些间隔被射频标签识别出来，并被用于从射频标签到阅读器的数据传输。其实，这是一种典型的雷达工作方式。时序方法的缺点是：在阅读器发送间歇时，射频标签的能量供应中断，这就必须通过装入足够大的辅助电容器或电池进行补偿。

2. RFID 在交通运输中的应用

RFID 技术在交通运输行业有着广泛的应用，如智能交通领域、物流领域等。目前典型应用包括道路运政管理、水路运政管理、港口管理及海事管理、高速公路联网收费与不停车收费、多路径识别、车辆管理、集装箱管理、船舶管理、货物管理、堆场管理等。

（1）电子不停车收费

以瑞典的斯德哥尔摩为例，这里的交通拥堵问题较为严重，是通过采用交通收费系统来缓解道路拥堵的问题。收费系统通过自动识别车身上安装的 RFID 标签，根据不同时段对通过的车辆进行收费，高峰时段多收费，其他时段少收费。道路收费系统对缓解斯德哥尔摩的交通拥堵问题和提高市民的生活总体质量起到了立竿见影的作用。

高速公路自动收费系统是 RFID 技术最成功的应用之一。目前中国的高速公路发展非常快，地区经济发展的先决条件就是有便利的交通条件，而高速公路收费却存在着收费员贪污路费及交通拥堵等一些问题。RFID 技术应用在高速公路自动收费上能够充分体现它非接触识别的优势，让车辆高速通过收费站的同时自动完成收费，同时也解决了贪污和拥堵的问题。

（2）电子营运证

据悉，上海出租汽车行业的出租车将全部安装电子营运证，其相当于营运证副证。与原纸质的营运证副证相比，电子营运证的芯片内记载着车辆号、营运公司、车型等信息，成为出租车唯一的电子"身份证"。利用电子标签的防伪性、专有性及快速读取、可识别等特点，交通执法和公安人员将能有效打击"克隆车""套牌车"等非法营运"黑车"。

（3）集装箱运输、场站（港口）及枢纽管理

基于 RFID 的集装箱管理系统能够对集装箱运输的物流和信息流进行实时跟踪，从而消除集装箱在运输过程中可能产生的错箱、漏箱事故，加快通关速度，提高运输安全性和可靠性，从而全面提升集装箱运输的服务水平。典型的基于 RFID 的应用方案应该包括硬件系统和软件系统两个方面，硬件系统由 RFID 自动识别系统和通信系统组

成，软件系统包括 RFID 信息管理系统和与之整合的港口集装箱管理系统。集装箱上的电子标签可以记录固定信息，包括序列号、箱号、持箱人、箱型、尺寸等，还可以记录可改写信息，如货品信息、运单号、起运港、目的港、船名航次等。集装箱 RFID 自动识别系统完成装箱点数据输入、集装箱信息实时采集和自动识别；通信系统完成数据无线传输；集装箱信息管理系统完成对集装箱信息的实时处理和管理，能完成数据统计与分析，向客户提供集装箱信息查询服务。而港口集装箱管理系统可以监测、记录经过道口的集装箱、拖运车辆、事件发生时间、操作人员、集装箱堆放位置等信息，具有形象的 2D 集装箱堆场地图和放箱、找箱功能。

在集装箱运输方面，利用 RFID 技术对进出港区的集装箱车辆进行自动识别，可有效提高闸口通过速度，减少集疏港作业的拥堵现象，体现了管理智能化、物流可视化、信息透明化的理念和发展趋势。

（4）铁路车号自动识别

铁路车号自动识别系统是在所有铁路机车、货车上安装电子标签，在所有区段站、编组站、大型货运站和分界站设置地面识别设备，在车站信息中心机房配置专门计算机以建立车站集中管理系统，并在铁路管理部门建立铁路运输管理信息系统。铁路车号自动识别系统与车站集中管理系统保持实时通信联系、时间校对，接收车站集中管理系统的查询报文，并根据查询要求发送应答报文或者过车报文，完成在待机状态下的设备监测和过车数据传送。当有列车通过时，系统采集过车信息，形成过车数据，然后经车站集中管理系统计算机处理后为铁路运输管理信息系统等提供列车、车辆、集装箱实时追踪。由于车速较快，铁路车号自动识别系统属于高频系统。

（二）卫星定位技术

卫星定位技术是使用卫星对某物进行准确定位的技术，可以实现导航、定位、授时等功能，用来引导飞机、船舶、车辆以及个人安全、准确地沿着选定的路线，准时到达目的地，还可以应用到手机等设备。目前，卫星定位技术主要包括全球定位系统（GPS，Global Positioning System）、北斗、格罗纳斯和伽利略 4 大系统。

1. 卫星定位系统概述

（1）GPS

GPS 可以为地球表面绝大部分地区（98%）提供准确的定位、测速和高精度的时间标准。系统由美国国防部研制和维护，可满足位于全球任何地方或近地空间的军事用户连续精确的确定三维位置、三维运动和时间的需要。利用 GPS 定位卫星，可以在全球范围内实现实时定位、导航等功能。GPS 功能必须具备 GPS 终端、传输网络和监控平台三个要素，可以提供车辆定位、防盗、反劫、行驶路线监控及呼叫指挥等功能。

（2）北斗卫星导航系统

北斗卫星导航系统是继美国的全球定位系统（GPS）和俄罗斯的 GLONASS（格罗纳斯）之后第三个成熟的卫星导航系统。北斗卫星导航系统是中国自行研制开发的区域性有源三维卫星定位与通信系统（CNSS），可在全球范围内全天候、全天时为各类用户提供高精度和高可靠性的定位、导航、授时服务，并兼具短报文通信能力。

北斗卫星导航系统由空间端、地面端和用户端三部分组成，可在全球范围内全天候、全天时为各类用户提供高精度、高可靠的定位、导航、授时服务，并兼具短报文通信能力。

空间端包括 5 颗静止轨道卫星和 30 颗非静止轨道卫星。

地面端包括主控站、注入站和监测站等若干个地面站。

用户端由北斗用户终端以及与美国 GPS、俄罗斯格罗纳斯（GLONASS）、欧洲伽利略（GALILEO）等其他卫星导航系统兼容的终端组成。

（3）其他定位系统

格罗纳斯系统又称 GLONASS 全球导航卫星系统，是由俄罗斯研发的卫星导航系统，类似于美国的全球定位系统（GPS）、中国的北斗卫星定位系统及欧盟的伽利略定位系统。该系统由苏联组建，现在由俄罗斯政府负责运营。

伽利略定位系统（Galileo）是欧盟一个正在建造中的卫星定位系统，有"欧洲版GPS"之称，也是继美国现有的"全球定位系统"（GPS）、俄罗斯的格罗纳斯（GLO-NASS）系统及中国的北斗卫星导航系统外，第四个可供民用的定位系统。

2. GPS 在交通运输中的应用

（1）车载 GPS

当通过硬件和软件做成 GPS 定位终端用于车辆定位的时候，称为车载 GPS，但光有定位还不行，还要把这个定位信息传到报警中心或者车载 GPS 持有人那里，我们称之为第三方。所以 GPS 定位系统中还包含了网络通信（手机通信），通过网络用短信的方式把卫星定位信息发送到第三方。通过微机解读短信电文，在电子地图上显示车辆位置，这样就实现了车载 GPS 定位。

与此同时，在车上安装相应的探测传感器，利用车载 GPS 定位的网络通信功能，同样能把防盗报警信息发送到第三方，或者把这个报警电话、短信直接发送到车主手机上，完成车载 GPS 防盗报警。这里可以看出，车载 GPS 定位的网络部分实际上是一个智能手机，可以和第三方互相通信，还可以把车辆被抢、司机被劫、被绑架等信息发送到第三方，所以说车载 GPS 是定位、防盗、防劫的。

（2）GPS 在汽车导航和交通管理中的应用

汽车导航系统是在 GPS 基础上发展起来的一门新型技术，是由 GPS 导航、自律导航、微处理器、车速传感器、陀螺传感器、CD-ROM 驱动器、LCD 显示器等组成。

通过 S 卫星信号（三颗以上），求出该点的经纬度坐标、速度、时间等信息，进行 GPS 定位。为了提高汽车导航定位精度，通常采用差分 GPS 技术。当汽车行驶到高速公路、地下隧道、高层楼群等遮掩物而搜索不到 GPS 卫星信号时，系统可自动导入自律导航系统，这时由车速传感器检测出汽车的行进速度，通过微处理单元的数据处理，从速度和时间中直接计算出行进的距离，陀螺传感器直接检测出前进的方向，陀螺仪还可自动存储各种数据，即使在因更换轮胎等原因暂时停车时，系统也能够重新设定。

由 GPS 卫星导航和自律导航所测到的汽车位置坐标数据、行进的方向都会与实际行驶的路线轨迹存在一定误差，为了修正这两者的误差，与地图上的路线统一，需要采用地图匹配技术，加一个地图匹配电路，对汽车行驶的路线和电子地图上道路误差进行实时相关匹配，自动修正，这时地图匹配电路是通过微处理单元的整理程序进行快速处理，得到汽车在电子地图上的准确位置，以指示出准确行驶路线。CD-ROM 用于存储道路数据等信息，LCD 显示器用于显示导航的相关信息。

GPS 导航系统与电子地图、无线电通信网络和计算机车辆管理信息系统相结合，可实现车辆跟踪与交通管理等诸多功能，这些功能主要包括：

① 车辆跟踪：通过车载 GPS 接收机，使驾驶员能够随时知道自己的具体位置。通过车载电台将 GPS 定位信息发送给调度指挥中心，调度指挥中心便可随目标移动，及时掌握各车辆的具体位置，并在大屏幕电子地图上显示出来，还能实现多窗口、多车辆、多屏幕同时跟踪。利用该功能可对重要车辆及货物进行跟踪运输，能促进交通管理及物流事业的快速发展。

② 话务指挥：指挥中心能够监测区域内车辆运行状况，对被监控车辆进行合理调度。指挥中心还能随时与被跟踪目标通话，进行实时管理。

③ 紧急援助：通过 GPS 定位及监控管理系统能够对发生事故或遇有险情的车辆进行紧急援助。监控台的电子地图显示报警目标和求助信息，规划最优援助方案，并以报警声光提醒值班人员进行应急处理。

④ 信息查询：为用户提供主要物标，如旅游景点、宾馆、医院等数据库，用户可以在电子地图上根据需要进行查询。查询的资料能以文字、语言和图像的形式显示，并在电子地图上显示其位置。同时，监测中心能够利用监测控制台对区域内的任意目标所在位置进行查询，车辆信息将以数字形式在控制中心的电子地图上显示出来。

⑤ 提供出行路线规划和导航：是汽车导航系统的一项重要辅助功能，它包括人工线路设计和自动线路规划。人工线路设计是由驾驶者根据自己的目的地设计起点、终点和途经点等，自动建立线路库。自动线路规划是由驾驶者确定起点和目的地，由计算机软件按要求自动设计最佳行驶路线，包括最快的路线、最简单的路线、通过高速公路路段次数最少的路线等的计算。线路规划完毕后，显示器可在电子地图上显示设计线路，并同时显示汽车运行路径与运行方法。

（三）车辆 CAN 总线

1. CAN 总线概述

控制器局域网络（CAN，Controller Area Network）总线属于现场总线的范畴，它是一种有效支持分布式控制或实时控制的串行通信网络。

CAN 最初是由德国的 BOSCH 公司为汽车监测、控制系统而设计的。现代汽车越来越多地采用电子装置控制，如发动机的定时、注油控制，加速、刹车控制（ASC）及复杂的抗锁定刹车系统（ABS）等。由于这些控制需检测及交换大量数据，采用硬接信号线的方式不但烦琐、昂贵，而且难以解决问题，采用 CAN 总线上述问题便得到很好的解决。CAN 总线最终成为国际标准，是国际上应用最广泛的现场总线之一。

在北美和西欧，CAN 总线协议已经成为汽车计算机控制系统和嵌入式工业控制局域网的标准总线，并且拥有以 CAN 为底层协议专为大型货车和重工机械车辆设计的 J1939 协议。近年来，其所具有的高可靠性和良好的错误检测能力受到重视，被广泛应用于汽车计算机控制系统和环境温度恶劣、电磁辐射强和振动大的工业环境。

与一般的通信总线相比，CAN 总线的数据通信具有突出的可靠性、实时性和灵活性。由于其良好的性能及独特的设计，CAN 总线越来越受到人们的重视。它在汽车领域上的应用是最广泛的，世界上一些著名的汽车制造厂商，如 BENZ（奔驰）、BMW（宝马）、PORSCHE（保时捷）、ROLLS－ROYCE（劳斯莱斯）和 JAGUAR（美洲豹）等都采用了 CAN 总线来实现汽车内部控制系统与各检测和执行机构间的数据通信。

CAN 总线特点包括：

第一，可以多主方式工作，网络上任意一个节点均可以在任意时刻主动地向网络上的其他节点发送信息，而不分主从，通信方式灵活。

第二，网络上的节点（信息）可分成不同的优先级，可以满足不同的实时要求。

第三，采用非破坏性位仲裁总线结构机制，当两个节点同时向网络上传送信息时，优先级低的节点主动停止数据发送，而优先级高的节点可不受影响地继续传输数据。

第四，可以采用点对点、一点对多点（成组）及全局广播几种传送方式接收数据。

第五，直接通信距离最远可达 10km（速率 5kbit/s 以下）。

第六，通信速率最高可达 1Mbit/s（此时距离最长 40m）。

第七，节点数实际可达 110 个。

第八，采用短帧结构，每一帧的有效字节数为 8 个。

第九，每帧信息都有 CRC 校验及其他检错措施，数据出错率极低。

第十，通信介质可采用双绞线，同轴电缆和光导纤维，一般采用廉价的双绞线即可，无特殊要求。

第十一，节点在错误严重的情况下，具有自动关闭总线的功能，切断它与总线的联系，以使总线上的其他操作不受影响。

2. CAN 总线技术原理

(1) CAN－BUS 系统组成

CAN－BUS 系统由 CAN 收发器、数据传输终端和数据传输线组成。

CAN 收发器：安装在控制器内部，同时兼有接受和发送的功能，将控制器传来的数据转化为电信号并将其送入数据传输线。

数据传输终端：是一个电阻，防止数据在线端被反射以回声的形式返回而影响数据的传输。数据传输线：双向数据线，由高低双绞线组成。

CAN 总线采用双绞线自身校验的结构，既可以防止电磁干扰对传输信息的影响，也可以防止本身对外界的干扰。系统中采用高低电平两根数据线，控制器输出的信号同时向两根通讯线发送，高低电平互为镜像，并且每一个控制器都增加了终端电阻，以减少数据传送时的过调效应。

原则上 CAN 总线用一条导线就足以满足功能要求，但该总线系统上还是配备了第二条导线。在此导线上，信号是按相反顺序传送的，这样可有效抑制外部干扰。

(2) CAN 协议规范

CAN 为串行通信协议，能有效地支持具有很高安全等级的分布实时控制。CAN 的应用范围很广，从高速的网络到低价位的多路接线都可以使用 CAN。在汽车电子行业里，使用CAN连接发动机控制单元、传感器、防刹车系统等，其传输速度可达1Mbit/s。同时，可以将CAN安装在卡车本体的电子控制系统里，诸如车灯组、电气车窗等，用以代替接线配线装置。

技术规范的目的是为了在任何两个CAN仪器之间建立兼容性。但是，兼容性有不同的方面，比如电气特性和数据转换的解释。为了达到设计透明度以及实现灵活性，根据ISO/OSI参考模型，CAN 2.0规范细分为以下不同的层次：数据链路层和物理层。

逻辑链路控制子层（LLC）的作用范围包括：

① 为远程数据请求和数据传输提供服务。

② 确定由实际要使用的LLC子层接收哪一个报文。

③ 为恢复管理和过载通知提供手段。

MAC子层是CAN协议的核心，它把接收到的报文提供给LLC子层，并接收来自LLC子层的报文。它的作用主要是传送规则，也就是控制帧结构、执行仲裁、错误检测、出错标定、故障界定。位定时的一些普通功能也可以看作是MAC子层的一部分。物理层的作用是在不同节点之间根据所有的电气属性进行位的实际传输。

二、数据传输技术

（一）5G移动通信技术

1. 5G概述

第五代移动通信技术（5th Generation Mobile Communication Technology，简称5G）是具有高速率、低时延和大连接特点的新一代宽带移动通信技术，是实现人机物互联的网络基础设施。

国际电信联盟（ITU）定义了5G的三大类应用场景，即增强移动宽带（eMBB）、超高可靠低时延通信（uRLLC）和海量机器类通信（mMTC）。增强移动宽带（eMBB）主要面向移动互联网流量爆炸式增长，为移动互联网用户提供更加极致的应用体验；超高可靠低时延通信（uRLLC）主要面向工业控制、远程医疗、自动驾驶等对时延和可靠性具有极高要求的垂直行业应用需求；海量机器类通信（mMTC）主要面向智慧城市、智能家居、环境监测等以传感和数据采集为目标的应用需求。

为满足5G多样化的应用场景需求，5G的关键性能指标更加多元化。ITU定义了5G八大关键性能指标，其中高速率、低时延、大连接成为5G最突出的特征，用户体验速率达1Gbps，时延低至1ms，用户连接能力达100万连接/平方公里。

2. 关键技术

（1）5G无线关键技术

5G国际技术标准重点满足灵活多样的物联网需要。在OFDMA和MIMO基础技术上，5G为支持三大应用场景，采用了灵活的全新系统设计。在频段方面，与4G支持中低频不同，考虑到中低频资源有限，5G同时支持中低频和高频频段，其中中低频满足覆盖和容量需求，高频满足在热点区域提升容量的需求，5G针对中低频和高频设计了统一的技术方案，并支持百MHz的基础带宽。为了支持高速率传输和更优覆盖，5G

采用 LDPC、Polar 新型信道编码方案、性能更强的大规模天线技术等。为了支持低时延、高可靠，5G 采用短帧、快速反馈、多层/多站数据重传等技术。

(2) 5G 网络关键技术

5G 采用全新的服务化架构，支持灵活部署和差异化业务场景。5G 采用全服务化设计，模块化网络功能，支持按需调用，实现功能重构；采用服务化描述，易于实现能力开放，有利于引入 IT 开发实力，发挥网络潜力。5G 支持灵活部署，基于 NFV/SDN，实现硬件和软件解耦，实现控制和转发分离；采用通用数据中心的云化组网，网络功能部署灵活，资源调度高效；支持边缘计算，云计算平台下沉到网络边缘，支持基于应用的网关灵活选择和边缘分流。通过网络切片满足 5G 差异化需求，网络切片是指从一个网络中选取特定的特性和功能，定制出的一个逻辑上独立的网络，它使得运营商可以部署功能、特性服务各不相同的多个逻辑网络，分别为各自的目标用户服务，目前定义了 3 种网络切片类型，即增强移动宽带、低时延高可靠、大连接物联网。

(二) Wi-Fi

无线保真（Wi-Fi，Wireless Fidelity）是一种短程无线传输技术，能够在数百米范围内支持互联网接入的无线电信号。它是由 AP（Access Point）和无线网卡组成的无线网络。可以将个人电脑、手持设备（如 PDA、手机）等终端以无线方式互相连接。

IEEE 802.11 是 IEEE 最初制定的一个无线局域网标准，主要用于解决办公室局域网和校园网中用户与用户终端的无线接入，业务主要限于数据存取，速率最高只能达到 2 Mbit/s。

802.11x 协议族介绍如下：

1. 802.11a

802.11a（Wi-Fi5）标准工作在 5GHz U-NⅡ频带，采用 OFDM 技术，物理层速率可达 54Mbit/s，传输层可达 25Mbit/s。可提供 25Mbit/s 的无线 ATM 接口和 10Mbit/s 的以太网无线帧结构接口，以及 TDD/TDMA 的空中接口；支持语音、数据、图像业务；一个扇区可接入多个用户，每个用户可带多个用户终端。

802.11a 是一个非全球性的标准，与 802.11b 后向不兼容。

2. 802.11b

工作在 2.4GHz 的频段，2.4GHz 的 ISM 频段为世界上绝大多数国家通用，因此 802.11b 得到了最为广泛的应用。它的最大数据传输速率为 11Mbit/s，无须直线传播。在动态速率转换时，如果射频情况变差，可将数据传输速率降低为 5.5Mbit/s、2Mbit/s 和 1Mbit/s。支持的范围是在室外为 300m，在办公环境中最长为 100m。802.11b 使用与以太网类似的连接协议和数据包确认，来提供可靠的数据传送和网络带宽的有效使用。与 802.11a 不兼容。

3. 802.11e

802.11e 是 IEEE 为满足服务质量（QoS）方面的要求而制订的 WLAN 标准。在一些语音、视频等的传输中，QoS 是非常重要的指标。在 802.11MAC 层，802.11e 加入了 QoS 功能，它的分布式控制模式可提供稳定合理的服务质量，而集中控制模式可灵活支持多种服务质量策略,让影音传输能及时、定量保证多媒体的顺畅应用,WIFI 联盟将此称为 WMM(Wi-Fi Multimedia)。

4. 802.11f

802.11f 追加了 IAPP(Inter-Access Point Protocol)协定,确保用户端在不同接入点间的漫游,让用户端能平顺、无形地切换存取区域。802.11f 标准确定了在同一网络内接入点的登录,以及用户从一个接入点切换到另一个接入点时的信息交换。

5. 802.11g

802.11g 是为了提高传输速率而制定的标准,它采用 2.4GHz 频段,使用 CCK 技术与 802.11b(Wi-Fi)后向兼容,同时它又通过采用 OFDM 技术支持高达 54Mbit/s 的数据流,所提供的带宽是 802.11b 的 1.5 倍。从 802.11b 到 802.11g,可发现 WLAN 标准不断发展的轨迹:802.11b 是 WLAN 标准演进的基石,未来许多的系统大都需要与 802.11b 后向兼容。

可以看出,在 802.11g 和 802.11a 之间存在与 Wi-Fi 兼容性上的差距,为此出现了一种桥接此差距的双频技术——双模(Dual Band)802.11a+g(=b),它较好地融合了 802.11a/g 技术,工作在 2.4GHz 和 5GHz 两个频段,服从 802.11b/g/a 等标准,与 802.11b 后向兼容,使用户简单连接到现有或未来的 802.11 网络成为可能。

6. 802.11h

802.11h 是为了与欧洲的 HiperLAN2 相协调的修订标准,美国和欧洲在 5GHz 频段上的规划、应用上存在差异,这一标准的制订目的,是为了减少对同处于 5GHz 频段的雷达的干扰。

802.11h 涉及两种技术:

一种是动态频率选择(DFS),即接入点不停地扫描信道上的雷达,接入点和相关的基站随时改变频率,最大限度地减少干扰,均匀分配 WLAN 流量。

另一种技术是传输功率控制(TPC),为了避免功率过大造成对其他设施的干扰,可以控制传输功率的大小。

7. 802.11n

802.11n 是 802.11g Wi-Fi 协议的后续版本。

IEEE802.11n 工作小组由高吞吐量研究小组发展而来,并计划将 WLAN 的传输速率从 802.11a 和 802.11g 的 54Mbit/s 增加至 108Mbit/s 以上,最高速率可达 320Mbit/s,成为 802.11b、802.11a、802.11g 之后的另一个重要标准。和以往的 802.11 标准不同,802.11n 协议为双频工作模式(包含 2.4GHz 和 5.8GHz 两个工作频段),保障了与以往的 802.11a/b/g 标准兼容。

8. 802.11s

802.11s 制订与实现目前最先进的 MESH 网络,提供自主性组态,自主性修复等能力。无线网状网可以把多个无线局域网连在一起从而能覆盖一个大学校园或整个城市,当一个新接入点加入进来时,它可以自动完成安全和服务质量方面的设置。整个网状网的数据包会自动避开繁忙的接入点,找到最好的路由线。

9. 802.11R

802.11R 着眼于减少漫游时认证所需的时间,这将有助于支持语音等实时应用。

使用无线电话技术的移动用户必须能够从一个接入点迅速断开连接,并重新连接到另一个接入点。这个切换过程中的延迟时间不应该超过50ms,因为这是人耳能够感觉到的时间间隔。

Wi-Fi无线带宽接入技术特点包括:

第一,覆盖范围广:与"蓝牙"技术相比,其有效范围较广,网络的部署也比较容易。基于蓝牙技术的电磁波半径只有15m左右,而Wi-Fi的半径则可达100米左右。

第二,传输速度快:80第二,11n最高可达600Mbit/s,而80第二,11ac标准则甚至可达1Gbit/s。

第三,建网成本低:单个成本仅千元上下。厂商在机场、车站、咖啡店、图书馆等人员较密集的地方设置"热点"后,用户便可以接受其信号,高速接入因特网。

第四,应用范围广:不仅可用于电脑联网,还可广泛地应用于物联网节点的接入,甚至有人认为,在Wi-Fi技术的推动下,物联网将会与计算机互联网最终实现统一。

(三) IPv6

互联网技术发展至今,从个人电脑、智能手机到传感器等,所有设备的通信都需分配到一个唯一编号,即IP地址。IPv6采用128位(2^{128})地址长度,几乎可以不受限制地提供地址。按保守方法估算IPv6实际可用的IPv6数量,几乎可以给地球上的每个物体都分配到一个IP地址,这不但解决了网络地址资源数量的问题,同时也为物联网的发展提供了基础支持条件,即每个"物"都可以赋以独一无二的地址。

IPv6在物联网中的主要技术优势有:

1. IPv6在物联网寻址中的优势

IPv6采用无状态地址分配,网络设备不再需要保存节点的地址状态及维护地址的更新周期,这大大简化了地址分配的过程,能以极低的资源消耗来达到海量地址分配的目的。

无状态地址分配的基本思想是网络层不管理IPv6地址的状态,包括节点应该使用什么样的地址、地址的有效期有多长,且基本不参与地址的分配过程。节点设备连接到网络中后,将自动选择接口地址(通过算法生成IPv6地址的后64位),并加上FE80的前缀地址,作为节点的本地链路地址,本地链路地址只在节点与邻居之间的通信中有效,路由器设备将不路由以该地址为源地址的数据包。在生成本地链路地址后,节点将进行DAD(地址冲突检测),检测该节点地址是否有邻居节点已经使用,如果节点发现地址冲突,则状态地址分配过程将终止,节点将等待手工配置IPv6地址。如果在检测定时器超时后仍没有发现地址冲突,则节点认为该地址可以使用,此时终端将发送路由器前缀通告请求,寻找网络中的路由设备。当网络中配置的路由设备接收到该请求,则将发送地址前缀通告响应,将节点应该配置的IPv6地址的前64位地址前缀通告给网络节点,网络节点将地址前缀与接口地址组合,构成节点自身的全球IPv6地址。

2. IPv6对物联网节点移动性的支持

IPv6协议的设计充分考虑了对移动性的支持,并避免了移动IPv4网络中的三角路由问题。通过引入MIPv6,数据流量可以直接发送到移动节点,在MIPv6的网络中,传感器进行群切换时只需要向家乡代理注册，之后的通信完全由传感器和数据采集的设备之间直接进行，这样就可以使网络资源消耗的压力大大下降。因此，在大规模部署物联网应用特别是移动物联网应用时，MIPv6是一项关键性的技术。

3. IPv6在保证物联网网络质量中的优势

在物联网应用中普遍存在节点数量多、通信流量突发性强的特点。与IPv4相比，由于IPv6的流标签有20bit，足够标记大量节点的数据流。同时与IPv4中通过五元组（源IP地址、目的IP地址、源端口、目的端口、协议）不同，IPv6在一个通信过程中（五元组没有变化），只在必要的时候数据包才携带流标签，即在节点发送重要数据时，动态提高应用的服务质量等级，做到对服务质量的精细化控制。

4. IPv6在物联网安全中的优势

在IPv6网络中，由于同一个子网支持的节点数量极大（达到百亿亿数量级），使黑客通过扫描的方式找到主机难度大大增加。同时，在基础协议栈的设计方面，IPv6将IPsec协议嵌入到基础的协议栈中，通信的两端可以启用IPsec加密信息和通信的过程。网络中的黑客将不能采用中间人攻击的方法对通信过程进行破坏或劫持。即使黑客截取了节点的通信数据包，也会因无法解码而不能窃取通信节点的信息。

三、数据处理技术

数据处理指将交通物联网感知层采集的原始数据，用一定的手段和设备，按一定的使用要求，加工成另一种形式的数据。数据处理的目的主要有三个：一是将采集的原始数据转换成便于观察、分析、传送，以及进一步处理的数据形式；二是从原始数据中抽取、推导出有价值的信息作为行动和决策的依据；三是科学保存和管理已处理过的大量数据，便于利用。

交通物联网应用层的数据处理内容主要包括数据存储、数据管理、数据运算、数据检索、数据输出等，其中云计算是交通物联网系统支持海量动态数据挖掘处理和"智慧服务"的关键技术。

云计算是分布式计算、并行计算和网格计算的发展，它是一种商业计算模型，将计算任务分布在大量计算机构成的资源池上，使用户能够按需获取计算力、存储空间和信息服务。云计算使用了廉价的服务器集群，降低了成本。同时，云计算能提供动态资源池，池的规模可以动态扩展，并且可以动态回收重用分配用户的资源，这种模式大大提高了资源利用率。

针对交通运输行业数据信息量大、信息实时处理要求性高、数据共享、高可用性以及高稳定性等需求，通过云平台搭建统一的数据处理平台，实现数据信息的共享，通过云挖掘技术实现对海量多源交通信息的动态交通数据的处理；同时云计算通过虚拟化等技术，整合服务器、存储、网络等硬件资源，优化系统资源配置比例，实现应用的灵活性，同时提升资源利用率，降低总能耗和运维成本。

四、数据服务技术

（一）LBS 技术

交通运输行业的各种应用大多是基于位置的，如物流服务、主动交通信息服务等。LBS 也是目前应用较多的一种数据服务，它不仅仅局限在交通行业，还几乎涵盖了生活中的所有方面。其在移动互联网时代毋庸置疑是座巨大的金矿。

LBS 是交通物联网提供按需服务的主要技术，它主要是通过移动通信运营商的无线通信网络（如 GSM 网、CDMA 网）或外部定位方式（如 GPS）获取移动终端用户的位置信息（地理坐标或大地坐标），在地理信息系统（GIS, Geographic Information System）平台的支持下，为用户提供相应服务的一种增值业务。LBS 包括两层含义：首先是确定移动设备或用户所在的地理位置，其次是提供与位置相关的各类信息服务。LBS 能够广泛支持需要动态地理空间信息的应用，在交通领域常见的包括：信息查询（交通情况）、车队管理、急救服务、道路辅助与导航、人员跟踪等。

LBS 是一项集成系统，是 GIS、空间定位、移动通信、无线互联网等技术的综合体。GIS 技术、移动通信技术、定位技术（基于基站定位和基于 GPS 定位）三者结合形成了 LBS 技术，为用户提供基于位置的信息交换、信息获取、共享和发布服务。

一个完整的 LBS 业务流程分为业务请求、定位过程、业务推送三部分，对于业务请求和业务推送，用户可以根据 LBS 业务提供商提供的接入方式，选择通过 SMS（短信）、WAP、MMS（彩信）、语音等多种方式完成业务请求并接受服务提供商信息的推送，而且在业务请求和业务推送过程中，可以使用不同的接入方式。按接入方式划分业务类型可分为四类：

1. 消息类接入（SMS/EMS/MMS/USSD）

用户通过短信方式发出位置服务请求，位置服务业务系统从 LBS 平台获取经纬度信息，结合地图等内容，并以短信方式向用户提供位置服务。

2. 因特网接入（互联网、局域网、专网等）

用户可以通过 WEB 方式查询其他用户终端的位置或特定地点位置信息。位置服务业务系统接收到此请求后，向 LBS 平台发起位置服务请求，并根据返回的位置信息向用户提供位置服务。例如在行业应用中，管理员对车辆进行定位；大众市场应用中的位置查询服务。

3. 语音接入（VoicePortal/1860 客服台等）

语音接入按特性可分为三类：IP PBX、IAD 和 SIG GW。主要的终端接入类型为模拟电话、IP 电话和软终端。用户通过语音接入的方式发出位置服务请求，LBS 系统接收到此请求后，从 LBS 平台获取用户位置信息，并将相应的信息返回给申请用户。语音接入的优点是安装维护方便，能提供标准的语音业务，形态简单，功能、接口丰富，企业门户属性强、自主管理能力强。

4. 客户端程序类接入（JAVA/WAP）

用户访问 WAP 网页，WAP 服务器从 LBS 平台获取经纬度信息或位置业务信息

（如地图等），并根据用户的申请返回所需的位置服务信息。

JAVA 及其他终端驻留应用接入：用户通过 BREW/JAVA 下载服务器和位置服务应用，或通过其他方式获取终端驻留的位置服务应用。用户使用下载到本地的位置服务应用，从位置服务系统获取经纬度信息或位置业务信息。

随着交通物联网技术的普及和流行，我国的 LBS 服务将会越来越完善，功能也会越来越全面，LBS 的成功案例也为以后交通信息服务的发展提供一些可供借鉴的模式。

基于 LBS 技术的主要服务有：

（1）车辆动态位置信息服务

车辆动态位置信息服务为用户、政府管理部门和企业等提供各种基于车辆、船舶的位置信息，该服务促进了信息的共享，减少了重复投资，进而提高了资源的使用效益，为各级交通运输部门生产安全等监管提供了决策支持，从而提升了交通行业的建设水平和管理水平。

车辆动态位置信息服务主要包括：基础位置信息服务和业务功能服务。

基础位置信息服务包括：车船经度、纬度信息；车船速度；运行方向；汇报时间。业务功能服务包括：轨迹回放；定时定位查询；拍照；发送报文；电话回拨。

（2）停车位动态信息服务

停车位动态信息服务主要为车主提供实时的周边停车场空闲车位的查询服务和车位预约服务。交通物联网通过整合停车泊位地理信息，使整个城市的停车位组成一个动态的数据网，用户可以通过 Web 或者 WAP 方式查询和预约附近的停车泊位。该服务大幅度提高了停车位资源的利用率，改善了城市停车难的问题，促进了城市道路交通的发展。

（3）交通路网地理信息服务

交通路网地理信息服务利用浮动车的位置来对电子地图进行动态的、准确的更新。如新增道路的发现、交通堵塞点识别、红绿灯路口识别、道路拓宽识别以及道路单向限行与通行状态识别等。基于浮动车的路网变化动态更新服务主要功能如下：

① 红绿灯路口识别

利用浮动车在行驶过程中采集车辆编号、位置、速度信息，并将采集得到的数据信息传送到数据中心，数据中心对所属数据信息中的速度信息进行预处理，得到有效的浮动车数据，然后定位多辆车超低速行驶的区域并提取其中心点位置来构成集合 R，将上述集合 R 与交通图层的红绿灯路口集合 C 进行匹配，从而实现红绿灯路口的识别。此服务能为各类交通信息服务系统提供动态、准确的红绿灯路口状态变化信息。

② 新增道路发现

利用浮动车技术在行驶过程中采集车辆编号、位置、速度等信息，并通过移动蜂窝通信等技术传送到数据中心；数据中心根据原始采集数据中的速度信息，将非正常行驶的干扰数据滤除，得到道路行车数据存入统一的数据库；系统将道路行车数据与交通图层数据匹配，若在交通图层中无道路的区域发现大量的道路行车数据，则表明在该区域新增了道路，从而可对交通图层添加该道路信息。此服务能够为各类交通信息服务提供动态、准确的新增道路状态变化信息。

③ 交通堵塞点识别

利用浮动车在行驶过程中定期采集车辆编号、位置、速度和时间信息，并将采集得到的数据信息传送到数据中心，数据中心对所属数据信息中的速度信息进行预处理，得到有效的浮动车数据，然后抽取多辆车频繁超低速行驶的区域，可自动识别交通堵塞点，从而实现交通堵塞点信息的动态更新。此服务能为各类交通信息服务系统提供动态、准确的交通堵塞点信息。

（4）动态交通信息主动推送服务

动态交通信息主动推送服务就是根据出行者当前位置和目的地等信息，利用浮动车技术为出行者主动发送其感兴趣的、实时的、动态的交通信息，实现更为友好和高效的动态交通信息服务，实现城市交通流的均衡，减少乃至避免交通拥塞和交通事故的发生；也可以为广大出行者提供出行最佳路径，显著缩短出行时间；同时，通过分析出行者的周边环境为用户主动推送危险驾驶区域的提醒服务，减少事故发生。

动态交通信息主动推送服务旨在为公众出行提供主动的、实时的、动态的、准确的道路信息，充分考虑用户的个性化需求，并通过在海量的交通信息数据库中挖掘出用户感兴趣的道路信息，从而为公众提供个性化的道路信息推送服务。

（5）公交出行交通信息服务

公交出行交通信息服务以智能化公共交通（APTS）建设为目标，对公众在出行前、出行中和多种出行方式接驳换乘信息的需求进行深入研究，使公众用户可以通过Web或者WAP等对公交出行的静态和动态信息进行查询，并为公众提供必要的出行方式和换乘建议，向公众提供方便、快捷的公交出行信息查询服务。

利用短信、WAP、WWW网站等方式，公交出行交通信息服务向公众提供了及时、准确、全面的公共交通信息，老百姓足不出户就能掌握公交运营情况，对于提高城市公共交通服务质量，缓解城市交通拥堵，减轻交通管理、道路建设压力起到了积极的推动作用。

服务主要功能包括：

① 公交线路查询；
② 停靠站点查询；
③ 公交运营时间查询；
④ 公众乘车路线查询：用户通过目的和终点查询所需公交线路；
⑤ 公众换乘查询：该服务可以通过用户的始发点和目的点以及用户的偏好需求等信息，为用户提供一条最优的换乘路线；
⑥ 公交动态位置显示服务；
⑦ 公交载客量显示服务。

（二）WAP

WAP是当今移动互联网最主要的规范。WAP的工作模型类似WEB的工作模型，移动终端发出请求并且携带有各种参数（URL等），网关通过解析，发出相应的请求到Web服务器上，服务器通过检索参数生成相应的结果，返回给代理网关，网关进行解码、编码，把结果送回给移动终端，一个会话过程就结束了。

WAP 定义了一整套标准部件来实现客户端和服务器之间的通信，包括有 URL 标准的内容格式和标准的传输方式。WAP 和 WWW 使用相同 URL 标识服务器上面的内容，因为考虑到和现在的互联网兼容，这个标准没有任何的改变。和 WWW 不一样的是内容表达格式和文件传输方式的标准，针对移动终端的特点进行了优化。WAP 使用网关的技术来联结无线网络互联网数据网络，网关要能够实现 WAP 协议堆栈到 WWW 协议堆栈的转化，还能实现内容格式的转化，例如 WML 到 HTML。

在无线网络中，WAP 手机与两个服务器（WAP Proxy Serve 和 WTA Server）通信。WAP Proxy（即 WAP 网关）把 WAP 手机发来的 WAP 协议请求转换成 WWW 协议请求，然后把 WWW 请求提交给 Web Server。同时 WAP Proxy 也把 Web Server 应答的信息编码成 WAP 手机可以识别的紧凑的二进制格式，然后再传递给 WAP 手机。WTA Server 用来提供与电话相关的应用，与 WAP 网关和 GSM 网络有直接链路连接。它与 WAP 网关连接的目的是手机用户能通过手机和网关来修改定制 WTA Server 的内容；与 GSM 网络连接的目的是向网络传送 PUSH 消息。

第二节　交通运输云计算平台结构

一、云计算体系结构

为了有效支持云计算，其体系结构必须支持几个关键特征。首先，系统必须是自治的，即需要内嵌有自动化技术，以减轻或消除人工部署和管理任务，而允许平台智能地响应应用的要求；其次，云计算的架构必须是敏捷的，能够对需求信号或变化做出迅速的反应。内嵌的虚拟化技术和集群化技术，能应付增长或服务级要求的快速变化。

云计算平台是一个强大的"云"网络，连接了大量并发的网络计算和服务，可利用虚拟化技术扩展每一个服务器的能力，将各自的资源通过云计算平台结合起来，提供超级计算和存储能力。通用的云计算平台体系结构包含以下内容。

① 用户界面：提供云用户请求服务的交互界面，也是用户使用云的入口，用户通过 Web 浏览器可以注册、登录及定制服务，配置和管理用户。打开应用实例与本地操作桌面系统相同。

② 服务目录：云用户在取得相应权限（付费或其他限制）后可以选择或定制服务列表，也可以对已有服务进行退订操作，在云用户端界面生成相应的图标或列表来展示相关的服务。

③ 管理系统：用于管理可用计算资源和服务；能管理云用户；能对用户的授权、认证和登录进行管理；并可以管理可用计算资源和服务，接收用户发送的请求，并根据用户请求转发到相应的应用程序。

④ 部署工具：自治的，根据用户请求智能地部署资源和应用，动态地部署、配置和回收资源。

⑤ 监控：监控和计量云系统资源的使用情况，以便做出迅速反应，完成节点同步配置、负载均衡和资源监控，确保资源能顺利分配给合适的用户。

⑥ 服务器集群：虚拟的或物理的服务器，由管理系统管理，负责高并发量的用户请求处理、大运算量计算处理、用户 Web 应用服务，云数据存储时采用相应数据切割算法以并行方式上传和下载大容量数据。

在云计算体系结构模型中，前端的用户交互界面允许用户通过服务目录来选择所需的服务，当服务请求发送并验证通过后，由系统管理来找到正确的资源，接着呼叫部署工具来挖掘服务云中的资源。服务提供工具需要配置正确的服务栈或 Web 应用。

云计算的技术体系结构和平台体系结构不是一个概念，后者从服务的角度来划分云，主要突出了云服务能给用户带来什么。而云计算的技术体系结构主要从系统属性和设计思想角度来说明云，是对软硬件资源在云计算技术中所充当角色的说明。从云计算技术角度来分，云计算大致由物理资源、虚拟化资源、中间件管理部分和服务接口四部分构成。

按需部署是云计算的核心，要解决它，必须解决资源的动态可重构、监控和自动化部署等，而这些又需要以虚拟化、高性能存储、处理器、高速互联网等技术为基础。所以云计算除了需要仔细研究其体系结构外，还要特别注意研究资源的动态可重构、自动化部署、资源监控、虚拟化、高性能存储、处理器等关键技术。

一、SaaS（软件即服务，Software as a Service）

SaaS 是一种软件交付模式，将软件以服务的形式交付给用户，用户不再购买软件，而是租用基于 Web 的软件，并按照对软件的使用情况来付费。SaaS 由应用服务提供（asp）发展而来，asp 仅对用户提供定制化的服务，一对一的，而 SaaS 一般是一对多的。SaaS 可以基于 PaaS 构建，也可以直接构建在 IaaS 上。

SaaS 的特性：互联网特性，SaaS 应用一般通过互联网交互，用户仅需要浏览器或者联网终端设备就可以访问应用；多租户特性，通过多租户模式实现多种使用方式，以满足不同用户的个性化需求；按需服务特性，支持可配置型和按使用付费；规模效应特性，一般面向大量用户提供服务，以取得规模效应。

（一）SaaS 的技术应用场景

Salesforce 是一家典型的 SaaS 提供商，为用户提供在"云"中运行的应用软件，供用户随时接入。用户只需要通过浏览器调用相关的 Web 服务，就可以直接使用应用软件的相关功能。为了有效地交付 SaaS，服务提供商首先要部署软/硬件执行环境，然后针对用户的需求，根据支撑程序执行的底层软/硬件的安装和部署情况，对软件进行设计和实现。对应于云计算系统的层次化架构，应用软件层需要依赖基础资源层、云操作系统层和云系统软件层的支持。如果提供商在云操作系统层以分布式集群的方式组织基础资源，并在系统软件层部署了分布式系统软件，那么应用软件层的软件就必须进行分布式改造。服务提供商提供的应用软件运行实例能够同时被多个用户访问和使用，在接收到用户通过网络发送的服务请求后执行用户所请求的功能，并将结果返回给用户。SaaS 的另一个关键是要尽量保证用户能够获得与在本地运行应用软件一致的体验。

在使用 SaaS 时的大多数情况下，用户通过简单的 Web 访问就可以获得需要的软件执行结果，无须对软件运行的各个细节（包括所用软件运行软/硬件的环境及软件自身）进行管理和控制，而只需要关心一些为方便用户应用而提供的应用配置。云计算系统架构从下至上所有层次的开发、部署、维护等工作都由服务提供商完成，即使系统中发生了一些变化，提供商也要为用户提供一致的访问界面，最大限度地方便用户的使用。

SaaS 典型代表还有 Google Apps 或微软提供的在线办公软件。

（二）SaaS 的关键支撑技术

服务提供商以 Web 服务的方式向用户交付 SaaS，SaaS 技术本质是在云计算系统架构的应用软件层进行面向 Web 服务的软件设计和开发，其中的关键技术包括多租户技术和 Web 呈现技术等。

多租户技术的目的是使不同用户能够通过网络共享同一个应用软件的执行实例。多租户技术要保证不同租户数据的隔离，确保用户访问服务的安全性，还要为用户提供彼此独立的应用体验，实现一定程度的定制化。因为一个执行实例需要被多个用户共享访问，因此用于提供 SaaS 的软件在设计和实现时需要在数据库、应用服务和 Web 界面等方面进行优化，特别是多租户的横向扩展能力是应对海量用户压力的关键。

Web 呈现技术的目的是使用户获得更好的应用体验，这也是衡量 SaaS 服务水平的重要指标。对 SaaS 的用户而言，他们需要的是便捷的、基于 Web 的网络访问方式，同时，他们希望获得与在本地运行应用软件相同甚至更好的体验。因此，SaaS 提供商需要利用更先进的 Web 呈现技术实现软件服务的功能展现，甚至可以设计必要的客户端，供用户在访问 SaaS 时使用。

SaaS 位于云计算服务体系的顶层，它的有效交付离不开用于支撑 IaaS 和 PaaS 相关层次的关键技术的支持。服务提供商需要在高效、灵活的软/硬件执行环境的基础上，根据底层软/硬件环境对软件进行设计和实现，才能提供让用户满意的 SaaS 服务。

二、PaaS（平台即服务，Platform as a Service）

这种形式的云计算把开发环境作为一种服务来提供，用户可以使用中间商的设备来开发自己的程序，并通过互联网和其服务器传到用户手中。PaaS 为部署和运行应用系统提供所需的平台，所以应用开发人员无须关心应用的底层硬件和应用基础设施，并且可以根据应用需求动态扩展应用系统所需的资源。不同类型的 PaaS 供应商产品可能很广泛，包括应用程序托管、开发、测试和部署环境，以及广泛的综合服务（包括可伸缩性、维护和版本控制）。

(一) PaaS 的技术应用场景

Google 的 App Engine 是典型的 PaaS 服务，在该服务中，服务提供商为用户提供了用于部署、运行应用软件的相关软件环境，用户可以通过网络将自己创建的或者从别处获取的应用软件部署到服务提供商提供的环境中运行。

为了有效地交付 PaaS，服务提供商首先要为用户屏蔽底层的硬件细节，并对资源进行合理的组织，然后再在其上部署用于支撑应用软件运行的系统软件。对应于云计算实现模型，PaaS 的提供需要以底层基础架构层为依托，然后在其上增加支撑应用开发和运行的部件，如 API 框架、应用容器、SDK、应用管理等。

应用运行环境的搭建过程：首先选择部署节点，然后安装部署相关支撑软件（如操作系统、数据库、函数库、其他运行时环境等），在具体部署中，支撑软件既可部署于虚拟服务器上，也可部署于物理服务器上。除去为实现可扩展性屏蔽掉部分开发功能以及支持多个应用共享运行平台外，应用运行环境与传统本地应用服务器的部署方式相似。另外，对于面向互联网的 PaaS，其使用的文件存储、数据库服务一般不会采用传统的文件系统和数据库，而是采用基于分布式技术构建的具备高可扩展性的海量数据存储系统（如基于 Google Big Table 提供的数据库服务），不仅能高效地支持应用软件的执行，更重要的是能根据用户部署的应用软件的规模进行按需扩展。

在使用 PaaS 时，用户看到的是应用软件运行所需的完整的支撑环境，类似于传统 PC 系统上的系统软件。PaaS 能够提供应用中间件、数据库等功能供用户使用。为了利用这个环境，用户部署的应用软件需要使用该环境提供的接口进行编程。在应用的部署和运行过程中，除了可能要对应用的执行进行部分配置外，用户不必关心任何与操作系统和系统软件相关的问题，而只需对其部署的应用进行管理和控制。

PaaS 消除了用户自行搭建软件开发平台和运行环境所需的成本和开销，但是应用软件的实现功能和性能会受到服务提供商提供的环境的约束，特别是当前各服务提供商提供的应用接口尚不统一、彼此之间具有差异性，影响了应用软件的跨平台可移植性。

PaaS 的典型代表包括 Google App Engine 平台、微软的 Microsoft Windows Azure、Salesforce.com 的 Force.com、新浪的 Sina App Engine，百度的 Web App 等。

(二) PaaS 的关键支撑技术

PaaS 在基础设施上同时为很多用户提供其专属的应用运行平台，实现多应用的可扩展性和隔离运行。可扩展性要求 PaaS 能为用户提供根据应用负载自动扩展平台的能力，因此以 Google 为代表的大多数 PaaS 服务提供商都将分布式系统作为其开放平台的基础架构，并将分布式基础平台能力直接集成到其应用运行环境中，使利用其 PaaS 服务运行的应用在数据存储和处理方面具有强大的可扩展能力。隔离运行表示用户的应用互不影响，具有很好的性能和安全性，主要采用多租户技术实现。

分布式技术体系主要包括分布式文件系统、分布式数据库、并行计算模型、分布式同步等。分布式文件系统的目的是在分布式系统中以文件方式实现数据的共享。分布式文件系统实现了对底层存储资源的管理，屏蔽了存储过程的细节，特别是实现了位置透明性和性能透明性，使用户无须关心文件在云中的存储位置。与传统的分布式文件系统不同，云计算分布式文件系统具有更为海量的存储能力，更强的系统可扩展性和可靠性，也更为经济。

分布式数据库的目的是利用分布式系统对结构化/半结构化数据实现存储和管理。因为分布式文件系统更偏向于对非结构化的文件进行存储和管理，所以分布式数据库是分布式文件系统的有益补充，它能够便捷地实现对数据的随机访问和快速查询。与之前主流的传统关系型数据库不同，分布式数据库具有更好的可扩展性，但对关系型操作的支持较弱。

分布式计算模型的目的是充分利用分布式系统进行高效的并行计算。之前的分布式并行计算模型普遍采用将数据移动到计算节点进行处理的方法，但是在云计算系统中，分布更为广泛的计算资源和存储资源通过网络互连互通，海量数据的移动将导致巨大的性能损失。因此，更适合于云计算场景的分布式计算模型被提出，它依赖底层分布式文件系统的支持，能够通过把计算移动到存储节点的方式完成数据处理任务，具有更高的性能。

分布式协同管理的目的是确保系统的一致性。因为云计算系统中的所有资源都分布在网络之上，一旦网络出现异常，会造成数据操作的不一致，进而严重影响系统的正常运行。针对支撑 PaaS 的分布式系统的松耦合特性，分布式协同管理技术也具有特别的设计。

（三）IaaS（*基础设施即服务*，Infrastructure as a Service）

顾名思义，IaaS 针对的是开发者和厂商，提供的是计算、存储和带宽资源等，指将 IT 基础设施能力（如服务器、存储、计算能力等）通过互联网提供给用户使用，并根据用户对资源的实际使用量或占用量进行计费的一种服务。

IaaS 提供的只是"硬件"，保证同一基础设施上的大量用户拥有自己的"硬件"资源，实现硬件的可扩展性和可隔离性。

1. IaaS 的技术应用场景

Amazon 的 EC2 是一种典型的 IaaS 服务。在该服务中，服务提供商按照用户的需求为其提供虚拟服务器；用户可以通过网络访问虚拟服务器，并像使用物理服务器一样在其上安装和部署自己需要的软件。

为了有效地交付 IaaS，服务提供商首先需要搭建和部署拥有海量资源（特别是便于管理的虚拟化资源）的资源池供用户随时使用。当获知用户的需求后，服务提供商从资源池中选取用户所需的处理器、内存、磁盘、网络等资源，并将这些资源组织成虚拟服务器提供给用户。对应于云计算系统的层次化架构，IaaS 的提供需要依赖资源池层和云操作系统资源管理层的关键技术。

在资源池层，服务提供商通过使用虚拟化技术，将各种物理资源抽象为能够被上层使用的虚拟化资源，以屏蔽底层硬件差异的影响，提高资源的利用率。在资源管理层，服务提供商利用资源管理软件根据用户的需求对基础资源层的各类资源进行有效的组织，以构成用户需要的服务器硬件平台，其中涉及基础资源的调度、整合等。

通俗地说，IaaS 服务看起来和普通的网站一样，也可以通过浏览器访问，但是与一般的信息类网站不同的是，用户获得的不是信息，而是服务器、存储、计算能力等；与电子商务网站不同的是，并不会有人将这台服务器送到用户家里（办公室），而是直接给用户一个 IP 地址和访问服务器的口令（或密钥），让用户通过互联网直接控制和使用这台服务器，这个过程往往只有几分钟，省去了用户采购、配置服务器，进行服务器托管、上架及分配 IP 地址等一系列烦琐的过程，使服务器的运维工作量大大减少，这就是一个典型的 IaaS 应用场景。

当然，IaaS 中提供给用户的服务器不是真正的物理服务器，而是虚拟服务器，称其为虚拟机。虚拟机其实是通过软件模拟出来的，但是对用户来说，它所表现出来的行为却与物理服务器一模一样，因此用户完全可以把它当作一台普通的服务器来对待。

具体来说，IaaS 应该有如下特征和优势：①更低的使用门槛：用户可以以低成本租用的方式获得可用的计算资源，而不需要进行大量的硬件和软件采购。②更好的可扩展性：用户可以根据需要动态增加或减少资源，而不必关心资源位于何处或者是否够用。③更方便的管理：资源可直接通过互联网管理，不需要到资源所在机房实地操作，降低了管理成本。④更灵活的使用：用户获得完全独立的服务器，并拥有管理员权限，因此用户可以不受限制地进行任何操作。⑤更灵活的资费：所有的资源可以随时开始或停止使用，用户只需为自己使用的资源付费。

在使用 IaaS 时，用户看到的就是一台能够通过网络访问的服务器。在这台服务器上，用户可以根据自己的实际需要安装软件，而不必关心该服务器底层硬件的实现细节（如资源的类型、分布位置等），也无须控制底层的硬件资源。但是，用户需要负责对操作系统、系统软件和应用软件等进行部署和管理。

需要指出的是，在实际的 IaaS 交付中，为了方便用户的使用，服务提供商往往会在操作系统层和系统软件层为用户提供增值服务，例如在为用户提供虚拟服务器的同时为其安装好操作系统和相关的中间件、数据库软件等。

2. IaaS 的关键支撑技术

从 IaaS 的建设角度上看，构建一个面向公众用户的 IaaS 不仅要使用 Web 技术，更多的是要应用虚拟化技术，例如服务器虚拟化技术、存储虚拟化技术、网络虚拟化技术、虚拟化管理平台（即将这些技术整合在一起，并根据业务需要为用户提供服务的平台）技术。

（1）服务器虚拟化

服务器虚拟化技术是指能够在一台物理服务器上运行多台虚拟服务器的技术，上述虚拟服务器在用户、应用软件甚至操作系统看来，几乎与物理服务器没有区别，用户可以在虚拟服务器上灵活地安装任何软件。除此以外，服务器虚拟化技术还应该确保上述多个虚拟服务器之间的数据是隔离的，虚拟服务器对资源的占用是可控的。

在服务器虚拟化技术中，被虚拟出来的服务器称为虚拟机（VM，Virtual Machine）。运行在虚拟机里的操作系统称为客户操作系统，即 Guest OS。负责管理虚拟机的软件称为虚拟机管理器，缩写为 VMM，也称为 Hypervisor。

服务器虚拟化通常有两种架构，分别是寄生架构（Hosted）与裸金属架构（Bare Metal）。

① 寄生架构

一般而言，在使用计算机之前，首先要安装操作系统，该操作系统称为宿主操作系统，即 Host OS。如果采用虚拟机技术，则需要在操作系统之上再安装一个 VMM，然后利用这个 VMM 创建并管理虚拟机。这种后装模式称为寄生架构，因为 VMM 看起来像是"寄生"在操作系统上的。例如，Oracle 公司的 VirtualBox 就是一种寄生架构。

② 裸金属架构

顾名思义，裸金属架构是指将 VMM 直接安装在物理服务器之上而无须先安装操作系统的预装模式。在安装了 VMM 之后，再在 VMM 上安装其他操作系统（如 Windows、Linux 等）。由于 VMM"看起来"是直接安装在物理计算机上的，所以称为裸金属架构，例如 KVM、Xen、VMware ESX。

普遍认为裸金属架构的性能要比寄生架构高。裸金属架构是直接运行在物理硬件之上的，无须通过 Host OS，所以性能更高。

从目前的趋势来看，虚拟化将成为操作系统本身功能的一部分。例如，KVM 就是 Linux 标准内核的一个模块，微软的 Windows 2008 也自带 Hyper-V。

(2) 网络虚拟化

在面向公众服务的 IaaS 中，网络虚拟化是必不可少的部分。IaaS 网络虚拟化技术分为两类：一类是以 VPN、VLAN 等为代表的传统网络虚拟化技术，主要侧重于网络的虚拟化，例如将多个网络虚拟成一个大的网络（如 VPN），或者将一个大的网络虚拟成多个小的网络（如 VLAN）；另一类则是以虚拟网卡和虚拟网桥为代表的、随着云计算的兴起而发展的网络虚拟化技术，主要侧重于主机内部的网络虚拟化，例如将一块网卡虚拟成多块物理网卡。除此以外，随着云计算的兴起，网络设备厂商也推出了具备虚拟化功能的网络设备。

网络虚拟化是将多个硬件或软件网络资源及相关的网络功能集成到一个可用软件中统一管控的过程，并且对于网络应用而言，该网络环境的实现方式是透明的，称之为虚拟网络，形成该虚拟网络的过程称为网络虚拟化。更具体的，如果一个网络不能通过软件被统一管理，而需要通过改变物理组网结构才能完成网络环境的改变，则不能被称作虚拟网络。

在不同的应用场景下，虚拟网络的架构是多种多样的。例如，对于一个企业内部的私有云环境来说，虚拟机的用户一般是企业内部员工，可信度较高，因此对网络安全性的要求相对较低；同时，对虚拟机的访问往往是从企业内部网络发起的，虚拟机也不需要为公网用户提供服务，因此网络架构的设计可以不考虑或较少考虑公网 IP 地址的管理问题。相反，如果是为公网用户提供数据中心业务，对这些问题都必须给予特别的重视。

不同的虚拟网络架构需要相应的技术作为支撑。当前，以 VPN、VLAN 等为代表的传统网络虚拟化技术已经非常成熟，而随着云计算的发展，很多新的问题不断涌现，对网络虚拟化提出了更大的挑战。对于 IaaS 服务而言，交付给用户的不再是物理机而是虚拟机。虚拟机的优势在于其更加灵活、可配置性更好，可以满足用户更加动态的需求。因此，网络虚拟化技术也必须跟随这一脚步，满足用户对更加灵活、更加动态的网络结构的需求，同时还必须保证这一灵活性的加入不会降低网络的安全性。

以一个实际应用场景为例：用户从"云"中租用了 3 台虚拟机，其中一台虚拟机作为前端 Web 服务器，另外两台虚拟机作为后端数据库服务器；前端 Web 服务器拥有两个 IP 地址，分别是用于被公网访客访问的公网 IP 地址和用于与后端数据库服务器通信的内网 IP 地址。因为虚拟机所在物理机的物理网络配置是相对固定的，所以如何根据用户需求在这 3 台虚拟机之间构建灵活的虚拟局域网是一个关键问题。另外，这 3 台虚拟机可能会和其他虚拟机共同部署在同一物理机上，如何保证数据不被窃听、不被伪造成为对网络虚拟化技术提出的新需求。

因此，在云计算环境下，网络虚拟化技术需要解决如下问题：

第一，如何实现物理机内部的虚拟网络。

第二，外部网络如何动态调整以适应虚拟机对网络不断变化的要求。

第三，如何确保虚拟网络环境的安全性。如何对物理机内、外部的虚拟网络进行统一管理。这些问题都是在云计算环境下产生的新问题，需要在主机网络虚拟化技术、网络交换设备虚拟化技术和 IaaS 服务实际运营等各个关键技术环节着手解决。

二、交通云计算系统架构

交通云计算系统架构以共建共享为目的，整合交通运输行业信息、业务资源、现有业务系统，搭建交通运输云服务平台集成开发环境，提供云计算平台计算资源、存储资源、网络资源等基础设施整合，将数据中心、中间件、集成架构、公共服务、交通基础业务服务等能力整合，为交通运输行业信息、业务服务的快速接入、组合、交付提供基础。目的是将 IT 相关的能力以服务的方式提供给用户，用户可按需方便地通过网络访问共享的可配置计算资源（如网络、服务器、存储、应用程序和服务）池。

整个平台分为：基础设施服务（IaaS）层、应用平台服务（PaaS）层、应用软件服务（SaaS）层、用户层以及云运营支撑平台。

交通运输云计算平台以服务为核心，通过深度整合交通运输行业信息、业务资源、现有业务系统，为政府部门、企业、公众用户提供多项应用服务。同时，搭建交通运输云计算平台集成开发环境，为开发人员提供应用开发平台。

（一）IaaS 层

IaaS 层构建整个平台的硬件基础，包括各种服务器（如 x86 服务器、小型机等）、存储设备（如 SAN、NAS 等）、网络设备（如网络、核心路由器、接入路由器、负载均衡设备、防火墙等）等。IaaS 层实现硬件资源的虚拟化聚合管理，即资源池化，加上云管理，可以提供自我服务的功能。资源池层依托于 IaaS 层的动态基础架构随需应变的优势，为 SaaS 层的应用软件提供丰富的应用开发及运行支持。

（二）PaaS 层

PaaS 层提供的软件服务主要是运行时环境、数据库和中间件，从而为上层的应用软件服务层 SaaS 提供运行时环境和数据库等"支撑环境"。同时，应用平台服务贯穿 SaaS 应用，从业务建模、开发、部署、运行到治理的全生命周期过程，并结合 SaaS 层的业务建模及服务转换平台提供业务服务集成及治理环境服务。其主要的建设内容可分为三个部分：支撑环境搭建、通用中间件融合和交通信息化业务中间件集成。PaaS 层又包括三层：公共服务、中间件和集成环境。

（三）SaaS 层

SaaS 层为平台提供了用户最终所需要的业务服务功能，分为三类服务：交通运输行业物联网基础服务，为企业或公众用户提供个性化的 SaaS 应用；交通运输行业物联网公众出行服务，为公众用户提供交通业务信息服务；交通运输行业物联网物流业务服务，为物流企业和公众用户提供物流业务信息服务。SaaS 层是交通运输行业物联网应用整合与服务平台的最上层，直接对最终用户或应用服务提供商提供服务。其根本任务就是为各类应用提供一个可孵化、可持续治理的应用服务环境。

（四）用户层

用户层为用户提供使用平台服务的各种方式，除了传统的 Web 浏览器接入门户外，还提供了手机等移动终端接入门户。云平台中共有四种用户，分别为：云计算平台管理员、云计算平台操作员、客户经理、客户用户。

① 云计算平台管理员能够对云平台上所有资源分配请求进行审批，增加或减少资源数目，变更项目时间，终止或删除项目。

② 云计算平台操作员能够对云平台上的所有项目查看。

③ 客户经理可以是云平台中心人员，也可以是客户人员。这取决于是否要让客户通过自服务界面申请资源。客户经理能够对资源分配提出申请，对资源的增加或减少提出申请，提出变更项目时间的申请，提出终止项目的申请。

④ 客户用户能够登录云平台对他项目的使用情况进行查看，同时可以进行一些自服务操作，比如重启服务器、映射用户盘、备份磁盘等。

云计算平台管理员可以进行所有用户的添加、修改、删除、修改密码的操作。客户经理可以对本客户的用户进行添加、修改、删除、修改密码的操作。

（五）运营支撑平台

运营支撑平台则提供整个平台的管理功能，包括用户管理、流量管理、安全管理和计费管理等。服务管理进行运维保障体系建设，为平台提供了用户最终所需要的业务应用功能，其根本任务就是为各类应用提供一个可孵化、可持续治理的应用服务环境。标准规范体系保证了平台与外部系统的数据交换，其中主要包括：开发规范、数据标准、代码标准、接口标准，此外还包括技术标准性能指标、应用服务标准等，这些标准为开发人员提供了良好的应用系统开发环境。安全管理则提供平台安全保障，安全保障体系建设参照信息系统等级保护技术设计要求，以安全需求为驱动，结合平台所承载的业务信息数据及系统服务情况，将分别从平台的 IaaS、PaaS、SaaS 三个层次来构建结构化信息安全体系架构，层次之间的安全措施彼此间存在互补、增强，整体上形成一个策略、组织、技术和运维结合的信息安全保障体系，保证平台信息的安全及业务的连续，并适应随着未来业务应用和管理需求的不断发展而动态性调整，最终达到"整体合规、资源可控、数据可信、持续发展"的生存管理与安全运维目的。

交通运输行业物联网是建立在交通运输云计算平台的基础之上，并对其进行部分的技术升级和扩容以适应运行和研发的需求。平台建设的软件投资主要是数据库管理系统和 SOA 集成等中间件，硬件投资主要是小型机和 x86 服务器，均采用了著名厂商成熟的企业级产品。建立交通运输行业物联网应用整合与服务平台的目的是整合利用行业和社会各方面的信息资源，为交通行业提供智慧化的信息服务，也为社会提供开放的交通专业服务，充分体现"深入感知，广泛互联，高度智能"的信息开放融合服务的特点。与此同时，其系统规划和设计与单一系统有很大的不同，必须充分考虑以下特点：

① 需要集成已有的其他系统的功能或服务，这些功能或服务的内部结构不为整体所见（构成部分的自治性）；

② 无论从功能还是从物理结构考虑，系统边界模糊，需要随着形势的发展不断变化或扩充；

③ 系统功能需要不断调整，并为用户提供服务重组手段，以满足他们的业务要求；

④ 社会开放服务要求系统逐步演化，不断适应新环境和新的商务技术要求，不可能以推翻重来的方式进行升级；

⑤ 系统的计算、存储等资源能力不确定，需要在运行中不断扩充或调整。

交通运输行业物联网应用整合与服务平台 IaaS 层建设主要通过对现有交通运输云计算平台进行技术升级和扩容；为应用服务及应用示范系统建设提供云计算资源、存储资源、网络资源、中间件等基础资源；为交通运输行业物联网行业信息、应用服务的快速接入、组合、交付提供基础。

目前 SaaS 可以提供多种服务：交通基础数据服务；交通地理信息服务；交通移动位置信息公共服务；交通视频监控信息服务；交通物流信息服务；交通公众出行信息服务；交通安全应急服务；公共交通信息服务；经济运行信息服务。

第三节　交通运输云计算产业技术

一、数据存储技术

云存储是在云计算概念上延伸和发展出来的一个新的概念。云计算使更大数据量的处理成为可能，被称为下一代的因特网计算和下一代的数据中心。云计算是分布式处理、并行处理和网格计算的发展，是透过网络将庞大的计算处理程序自动分拆成无数个较小的子程序，再交由多部服务器所组成的庞大系统经计算分析之后，将处理结果回传给用户。

通过云计算技术，网络服务提供者可以在数秒之内，处理数以千万计甚至亿计的信息，达到和"超级计算机"同样强大的网络服务。云存储是指通过集群应用、网格技术或分布式文件系统等功能，将网络中大量各种不同类型的存储设备通过应用软件集合起来协同工作，共同对外提供数据存储和业务访问功能的系统。

（一）数据存储技术原理

与传统的存储设备相比，云存储不仅仅是一个硬件，而是一个由网络设备、存储设备、服务器、应用软件、公用访问接口、接入网和客户端程序等多个部分组成的复杂系统。各部分以存储设备为核心，通过应用软件来对外提供数据存储和业务访问服务。

云存储系统的结构模型由四层组成。

① 存储层。存储层是云存储最基础的部分。存储设备可以是 FC 光纤通道存储设备，可以是 NAS 和 SCSI 等 IP 存储设备，也可以是 SCSI 或 SAS 等 DAS 存储设备。云存储中的存储设备往往数量庞大且分布于不同地域，彼此之间通过广域网、互联网或者 FC 光纤通道网络连接在一起。存储设备之上是一个统一存储设备管理系统，可以实现存储设备的逻辑虚拟化管理、多链路冗余管理，以及硬件设备的状态监控和故障维护。

② 基础管理层。基础管理层是云存储最核心的部分，也是云存储中最难以实现的部分。基础管理层通过集群、分布式文件系统和网格计算等技术，实现云存储中多个存储设备之间的协同工作，使多个存储设备可以对外提供同一种服务，并提供更大更强更好的数据访问性能。CDN 内容分发系统、数据加密技术保证云存储中的数据不会被未授权的用户所访问，同时，通过各种数据备份、容灾技术和措施可以保证云存储中的数据不会丢失，保证云存储自身的安全和稳定。

③ 应用接口层。应用接口层是云存储最灵活多变的部分。不同的云存储运营单位可以根据实际业务类型，开发不同的应用服务接口，提供不同的应用服务。比如视频监控应用平台；IPTV 和视频点播应用平台；网络硬盘引用平台；远程数据备份应用平台等。

④ 访问层。任何一个授权用户都可以通过标准的公用应用接口来登录云存储系统，享受云存储服务。云存储运营单位不同，云存储提供的访问类型和访问手段也不同。

为保证高可用性、高可靠性和经济性，云计算采用分布式存储的方式来存储数据，采用冗余存储的方式来保证存储数据的可靠性，即为同一份数据存储多个副本。另外，云计算系统需要同时满足大量用户的需求，并行地为大量用户提供服务。因此，云计算的数据存储技术必须具有高吞吐率和高传输率的特点。

云计算的数据存储技术主要有谷歌的非开源的 GFS（Google File System）和 Hadoop 开发团队开发的 GFS 开源实现 HDFS（Hadoop Distributed File System）。大部分 IT 厂商，

包括 Yahoo、Intel 的"云"计划采用的都是 HDFS 的数据存储技术。未来的发展将集中在超大规模的数据存储、数据加密和安全性保证以及继续提高 I/O 速率等方面。

1. GFS

GFS 是一个可扩展的分布式文件系统，用于大型的、分布式的、对大量数据进行访问的应用。运行于廉价的普通硬件上，但可以提供容错功能，也可以给大量的用户提供总体性能较高的服务。

一个 GFS 集群由一个 Master 和大量的 Chunkserver 构成，并被许多客户访问。Master 和 Chunkserver 通常是运行用户层服务进程的 Linux 机器。只要资源和可靠性允许，Chunkserver 和 Client 可以运行在同一个机器上。

文件被分成固定大小的块。每个块由一个不变的、全局唯一的 64 位 Chunk-Handle 标识，Chunk-Handle 是在块创建时由 Master 分配的。ChunkServer 将块当作 Linux 文件存储在本地磁盘并可以读写由 Chunk-Handle 和位区间指定的数据。出于可靠性考虑，每一个块被复制到多个 Chunkserver 上。默认情况下，保存三个副本，但这可以由用户指定。

Master 维护文件系统的元数据，包括名字空间、访问控制信息、从文件到块的映射以及块的当前位置。它也控制系统范围的活动，如块租约管理，孤儿块的垃圾收集，ChunkServer 间的块迁移。Master 定期通过 HeartBeat 消息与每一个 ChunkServer 通信，给 ChunkServer 传递指令并收集它的状态。

与每个应用相连的 GFS 客户代码实现了文件系统的 API，并与 Master 和 ChunkServer 通信以代表应用程序读写数据。客户与 Master 的交换只限于对 Metadata 的操作，所有数据方面的通信都直接和 ChunkServer 联系。客户和 ChunkServer 都不缓存文件数据。因为用户缓存的益处微乎其微，这是由于数据太多或工作集太大而无法缓存。不缓存数据简化了客户程序和整个系统，因为不必考虑缓存的一致性问题。ChunkServer 也不必缓存文件，因为块是作为本地文件存储的。

2. HDFS

Hadoop 中的分布式文件系统 HDFS 由一个管理结点（NameNode）和 N 个数据结点（DataNode）组成，NameNode 是中心服务器，管理文件系统的 Namespace 和客户端对文件的访问。每个 DataNode 结点均是一台普通的计算机。在使用上同熟悉的单机上的文件系统非常类似，一样可以建目录，创建、复制、删除文件，查看文件内容等。但其底层实现上是把文件切割成 Block，然后这些 Block 分散地存储于不同的 DataNode 上，每个 Block 还可以复制数份存储于不同的 DataNode 上，达到容错容灾之目的。NameNode 则是整个 HDFS 的核心，它通过维护一些数据结构，记录了每一个文件被切割成了多少个 Block，这些 Block 可以从哪些 DataNode 中获得各个 DataNode 的状态等重要信息。

（二）数据存储技术的特点

云存储已经成为未来存储发展的一种趋势，目前，云存储厂商正在将各类搜索、应用技术和云存储相结合，以便能够向企业提供一系列的数据服务。但是，未来云存储的发展趋势,主要还是要从安全性、便携性及数据访问等角度进行发展。

云计算的数据存储技术,可用于大规模集群。主要特性包括:

第一,高可靠性:云存储系统支持节点间保存多副本功能,以提供数据的可靠性。

第二,高访问性能:根据数据重要性和访问频率将数据分级多副本存储,热点数据并行读写,提高访问性能。

第三,在线迁移、复制:存储节点支持在线迁移、复制,扩容不影响上层应用。

第四,自动负载均衡:可以依据当前系统负荷将原有节点上的数据搬移到新增的节点。特有的分片存储,以块为最小单位来存储,当存储和查询时所有存储节点并行计算。

第五,元数据与数据分离:采取元数据与数据分离的方式设计分布式文件存储系统。

未来的发展将集中在超大规模的数据存储、数据加密和安全性保证以及继续提高I/O速率等方面。云存储相比普通的存储技术有许多的优势:

第一,减少企业投入成本。普通企业需要大量投资才能构建自己的数据中心,而云存储服务商有专业的存储解决方案,所以对于普通企业租用公共云存储更合适。

第二,能够很好地应付突发的大访问量。普通企业的数据中心通常不能应对突发性的大访问量,如大型赛事的购票系统,但云存储使用了服务器集群和虚拟化技术,可以临时调用集群中的各个设备。

第三,能够提供存储服务的同步升级和数据的有效管理。如果企业自己构建数据中心,需要购买各种设备管理软件,负责设备和软件的升级、维护及管理。使用云存储服务,则可以把这些工作交给专业的云存储服务商来进行。所以说云存储是未来存储发展的一种趋势。

云存储作为一种新兴的存储模式,对于不同的用户,具有诸多不同的优点:

第一,对政府机构用户。由于政府机构的特殊性,对其数据安全性和可备份性的要求特别严格。云存储的应用,避免了因不可抗力或操作不当等原因,而造成数据丢失所引发的严重后果,节约了大量额外财政支出。

第二,对企业用户。随着企业信息化建设的不断发展和深化,现代企业越来越重视核心数据的存储安全和信息管理系统化办公的实现。云存储模式的不断成熟,使得企业可以通过网络,在云端建立包括数据库和各类信息管理系统在内的综合平台,实现远程移动办公和管理信息系统化。企业信息化的发展,促进了信息的有效流通和资源知识的共享,极大提高了工作和管理效率,降低了管理成本,为企业适应激烈的市场经济竞争环境,求得最大经济效益提供了保证。

第三,对个人用户。云存储模式的出现,为个人用户提供了几乎无限容量的稳定空间,以便其保存日益增多的照片、视频、音频、电子文档等个人数据。用户可以通过功能设置,进行数据文档的浏览、同步修改、共享等操作,十分便捷和方便。

但是,云存储的发展也面临很多问题,这些问题不解决势必会影响云存储技术的发展及推广应用。

第一,安全性。由于数据存储在云中,各个用户都能访问,因此保证数据的安全是首要问题。数据加密、数据备份等技术的应用保证了数据的安全性。

第二，网络带宽。由于云的服务器及用户分布在网络中的各个地方，所有的数据都需要在网络中传输。目前基本上是通过 ADSL、DDN 等宽带接入设备，只有带宽充足了，才能提高传输速度，用户才能更好地享受云存储的服务。

第三，数据管理。由于云服务器是各个云厂商提供的，分布广泛且配置不同。当用户需要访问数据时，应该能够快速地找到，当用户存储数据时，应该能够把数据存放在合适的服务器中，而且必须解决服务器的故障。这些都需要进行管理。

第四，云数据中心的建设及维护问题。建设云数据中心需要大量的资金投入，对于我国国内企业来说还是一个很大的挑战。

二、数据管理技术

云计算的诞生与海量数据问题有着密切的联系，即为了解决海量数据的获取、存储、管理和搜索的问题，从而使数据越来越智能化、结构化。云数据管理是指在云计算环境中的数据管理技术。数据密集型的计算是云计算中的重要一类，其核心内涵是数据管理。互联网企业如亚马逊、谷歌、淘宝，百度等的发展依赖于他们各自有效的数据管理，像中国移动、国家电网这样的大型跨地域企业则更需要大型数据中心支持其科学决策，全球或全国范围的科研协作网需要管理大规模的科学实验和观测数据并提供共享和分析。传统的数据管理技术难以满足这些应用对数据管理所提出的要求，在云计算环境下，传统数据管理技术的基本假设不再成立。借鉴传统数据管理技术的理念，研究、设计和开发新的面向云计算环境的数据管理技术已经成为一个重要的研究课题。

云计算中数据的特点主要表现在以下方面：

第一，海量性。近年来，随着物联网等应用的兴起，很多应用主要通过相当数量的传感器来采集数据。随着这种应用规模的扩大和在越来越多领域中的应用，数据量会呈现爆炸性增长的趋势。如何有效地改进已有的技术和方法或提出新的技术和方法来高效地管理和处理这些海量数据，将是从数据中提取信息并进一步融合、推理和决策的关键。

第二，异构性。在云计算各种各样的应用中，不同领域不同行业在数据获取阶段所采用的设备、手段和方式都千差万别，取得的数据在数据形态、数据结构上也各不相同。传感器有不同的类别，如二氧化碳浓度传感器、温度传感器、湿度传感器等，不同类别的传感器所捕获、传递的信息内容和信息格式会存在差异。以上因素导致了数据访问、分析和处理方式的多种多样。数据多源性导致数据有不同的分类，不同的分类具有不同的数据格式，最终导致结构化数据、半结构化数据、非结构化数据并存，造成了数据资源的异构性。

第三，非确定性。云计算中的数据具有明显的不确定性特征，主要包括数据本身的不确定性、语义匹配的不确定性和查询分析的不确定性等。为了获得客观对象的准确信息，需要去粗取精、去伪存真，以便人们更全面地进行表达和推理。

（一）数据管理技术原理

云计算需要对分布的、海量的数据进行处理、分析，因此，数据管理技术必须能够对大量的数据进行高效的管理。云数据管理有三个特点：计算资源是可伸缩的、数据具有备份、数据存储在大量分布的结点之上。云计算系统中的数据管理技术最著名的是 Google 的 BT（Big-Table 分布式存储系统）数据管理技术和 Hadoop 团队开发的开源数据管理模块 HBase（HBase-Hadoop Database）。

1. BigTable 分布式存储系统

Biglhble 是 Google 的一个分布式存储系统，也是一个分布式的结构化数据存储系统，它被设计用来处理海量数据，通常是分布在数千台普通服务器上的 PB 级的数据。Google 的很多项目使用 Bigtable 存储数据，包括 Web 索引、Google Earth、Google Finance。这些应用对 Bigtable 提出的要求差异非常大，无论是在数据量（从 URL 到网页到卫星图像）还是在响应速度上（从后端的批量处理到实时数据服务）。尽管应用需求差异很大，但是，针对 Google 的这些产品，Bigtable 还是成功地提供了一个灵活的、高性能的解决方案。

BigTable 在很多地方与数据库很类似，使用了很多数据库的实现策略。但不支持完全的关系数据模型，而是为客户提供了简单的数据模型。BigTable 对数据读操作进行优化，采用列存储的方式，提高数据读取效率。BigTable 的基本元素包括行、列族和时间戳等。其中，行关键字可以是任意字符串（目前支持最多 64KB，多数情况下 10~100 字节足够），在一个行关键字下的每一个读写操作都是原子操作（不管读写这一行里有多少个不同列），这样在对同一行进行并发操作时，用户对系统行为更容易理解和掌控。列族由一组同一类型的列关键字组成，是访问控制的基本单位。列族必须先创建，然后能在其中的列关键字下存放数据，列族创建后，族中任何一个列关键字均可使用。一张表中的不同列族不能太多（最多几百个），并且在运作中很少改变。表中每一个表项都可以包含同一数据的多个版本，由 64 位整型的时间戳来标识。时间戳可以由 BigTable 来赋值，表示准确到毫秒的"实时"或者由用户应用程序来赋值。不同版本的表项内容按时间戳倒序排列，即最新的排在前面。为了简化对于不同数据版本的数据的管理，对每一个列族支持两个设定，以便于 BigTable 对表项的版本自动进行垃圾清除。用户可以指明只保留表项的最后 n 个版本，或者只保留足够新的版本（比如只保留最近 7 天的内容）。

大表（BigTable）的内容按照行来划分，由多个行组成一个小表（Tablet），保存到某个小表服务器节点中。在物理层，数据存储的格式为 SSTable，每个 SSTable 包含一系列大小为 64KB（可以配置）的数据块。

如果说 BigTable 是一块布，Tablets 就好像是从这块布上扯下的布条，每个 Tablet 所需要的存储空间为 100~200MB，而每台服务器（廉价 PC）大约存储 100 个左右的 Tablets，同一台机器上的所有 Tablets 共享一个日志，SSTable 提供一个从关键字到值持续有序的映射，关键字和值都可以是任意字符串。块索引存储在 SSTable 的最后，用来定位数据块，Chubby 是 BigTable 采用的一个高度可用的持续分布式数据锁服务。每个

Chubby 服务由 5 个活的备份构成，其中一个为主备份并响应服务请求，只有当大多数备份都保持运行并保持互相通信时，相应的服务才是活动的。当有备份失效时，Chubby 使用 Paxos 算法来保证备份的一致性，Chubby 提供了一个由目录和小文件组成的名字空间，每个目录或者文件可以当成一个锁来用，读写文件操作都是原子化的。

2. 开源数据管理模块 HBase

就像 Bigtable 利用了 Google 文件系统所提供的分布式数据存储一样，HBase 在 Hadoop 之上提供了类似于 Bigtable 的能力。HBase 是 Apache 的 Hadoop 项目的子项目，HBase 不同于一般的关系数据库，它是一个适合于非结构化数据存储的数据库，另一个不同的是 HBase 基于列的而不是基于行的模式。

HBase 采用与 Bigtable 非常相似的数据模型，用户存储数据行在一个标识表中，一个数据行有一个可排序的主键或分类键和任意数量的列。表是疏松存储的，因此用户可以根据需要给同一表中的不同行定义各种不同的列，每张 HBase 表的索引是行关键字、列关键字和时间戳。

列名字的格式是"< family >：< label >"，都是由字符串组成，每一张表有一个族集合，这个集合是固定不变的，相当于表的结构，只能通过改变表结构来改变，标识值相对于每一行来说都是可以改变的。HBase 把同族里面的数据存储在同一个目录下，而 Hbase 的写操作是锁行的，每一行都是一个原子元素，都可以加锁。所有数据库的更新都有一个时间戳标记，每个更新都是一个新的版本，系统会保留一定数量的版本，这个值是可以设定的。用户可以选择获取距离某个时间最近的版本，或者一次获取所有版本。

HBase 遵从简单主从服务器架构，每个 HBase 集群通常由单个主服务器、数百个或更多区域服务器构成。每个 Region 由某个表的连续数据行组成，从开始主键到结束主键，某张表的所有行保存在一组 Region 中。通过用表名和开始/结束主键来区分不同的 Region。区域服务器主要通过 3 种方式保存数据：Hmemcache 高速缓存，保留的是最新写入的数据；Hlog 记录文件，保留的是提交成功了，但未被写入文件的数据；Hstores 文件，数据的物理存放形式。

主服务器的主要任务是分配每个区域服务器需要维护的 Region，因此每个区域服务器都需要与主服务器通信。主服务器会和每个区域服务器保持一个长连接，如果该连接超时或者断开，会导致区域服务器自动重启，同时主服务器认为该区域服务器已死机而把其负责的 Region 分配给其他区域服务器。

（二）数据管理技术的特点

HBase 是一个高可靠性、高性能、面向列、可伸缩的分布式存储系统，利用 HBase 技术可在廉价 PC Server 上搭建起大规模结构化存储集群。

HBase 是 Google Bigtable 的开源实现，类似 Google Bigtable 利用 GFS 作为其文件存储系统，HBase 利用 Hadoop HDFS 作为其文件存储系统；Google 运行 MapReduce 来处理 Bigtable 中的海量数据，HBase 同样利用 Hadoop MapReduce 来处理 HBase 中的海量数据；Google Bigtable 利用 Chubby 作为协同服务，HBase 利用 Zookeeper 作为对应。

三、分布式处理技术

分布式系统是建立在网络之上的软件系统,正是因为软件的特性,所以分布式系统具有高度的内聚性和透明性。因此,网络和分布式系统之间的区别更多的在于高层软件(特别是操作系统),而不是硬件。内聚性是指每一个数据库分布节点高度自治,有本地的数据库管理系统。透明性是指每一个数据库分布节点对用户的应用来说都是透明的,看不出是本地还是远程。在分布式数据库系统中,用户感觉不到数据是分布的,即用户无须知道关系是否分割、有无复本、数据存于哪个站点以及事务在哪个站点上执行等。

(一) 分布式处理技术原理

在一个分布式系统中,一组独立的计算机展现给用户的是一个统一的整体,就好像是一个系统。系统拥有多种通用的物理和逻辑资源,可以动态地分配任务,分散的物理和逻辑资源通过计算机网络实现信息交换,系统中存在一个以全局的方式管理计算机资源的分布式操作系统。通常对用户来说,分布式系统只有一个模型或范型。在操作系统之上有一层软件中间件负责实现这个模型。一个著名的分布式系统的例子是万维网,在万维网中,所有的一切看起来就好像是一个文档。

分布式软件系统是支持分布式处理的软件系统,是在由通信网络互联的多处理机体系结构上执行任务的系统。它包括分布式操作系统、分布式程序设计语言及其编译(解释)系统、分布式文件系统和分布式数据库系统等。

1. 分布式操作系统

负责管理分布式处理系统资源和控制分布式程序运行,它和集中式操作系统的区别在于资源管理、进程通信和系统结构等方面。

2. 分布式程序设计语言

用于编写运行于分布式计算机系统上的分布式程序。一个分布式程序由若干个可以独立执行的程序模块组成,它们分布于一个分布式处理系统的多台计算机上被同时执行。它与集中式的程序设计语言相比有三个特点:分布性、通信性和稳健性。

3. 分布式文件系统

具有执行远程文件存取的能力,并以透明方式对分布在网络上的文件进行管理和存取。

4. 分布式数据库系统

由分布于多个计算机结点上的若干个数据库系统组成,它提供有效的存取手段来操纵这些结点上的子数据库。分布式数据库在使用上可视为一个完整的数据库,而实际上它是分布在地理分散的各个结点上。当然,分布在各个结点上的子数据库在逻辑上是相关的。

为了使用户能更轻松地享受云计算带来的服务,让用户能利用分布式处理技术编写简单的程序来实现特定的目的,云计算上的分布式处理开发框架必须十分简单,保证后台复杂的并行执行和任务调度向用户和编程人员透明。云计算普遍采用类似 Map-Reduce 的分布式处理开发框架。现在所有 IT 厂商提出的"云"计划中采用的开发框架，都是基于 Map-Reduce 思想开发的编程工具。

Map-Reduce 是 Google 开发的 Java、Python、C++分布式处理开发框架，它是一种简化而高效的任务调度模型，可用于大规模数据集（大于 1TB）的并行运算，严格的分布式处理开发框架使云计算环境下的编程十分简单。Map-Reduce 模式的思想是将要执行的问题分解成 Map（映射）和 Reduce（化简）的方式，先通过 Map 程序将数据切割成不相关的区块，分配（调度）给大量计算机处理，达到分布式运算的效果，再通过 Reduce 程序将结果汇整输出。

Map-Reduce 不仅仅是一种开发框架，同时也是一种高效的任务调度模型。Map-Reduce 开发框架并不仅适用于云计算，在多核和多处理器、Cell Processor 以及异构机群上同样有良好的性能。该开发框架仅适用于编写任务内部松耦合、能够高度并行化的程序。如何改进该开发框架，使程序员得能够轻松地编写紧耦合的程序，运行时能高效地调度和执行任务，是 MapReduce 开发框架未来的发展方向。

（二）分布式处理技术的特点

分布式数据库系统已经成为信息处理学科的重要领域，正在迅速发展之中，原因基于以下几点：

第一，它可以解决组织机构分散而数据需要相互联系的问题。比如银行系统，总行与各分行处于不同的城市或城市中的各个地区，在业务上它们需要处理各自的数据，也需要彼此之间的交换和处理，这就需要分布式的系统。

第二，如果一个组织机构需要增加新的相对自主的组织单位来扩充机构，则分布式数据库系统可以在对当前机构影响最小的情况下进行扩充。

第三，均衡负载的需要。数据的分解采用使局部应用达到最大，这使得各处理机之间的相互干扰降到最低，负载在各处理机之间分担，可以避免临界瓶颈。

第四，当现有机构中已存在几个数据库系统，而且实现全局应用的必要性增加时，就可以由这些数据库自下而上构成分布式数据库系统。

第五，相等规模的分布式数据库系统在出现故障的概率上不会比集中式数据库系统低，但由于其故障的影响仅限于局部数据应用，因此就整个系统来讲，它的可靠性是比较高的。

分布式数据库系统特点主要包括：

第一，在分布式数据库系统中不强调集中控制概念，它具有一个以全局数据库管理员为基础的分层控制结构，但是每个局部数据库管理员都具有高度的自主权。

第二，在分布式数据库系统中数据独立性概念也同样重要，然而增加了一个新的概念，就是分布式透明性。所谓分布式透明性就是在编写程序时好像数据没有被分布一样，因此把数据进行转移不会影响程序的正确性，但程序的执行速度会有所降低。

第三，与集中式数据库系统不同，数据冗余在分布式系统中被看作是所需要的特性，其原因在于：如果在需要的节点复制数据，则可以提高局部的应用性；当某节点发生故障时，可以操作其他节点上的复制数据，因此可以增加系统的有效性；在分布式系统中对最佳冗余度的评价是很复杂的。

四、虚拟化技术

虚拟化是一个广义的术语，在计算机方面通常是指计算元件在虚拟的基础上而不是真实的基础上运行。虚拟化技术可以扩大硬件的容量，简化软件的重新配置过程。CPU 的虚拟化技术可以单 CPU 模拟多 CPU 并行，允许一个平台同时运行多个操作系统，并且应用程序都可以在相互独立的空间内运行而互不影响，从而显著提高计算机的工作效率。实际上，虚拟化涉及的范围广泛，包括网络虚拟化、存储虚拟化、服务器虚拟化、桌面虚拟化、应用程序虚拟化、表示层虚拟化等。

虚拟化技术是云计算实现的关键技术，单个服务器可以支持多个虚拟机运行多个操作系统和应用，从而大大提高服务器的利用率，通过虚拟化为应用提供了灵活可变、可扩展的平台服务。

（一）虚拟化技术原理

云计算的特征体现在虚拟化、分布式和动态可扩展。虚拟化是云计算最主要特点。每一个应用部署的环境和物理平台没有关系，通过虚拟平台进行管理、扩展、迁移、备份，种种操作都通过虚拟化层次完成；动态可扩展指通过动态扩展虚拟化的层次，进而达到对以上应用进行扩展的目的；分布式指计算所使用的物理节点分布。从云计算最重要的虚拟化特点来看，大部分软件和硬件已经对虚拟化有一定支持，可以把各种 IT 资源、软件、硬件、操作系统和存储网络等要素都进行虚拟化，放在云计算平台中统一管理。虚拟化技术打破了物理结构之间的壁垒，代表着把物理资源转变为逻辑可管理资源的必然趋势。未来的资源将透明地运行在各种物理平台上，资源的管理都将按逻辑方式进行，完全实现资源的自动化分配，而虚拟化技术则是实现这一理想的唯一工具。针对云计算，虚拟化技术的融合和应用应面向高级虚拟机、应用以及虚拟化存储等方面。

1. 云计算虚拟化分类

根据抽象层的位置不同，通常将虚拟化分为四类：完全虚拟化、准虚拟化、操作系统虚拟化和应用程序虚拟化。

（1）完全虚拟化

完全虚拟化是目前最主要的虚拟化方法，使用一种名为 Hypervisor 的软件，在虚拟服务器和底层硬件之间建立一个抽象层，该虚拟化方案具有很高的效率。Hypervisor 可以捕获 CPU 指令，为指令访问硬件控制器和外设充当中介，作为一个对硬件资源进行访问的代理来协调上层 OS 对底层资源的访问。从虚拟技术的发展历史来看，此虚拟化方法也称为硬件虚拟化。在这种情况下，每个虚拟机完全独立而互不相干，每个虚拟机提出的系统资源请求（处理器、硬盘、内存或网络）均被 Hypervisor 捕捉（最初由软件实现，现在已有 CPU 硬件支持）并被发送到物理硬件上进行处理。

（2）准虚拟化

准虚拟化减轻了处理器的负担，客户操作系统需要在核心层面进行改动，能够与 Hypervisor 协同工作。准虚拟化技术同样支持在一个宿主机上运行。

多个虚拟机，从广义角度来讲，宿主机可以由操作系统和准虚拟化层共同构成，也可以仅仅包括一个准虚拟化层。与完全虚拟化的不同之处在于准虚拟化技术虚拟机导出了一系列的 API 供虚拟机调用而不是为虚拟机模拟硬件设备，适应于 BSD、Linux、Solaris 等某些开源操作系统。

（3）操作系统虚拟化

在准虚拟化或者完全虚拟化的基础上，将虚拟化抽象层向上移动到宿主操作系统之上，形成了操作系统虚拟化。操作系统层虚拟化没有独立的 Hypervisor 层，主机操作系统本身负责在多个虚拟服务器之间分配硬件资源，并且让这些服务器彼此独立。与前面所述的虚拟化方案相比：操作系统虚拟化技术提供了更高运行效率；架构在所有虚拟服务器上使用单一、标准的操作系统，管理起来比异构环境要容易；各个虚拟机共享一套宿主操作系统的机制，作为宿主操作系统的一种"快照"存在，同时各个虚拟机在一定程度上来看都是在共享宿主操作系统的文件，使虚拟化结构得到了简化；但是，所有虚拟服务器必须同时运行同一操作系统（不过每个实例有各自的应用程序和用户账户），灵活性比较差；操作系统虚拟化技术由于各个虚拟机的宿主操作系统文件及其他相关资源的共享，使得其提供的隔离性也不如前面所述的虚拟化方案。

在操作系统虚拟化领域，主要的成形方案和产品是基于容器的虚拟化技术（COS Virtualization）。COS 虚拟化方案往往在设计层次上更加简单。在 COS 虚拟化中，虚拟机的启动过程类似于创建一个文件一样简单，与之相伴的是 COS 虚拟化可以更有效地对虚拟机需求资源进行动态调配；同时由于虚拟机之间的相似性，cos 通常具有更高的系统整合比。而该方案最大的局限性在于每个虚拟机具有同源性，因此所有运行的虚拟机具有同样的版本，而且虚拟化抽象层必须严格控制各个虚拟机之间的运行隔离性。

（4）应用程序虚拟化

应用程序虚拟化的思想是将单个应用程序的文件、注册键以及其他相关的配置封装成为一个新的数据结构（通常为一个具有特定格式的文件），以方便应用程序的安装和删除等。为了保护应用程序的隔离性，通常虚拟层的封装不允许操作系统直接与应用程序内部的组件进行交互，而应用程序内部的构建可以利用系统资源来运行自己。通常有一组工具与应用程序虚拟化相伴，使得应用程序可以被"流化"到客户端，且这样的"流化"过程只会对客户端所需要的组件进行按需拷贝，从而提高程序运行的效率。

2. 云虚拟化技术分层原理

随着虚拟化的应用推广和深入研究，甚至不同的虚拟化技术在相互学习以吸收对方的优点。如现在的 Xen 虚拟机不仅是一个简单的准虚拟化平台，还支持全虚拟化的部分特性，这些得益于虚拟化硬件技术的发展。

虚拟化是实现云计算的最重要的技术基础，实现了物理资源的逻辑抽象和统一表示。通过虚拟化技术可以提高资源的利用率，并能够根据用户业务需求的变化，快速、灵活地进行资源部署。

云虚拟化技术主要分为两个层面：物理资源池化和资源池管理。其中物理资源池化是把物理设备由大化小，将一个物理设备虚拟为多个性能可配的最小资源单位；资源池管理是对集群中虚拟化后的最小资源单位进行管理，根据资源的使用情况和用户对资源的申请情况，按照一定的策略对资源进行灵活分配和调度，实现按需分配资源。

（1）物理资源的池化

物理硬件设备的虚拟化对象包括服务器、存储、网络、安全等多个方面，不同的虚拟化技术从不同角度解决系统的各种问题。

① 服务器虚拟化

服务器虚拟化对服务器进行资源虚拟和池化，将一台服务器虚拟为多个同构的虚拟服务器，同时对集群中的虚拟服务器资源池进行管理。

② 存储虚拟化

存储虚拟化主要是对传统的存储区域网络（SAN）、网络附加存储（NAS）设备进行异构，将存储资源按类型统一集中为一个大容量的存储资源，并将统一的存储资源通过分卷、分目录的权限和资源管理方法进行池化，然后将虚拟存储资源分配给各个应用使用，或者是直接分配给最终用户使用。

③ 网络虚拟化

网络虚拟化将一个物理网络节点虚拟成多个虚拟的网络设备（交换机、负载均衡器等），并进行资源管理，配合虚拟机和虚拟存储空间为应用提供云服务。

（2）资源池的管理和使用

资源池由云管理平台实现统一的管理、调度和监控，涉及云平台的合理使用和维护管理。云管理平台共分为 4 个管理层面，分别为：设备管理、虚拟资源管理、服务的管理和租户管理。

① 设备管理

设备管理为云计算平台的硬件设备提供管理和告警功能，主要包括系统管理员在日常的维护工作中查询各物理设备性能情况，并对应用服务器的 CPU 使用率、内存使用率、硬盘使用率、网络接口使用率、存储设备的空间使用率、IO 情况等关键指标进行监控。用户可以根据应用物理设备的实际配置，设置相应的监控阈值，系统会自动启动对相应指标的监控并报警。

② 虚拟资源管理

虚拟资源管理为各种应用提供虚拟资源的统一管理、资源分配和灵活调度，同时还包括系统管理员在日常的维护工作中查询各个最小虚拟资源的性能情况，并对应用虚拟机的 CPU 使用率、内存使用率、硬盘使用率、网络接口使用率，虚拟存储（如亚马逊的 EBS）的空间使用率、IO 情况等关键指标进行监控。用户可以根据虚拟资源的实际配置，设置相应的监控阈值，系统会自动启动对相应指标的监控并报警。

③ 服务管理

服务管理包括服务模板、服务实例、服务目录等管理。服务管理在虚拟资源的基础上，快速向租户提供用户指定的操作系统、应用软件等资源。

④ 租户管理

租户管理对每一个租户对应的资源群进行管理，内容包括资源的种类、数量、分布情况等，同时对租户生命周期进行管理，包括租户的申请、审核、正常、暂停、注销等。

（二）虚拟化技术的特点

结合其实现原理，可以总结出虚拟化技术的 6 大特性：

1. 软件实现

以软件的方式模拟硬件，通过软件的方式逻辑切分服务器资源，形成统一的虚拟资源池，创建虚拟机运行的独立环境。

2. 隔离运行

运行在同一物理服务器上的多个虚拟机之间相互隔离，虚拟机与虚拟机之间互不影响。包括：计算隔离、数据隔离、存储隔离、网络隔离、访问隔离，虚拟机之间不会泄露数据，应用程序只能通过配置的网络连接进行通信。

3. 封装抽象

操作系统和应用被封装成虚拟机，封装是虚拟机具有自由迁移能力的前提。真实硬件被封装成标准化的虚拟硬件，整个虚拟机以文件形式保存，便于进行备份、移动和复制。

4. 硬件独立

服务器虚拟化带来了虚拟机和硬件相互依赖性的剥离，为虚拟机的自由移动提供了良好的平台。

5. 广泛兼容

兼容多种硬件平台，支持多种操作系统平台。

6. 标准接口

虚拟硬件遵循业界标准化接口，以保证兼容性。

五、云安全技术

"云安全"计划是网络时代信息安全的最新体现，它融合了并行处理、网格计算、未知病毒行为判断等新兴技术和概念，通过网状的大量客户端对网络中软件行为的异常监测，获取互联网中木马、恶意程序的最新信息，推送到 Server 端进行自动分析和处理，再把病毒和木马的解决方案分发到每一个客户端。

云计算改变了服务方式，但并没有颠覆传统的安全模式。所不同的是，在云计算时代，安全设备和安全措施的部署位置有所不同，安全责任的主体发生了变化。之前，用户自己要保证服务的安全性，现在则由云计算服务提供商来保证服务提供的安全性。

(一) 云安全技术原理

云安全是一群探针的结果上报、专业处理结果的分享，好处是理论上可以把病毒的传播范围控制在一定区域内，这和探针的数量、存活及病毒处理的速度有关。传统的上报是人为手动的，而云安全是系统内自动快捷几秒钟内就能完成的，这种上报是最及时的，人工上报就做不到这一点。理想状态下，一个盗号木马从攻击某台电脑，到整个"云安全"网络对其拥有免疫、查杀能力，仅需几秒的时间。

云安全技术是 P2P 技术、网格技术、云计算技术等分布式计算技术混合发展、自然演化的结果。

云计算安全技术分为三大领域：身份的保护、基础设施的保护和信息数据的保护。

1. 身份的保护

对于身份安全来说，用户需要的是强认证机制，这种强认证机制要考虑一般的 ID 和密码保护，从而确保得到授权的用户访问某一应用或系统。在云环境中，安全技术所面临的挑战是：在云环境里面没有关于身份认证的定义。换句话说，从一个云服务转移到另一个云服务的时候，如何证明用户的身份是合法的以及访问的云服务是权限范围内的，将成为云安全技术首要关心的内容。显然，在云环境中需要联合身份认证技术，才能实现云服务和云应用的安全迁移。必须承认，云计算环境中的身份认证是一件困难的事情。

2. 第二个领域是保护基础架构的安全技术

基础架构包括一些硬件和网络设施、操作系统、应用环境。对基础架构安全来说，要确保基础架构的安全有非常大的挑战，在虚拟机从一个云环境进入另一个云环境的时候，如何保证虚拟机不受攻击，也是非常大的挑战。在基础架构安全方面还有一点非常重要，就是需要非常强的可信链条，这个可信链条包括硬件上要安全，还有因特网、操作系统和整个虚拟化，所有的链条里面都要打造非常强的可信性。

3. 第三领域是保护数据和信息的安全

这方面技术也面临很多挑战，要确保用户访问云环境的时候，一方面确保数据的保密性，也就是谁能够阅读这些数据；另一方面要保证云环境中的数据完整性，也就是这些数据在访问的时候，不应该被任何人随意篡改。在这个领域中的技术主要包括分布式的密钥管理技术、密钥的加密技术、DLP 技术等。云服务提供商需要确保整个数据在云环境中传输时，内容不会丢失和被篡改。

(二) 云安全技术的特点

要想建立"云安全"系统，并使之正常运行，需要解决四大问题：

1. 需要海量的客户端（云安全探针）

只有拥有海量的客户端，才能对互联网上出现的恶意程序或危险网站有最灵敏的感知能力。一般而言，安全厂商的产品使用率越高，反映应当越快，最终应当能够实现无论哪个网民中毒、访问挂马网页，都能在第一时间做出反应。

2. 需要专业的反病毒技术和经验

发现的恶意程序被探测到，应当在尽量短的时间内被分析，这需要安全厂商具有过硬的技术，否则容易造成样本的堆积，使云安全快速探测的结果大打折扣。

3. 需要大量的资金和技术投入

"云安全"系统在服务器、带宽等硬件方面需要极大的投入，同时要求安全厂商应当具有相应的顶尖技术团队、持续的研究经费支出。

4. 可以是开放的系统，允许合作伙伴的加入

"云安全"可以是个开放性的系统，其"探针"应当与其他软件相兼容，即使用户使用不同的杀毒软件，也可以享受"云安全"系统带来的成果。

第八章

云计算产业数据安全保障机制

第一节 云计算产业安全

一、云安全问题及需求

随着云计算的发展与应用,云计算技术的进一步广泛应用面临的主要问题就是安全。目前,云计算服务面临的三大问题分别是服务安全性、稳定性和性能表现。

云计算简化了服务交付、降低了资金和运营成本、提高了效率,具有诸多的优势和好处,但是也面临着安全、互操作性和可迁移性等问题和挑战,安全已经成为阻碍云计算应用的主要因素之一。从相关研究看,云计算安全问题主要是来自以下四个方面。

(一)安全攻击问题

因为云计算具有开放特性和资源共享特性,针对云计算的新型攻击方式已经出现,如基于共驻子网的拒绝服务攻击和基于共用物理机的旁通道攻击等,需要设计新的防御措施以抵御这些攻击。在多租客的云基础设施中,一台物理服务器上面通过运行多台虚拟机来同时为多个用户进行服务,理论上来说这些虚拟机之间是完全隔离并独立的,但由于共用相同的物理设备,这些虚拟机并不是完全独立的。针对虚拟机之间的物理依赖关系能够对其进行攻击,目前这些攻击主要包括拒绝服务攻击和旁通道攻击。

1. 拒绝服务攻击

这是一种针对多租客云基础设施的攻击。当攻击者与正常的云用户被分配到同一个子网内时,如果攻击者发送大量数据包将该子网与外界相连的瓶颈链路堵塞,那么就会对正常用户造成网络服务的拒绝服务。

2. 旁通道攻击

利用共享同一台物理机的虚拟机之间存在的旁通道进行攻击。旁通道攻击包括两个阶段,一是判断两个虚拟机是否在同一台物理机上;二是通过缓存级旁通道窃取数据。通过挖掘 Amazon EC2 的虚拟机安置方法,构建判断两台虚拟机是否在同一台物理机上的算法;通过暴力攻击或实例泛洪的方法使攻击者实例与目标实例被安置在同一台物理机上面。Okamura 和 Oyama 在 Xen 虚拟机监督程序下,提出了一种利用 CPU 负载进行虚拟机之间旁通道通信的方法,在理想环境下,该旁通道通信可达到 0.49bps 的带宽和较高的准确率。

根据云计算应用的全生命周期,云计算安全机制可分为上线前、使用中、故障修复三个阶段。下面分别从安全测试机制、认证与授权机制、安全隔离机制、安全监控机制、安全恢复机制 5 个方面展开分析。

1. 安全测试机制

测试与验证是及时发现安全隐患与缺陷的有效手段之一,常应用于服务上线前或运行中。传统软件的安全测试是极具挑战性的问题,云计算环境的复杂性更加剧了测试的难度,测试也越来越受到工业界与学术界的关注。

2. 认证与授权机制

它是避免服务劫持、防止服务滥用等安全威胁的基本手段之一,也是云计算开放环境中最为重要的安全防护手段之一。该类机制从使用主体的角度,包括服务和租户,给出了一种安全保障方法。

3. 安全隔离机制

隔离一方面可保证租户的信息运行于封闭且安全的范围内,方便提供商的管理;另一方面避免了租户间的相互影响,减少了租户误操作或受到恶意攻击对整个系统带来的安全风险。

4. 安全监控机制

监控是租户及时知晓服务状态,以及提供商了解系统运行状态的必要手段,可以为系统安全运行提供数据支撑,常见的监控机制包括软件内部监控和虚拟化环境监控。

5. 安全恢复机制

是保证服务可靠性和可用性的重要手段,是典型的事后反应机制。根据其涉及的范围可以分为整体恢复机制和局部恢复机制。

(二) 可信性难题

目前云计算平台分为两种:一种是私有云,一种是公有云。

私有云计算由企事业等机构投资、建设、拥有和管理,仅限特定的本机构用户使用,提供对数据、安全性和服务质量的最有效控制,用户可以自由配置自己的服务;公有云则是基于信息服务提供商构建并集中管理的面向公众的大型数据中心,与相对封闭的私有云不同,供多租客通过互联网接入设备以按需付费等方式并行使用。

开放的公有云计算环境由大规模集群服务器节点构成的数据中心被不同的机构共享。共享数据中心资源的多租客通过向系统提交服务请求来共享计算与存储基础设施,这就为计算安全可信性和服务质量保障机制的实现带来了困难。在开放的云端计算平台上,存在以下安全性问题:

第一，任务的代码和数据在网络的传输过程被恶意节点攻击或窃取；

第二，任务的代码和数据被恶意内部人员攻击或窃取；

第三，任务包含的病毒和恶意代码对执行环境及网络系统进行攻击、破坏或信息窃取；

第四，多租客提交的任务执行代码互相攻击和窃取对方的信息。

对于传输中的代码和数据保护问题，可以依靠传统的网络安全技术加以解决，目前已经有了很多成熟、有效的解决方案。对于任务包含的病毒对终端节点的执行环境及主机系统的攻击问题，目前已经有了一系列研究成果，提出了一些行之有效的方法，如沙盒模型、签名、认证、授权、资源分配、携带证明码、代码检验和审计记录等技术。而对于任务代码和数据的保护，即避免被恶意员工控制执行环境及主机攻击则比较困难。因为任务被传输并部署到目的主机执行时，任务的发起者就完全失去了对子任务的控制，任务的每一行代码都要被任务执行主机系统解释、执行，代码完全暴露在执行系统中。任务执行者可以很容易地独立控制任务代码，对其进行攻击。例如，恶意主机可以窃取任务的代码或者数据，从而了解任务整体的执行策略；修改子任务的数据；窥探任务的控制流，篡改任务的代码，使任务按节点自己的意愿执行。这对于有计算私密性需求的任务（如商业中的调查、统计、分析等计算项目）具有特别重要的意义。总之，开放的公有云计算环境使系统存在安全可信性隐患。

为了增强云计算和云存储等服务的可信性，可以从两个方面入手：一方面是提供云计算的问责功能，通过记录操作信息实现对恶意操作的追踪和问责，基于云环境下信任模糊综合评价和云信任管理机制，基于服务调用和反馈云服务的可信模型；另一方面是构建可信的云计算平台，通过可信计算、安全启动、云端网关等技术手段达到云计算的可信性。

（三）多租户隐患

多租户技术是 PaaS 云和 SaaS 云用到的关键技术，在基于多租户技术系统架构中，多个租户或用户的数据会存放在同一个存储介质上甚至同一数据表中。尽管云服务提供商会使用一些数据隔离技术（如数据标签和访问控制相结合）来防止对混合存储数据的非授权访问，但通过程序漏洞仍然可以进行非授权访问，如 Google Docs 就发生过不同用户之间文档的非授权交互访问。

1. 多租户云中的网络访问控制

网络访问控制指云基础设施中主机之间彼此互相访问的控制。在云基础设施中，虚拟机监督程序控制了消息传输的两个端点，因此访问需要在虚拟机监督程序处强制实施访问控制策略，其访问控制策略包括租客隔离、租客间通信、租客间公平共享服务和费率限制等。

在公有云中，大量用户都可以在云中租赁资源，并且可以租赁基础设施向其他用户提供服务，这些用户之间不可避免地要进行通信或数据共享等。因此，在云的多用户之间需要设计安全的网络访问控制机制。

2. 多租户云中的防火墙配置安全

防火墙是网络安全的核心部分且日趋复杂，防火墙能够分析网络流量行为、协议及应用层数据。在多租客的云基础设施中，软件服务提供商可以同时租用多个虚拟机，每个虚拟机上各有一个防火墙，通过防火墙对该虚拟机的通信进行过滤。然而，计算机中防火墙的配置非常复杂，很容易出错，而如果防火墙配置出现问题，很可能导致数据或服务的暴露。

在云基础设施，例如 Amazon 弹性计算云中，云中的虚拟机需要进行通信，这些通信分为虚拟机之间的通信，以及虚拟机与外部的通信。通信的控制可以通过防火墙来实现，因此防火墙的配置安全性非常重要。如果防火墙配置出现问题，那么攻击者很可能利用一个未被正确配置的端口对虚拟机进行攻击，因此，在云计算中，需要设计对虚拟机防火墙配置安全性进行审查的算法。

（四）虚拟化安全

虚拟化是 IaaS 云采用的关键技术，是资源能动态伸缩和充分利用的关键。通过对 CPU、内存等硬件资源的虚拟化，同一台物理机上可以同时运行多台虚拟机。尽管这些共享着相同硬件资源的虚拟机在虚拟机监控器（Virtual Machine Monitor，VMM）的控制下彼此隔离，但是攻击者通过虚拟机逃逸、流量分析、旁路攻击等手段，仍然可以从一台虚拟机上获取其他虚拟机上的数据。虚拟机面临着两方面的安全性：一方面是虚拟机监督程序的安全性，另一方面是虚拟机镜像的安全性。在以虚拟化为支撑技术的基础设施云中，虚拟机监督程序是每台物理机上的最高权限软件，因此其安全的重要性毋庸置疑。

二、云安全解决方案

（一）亚马逊弹性云（Amazon Elastic Compute Cloud，EC2）

亚马逊 EC2 使用户可以在任何时候根据需要简便地创建、启动和供应虚拟实例，用户无须建立自己的云计算平台，EC2 提供了一系列的安全机制。

安全机制包括宿主机操作系统安全、客户机操作系统安全、防火墙和 API 保护。宿主机操作系统的安全是基于堡垒主机和权限的提升。客户机操作系统的安全是基于客户对虚拟实例的完全控制，利用基于 Token 或 Key 的认证来获取对非特权账户的访问。此外，要求客户对于每个用户建立带有日志的权限提升机制，并能够生成自己独一无二的密钥对。在防火墙方面，使用缺省拒绝模式，使得网络通信可以根据协议、服务端口和源 IP 地址进行限制。API 保护指所有 API 调用都需要 X.509 证书或客户的 Amazon 秘密接入密钥的签名，并且能够使用 SSL 进行加密。此外，在同一个物理主机上的不同实例通过使用 Xen 监督程序进行隔离，并提供对抗分布式拒绝服务攻击、中间人攻击和 IP 欺骗的保护机制。

（二）IBM "蓝云"

"蓝云"建立在 IBM 的大规模计算技术的基础上，结合了 IBM 自身的软、硬件系统以及服务技术，支持开放标准与开放源代码软件。IBM 认为保障云计算的安全性迫在眉睫，在云计算环境下，客户有一些新的安全需求需要满足。一是用户与身份，客户需要确保授权用户可以访问所需数据和工具，并可在需要时阻止未授权的访问。二是数据与信息，大部分客户将数据保护作为他们最重要的安全因素考虑，主要包括数据如何存放及访问、法规遵从及审计要求、数据丢失对企业业务影响等问题。三是应用与流程，客户通常会考虑云应用的安全需求即镜像安全，过去传统的应用安全需求同样适用于云中的应用，但它们延伸到承载这些应用的镜像，云提供商需要遵循及支持安全的开发过程。四是网络，服务器及终端在共享的云环境中，客户需要确定每个独立的域之间是相互隔离的，且数据和交易不会从一个域泄漏到另一个，客户需要能够配置可信任的虚拟域或基于策略的安全域。五是物理基础架构，云的基础架构包括服务器、路由、存储设备、电力设备及其他支持运维的组件，需要从物理层面上得到安全保管。

（三）微软 Windows Azure

Windows Azure 的主要目标是为开发者提供一个 PaaS 平台，即"平台即服务"类型的云计算，帮助开发可运行在云服务器、数据中心、Web 和 PC 上的应用程序。微软注重从技术层面提高安全性，相应措施包括：强化了底层安全技术性能，对云计算平台操作系统内核进行了改进，采用了全新的安全模式，使资源既有连续性又有相对独立性；推出了全新的安全机制 Sydney，把用户的云资源与网络虚拟化分隔开来，提供企业内部数据中心设备和云中设备之间的安全连接，同时 Sydney 安全机制能够聚合任意两个终端，以创建高效、安全的虚拟网络覆盖结构；在硬件层面提升访问权限安全，采用比用户名、密码更为可靠的身份认证机制，例如在针对美国联邦政府发布的云计算产品中，微软采用了后台指纹验证和其他生物特征识别技术。此外，微软还建立基于风险的信息安全管理控制框架，通过全面的信息安全方案和使用较为成熟的方法、经常性的内外部评估，以及跨越所有服务层的强大的安全控制来保障客户的数据和业务；引入第三方安全服务提供商，通过获取第三方认证、信息披露等措施增强客户的信任。

第二节 云数据销毁

有效的数据销毁机制对于保障云计算系统数据隐私至关重要。本节将分析云数据销毁需求、销毁方式和销毁策略；然后提出基于多移动 Agent 的云数据远程销毁机制，不再完全依赖于云提供商这一"不完全"可信的第三方，使得云用户对托管至云的数据具有管理权和可控权。在此基础上，提出严格区分正常修改和非法篡改的策略，在云数据被非法篡改时或者有被非法篡改可能的情况下，对云用户数据进行及时有效的处理。针对某个具体节点上的数据销毁，探讨了"数据折叠"这一新型的数据覆写方法，使得数据销毁不再需要提前生成覆写序列，而是直接利用数据自身的存储序列进行数据覆写，从而大大缩短了数据销毁的时间，而且数据覆写次数也变得灵活可变，在云数据进行有效远程销毁的同时，缩短了数据销毁的时间，降低了数据销毁的复杂度。

一、概述

（一）云数据销毁需求

云存储是在开放的分布式环境中进行数据处理和共享的，服务提供商应在制定灵活、可扩展的访问控制策略基础上，注意到用户日益重视的安全问题。由于云提供商自身设备、非法访问、篡改等原因造成用户信息泄露或非法删除的问题长期存在，不管是云提供商还是云用户自身都希望在这些突发状况发生时，甚至是发生之前能对用户数据进行相应的保护。因此，云计算环境下数据的安全销毁也就成了云提供商和云用户的迫切需求，尤其是对下列几种情况下数据的销毁。

第一，过期数据：包括长期没有任何访问需求的、超过生存时间戳的、因删除不尽造成的数据残留等。

第二，过多的备份：云存储一般都是冗余存储的，云存储环境中有大量的用户数据备份，尤其是对于那些存储时间较长的数据，会产生过多的不必要的数据备份。

第三，被恶意攻击的数据：指那些正在遭受恶意攻击或者有可能受到恶意攻击的用户数据，甚至合法访问者的非授权请求数据。

第四，失效节点上的数据：失效节点指那些因为硬件问题或者网络问题而脱离网络的存储节点，对于这些存储节点上的用户数据，会造成大量用户的信息泄露。

云数据存储系统中蕴含的节点及可用资源范围广、数量大，更易满足用户日益增加的存储需求、消除性能瓶颈、实现负载平衡和多副本冗余备份等，同时，云存储模式也给云数据销毁带来了一些问题。

第一，节点的动态性导致用户发出销毁指令时，存储用户数据的节点不在线。

第二，用户存储在云节点的数据被多个客户访问共享，而这些租客对数据的操作（如下载等）都会对数据销毁造成影响，例如，租客 A 在下载云数据 B 的一段时间后再次向云上传该数据，而在这之前数据拥有者已经通知云销毁该数据，类似这样的场景会造成云数据销毁得不彻底。

第三，数据节点上数据销毁的不确定性。例如，当数据拥有者发出销毁指令之后，云提供商返回假消息，即在节点数据没有完全删除的情况下，告知销毁指令发出者"销毁成功"。甚至恶意租客发出销毁指令要求销毁云数据，而数据上传者并不希望该数据被销毁。

第四，用户资源的操作失控导致删除了不该删除的数据，即用户需要确保销毁的数据是自己的数据及副本，不能将存储在同一节点上的其他用户数据销毁，这个问题也是值得思考的。

（二）数据销毁方式

数据销毁是指通过一定手段将指定的待删除数据进行有效删除，使其被恢复的可能性足够小甚至是不可被恢复。针对某个具体节点上具体数据的销毁，现有的数据销毁方法主要分为硬销毁和软销毁两种，硬销毁通常用于保密等级比较高的场合，如国家机密、军事要务等；而软销毁则通常用于保密等级相对而言不是很高的场合，如一般的企业、个人文件等，存储空间可以重复使用。

数据硬销毁是指采用物理、化学方法直接销毁存储介质，从而彻底销毁存储在其中的用户数据。物理破坏方法有焚烧、粉碎等，但是磁盘的碎片仍然可以被恶意用户所利用，而且物理破坏方法需要特定的环境和设备；化学破坏方法是指用特定的化学物来熔炼的方法。然而，不管是物理破坏方法还是化学破坏方法，被销毁的存储介质不能被重复使用，造成了一定程度的浪费，并且存在环境污染问题，所有基本上没有被广泛应用。

软销毁即逻辑销毁，是采用数据覆盖等一系列软件方法进行数据销毁的手段。目前为止，数据覆写是既经济又有效的数据软销毁方法。数据覆写的基本原理是将无规则、无意义的"0""1"序列写入原数据位，从而使得数据变得无效、没有意义。

（三）数据销毁策略

基于第三方可信机制的可信删除机制，以"用户操作"或"时间"作为删除条件，在超过规定的时间后自动删除数据密钥，从而使得任何人都无法解密出数据明文，以达到数据销毁的目的。

FADE 系统在以"时间"为条件的单一模式的基础上，设计了一种基于策略的文件删除方法，以实现云存储系统中节点数据及其副本的确定性销毁，基本思想是每个文件都对应一条或多条访问策略，不同的访问策略之间可以通过一个或者多个逻辑关系组成混合策略，只有当文件的访问请求符合访问策略的所有条件时才能解密出数据明文。

然而，FADE 系统方案中有第三方参与，是一种集中式的管理，存在因密钥第三方不可信而出现误删、错删或漏删的安全隐患。Vanish 系统从销毁密钥的角度提出了一种基于分布式哈希表（Distributed Hash Table，DHT）网络的数据销毁机制，即在上传数据之前将数据进行加密，然后将密钥经门限密码处理后随机分发到 DHT 网络中，数据授权访问者只有获得超过 k（$k \leqslant n$）份密钥才能够正常地解密。当授权时间到达时，所有的密钥将自动销毁，使得在超过预设时间后任何人都无法恢复数据明文。

然而，Vanish 系统下，攻击者可以通过嗅探攻击或跳跃攻击获取到足够的密钥分片重构出密钥。为了解决这些问题，可通过增加密钥份数长度的方式来抵御跳跃攻击，通过公钥加解密的方法来抵御嗅探攻击。

在 Vanish 系统的基础上，从销毁密钥和数据的角度将密钥和部分密文数据一起分发到 DHT 网络中，增加了非法访问者破解这部分密文数据所需的密钥空间，从而加大了攻击的代价和难度。

利用身份加密技术对用户数据或者网络数据进行加密耦合，将密钥和部分密文分散在 DHT 网络中，利用 DHT 网络的动态性将超过生命期限的密文和密钥销毁掉，从而得到数据自毁的功能。然而，这些方案中同时将部分密文分发到网络中，网络通信开销也随之增加。

此外，少量数据、单个密钥的确定性销毁不符合海量数据存储系统的要求，仅用单个密钥加密整个文件不能对文件进行细粒度的操作和管理，不能按需提供服务。

存储前的用户数据加密及密钥管理，借鉴结构化层次密钥管理的思想，提出一种适用于云存储系统的数据销毁方法，采用基于 Hash 函数的密钥派生树生成和管理密钥，从而使得数据拥有者所需维护的密钥数量及暴露在外部的密钥数量大大减小。

在此基础上，对大数据进行分块加密处理，将全部密钥和部分数据密文存储在云系统，同样利用 DHT 网络的动态变化特性使得密钥在预设时间到达后自动从网络中消失，从而达到数据销毁的目的。

上述研究都是基于存储网络层面上的数据销毁方法，除此之外，学者们还对存储数据的各种介质本身进行了研究，从而根据具体介质的特质而研究出不同的数据销毁方法。

其中，NAND 闪存的存储原理特性及其存储数据的逻辑销毁方法，即现有的安全文件销毁工具多指向文件写入随机、无意义的数据，使它们变形达到不能恢复的效果，而 NAND 闪存结合了 EPROM 的高密度和 EEPROM 结构的变通性，编程速度快，擦除时间短，但是该方案只是针对 NAND 闪存文件而言，对于高容量的存储，文件安全销毁效果没有那么明显。

采用 DRAM 作为存储介质的固态硬盘 SSD，是一种数据覆盖策略，抑制数据碎片和多层 NAND 的过度使用，从而降低覆写 DRAM 的读写延迟。

基于闪存的页面使用，即从编码的角度对已使用的"页面"进行回收利用，通过跨页编码技术使得回收的"页面"仍可以写入其他技术，这实质上就是一种覆写过程。

基于数据存储系统接口，安全数据销毁方案，调查总结现有数据存储系统接口的物理介质，对不同的接口、物理介质、属性方法等情况的数据销毁进行对比，得出数据安全销毁的效率与数据存储系统的接口、物理介质等有一定的关系。

从上述的研究成果来看，关于网络存储数据的安全删除能力一直在不断地改进和提升中，但是数据销毁仍停留在不可访问的层面上，忽略了对那些占用着大量空间的过期、无效数据销毁的研究。

二、基于多移动 Agent 的云数据销毁模型

（一）多移动 Agent 技术

Agent 技术是人工智能领域的飞跃发展，具有超强的适应性、协作性、开放性和灵活性。不同于传统技术的是，Agent 技术具有如下主要特征：它具有自治能力、智能性和目标驱动属性，能够自动追求目标，能够通过各种社交、学习、推理等方法认识和适应复杂多变的环境。

第一，自治性：Agent 可以在没有人或其他个体第三方的直接介入或干预下运作，且对自身的行为和内部状态有一定的控制能力，但不否认在 Agent 启动或者运作过程中，需要从人或者其他第三方获取必要的输入。

第三，智能性：Agent 具有一定层面上的智能，可以从预定义规则或者自学习推理获取特定信息。

第四，能动性：Agent 具有适应环境的能力，能够对变化的环境做出相应、及时的反应，也可以通过接收外部消息做出具有一定目标的反应。

第五，开放性：Agent 之间的交互语言具有强大的功能，可以实现 Agent 与人类或者非人类的其他 Agent 之间进行交互。

第六，从属性：即一方代表另一方的意愿而从事活动。例如，一个 Agent 依据用户的意愿完成某项具有一定目的的任务或者活动。当然，"委托"的一方不仅仅指人类，也可以是某些软件、硬件或者其他的 Agent。

不同 Agent 系统的主要功能不同，根据这一点，可以将 Agent 系统分为以下几类。

第一，协同 Agent 系统：在一个开放的环境中，多个 Agent 协同完成任务，且这么多个 Agent 之间可以达到一种可相互接受的一致性。

第二，框架 Agent 系统：该系统提供一种主动性的协助，这种协助有利于那些使用了复杂应用系统的用户，强调自治性和自学性。其实质是一个系统助理，可以与其所在工作环境中的用户之间进行合作。

第三，移动 Agent 系统：该系统是一种软件程序，作为其所有者的代表在广域网上迁移，以完成某项特定的任务，并在完成任务之后返回至原来的位置，赋予其职责的可以是人类也可以是非人类的 Agent。

第四，搜索 Agent 系统：该系统起到一个信息管理者的角色，对多分布资源中的信息进行管理、操作和搜索，具有自主性、适应性和互操作性。

第五，能动 Agent 系统：该系统中，Agent 不需要知道其环境的内在状态，相反，以"刺激——反应"的模式对所处环境状态进行分析和判断，从而做出相应的反应。

上述不同的 Agent 系统都具有各自的优点和缺点，一般地，基于 Agent 的复杂应用可由一种或者多种类型的系统组成，多个相同类型的 Agent 系统构成混合 Agent 系统，不同类型的 Agent 系统构成异构 Agent 系统。

通常，移动 Agent 可被狭义地定位为一种用于分布式系统的粗粒度软件实体；Agent 有效地封装了方法、数据、属性和状态等信息，可以自主地在网络各节点间迁

移，并通过原语性操作与其他软件实体进行社会性交互和协同，并完成特定的任务。这里，移动 Agent 是指能够有效实现保障自身携带的代码、数据和状态私密性、完整性、迁移性等安全需求的 Agent。

同一节点上的 Agent 之间、不同节点上的 Agent 之间均可基于 Agent 通信语言（Agent Communication Language，ACL）进行通信以传输消息、数据和进行协作。

移动 Agent 与其执行容器 Agency 相互配合，可有效保障 Agent 及其代码和数据等信息，以及所处节点的双重安全。Agency 为 Agent 的运行提供通信功能、注册服务、管理功能、迁移服务、持久化机制和安全保障模块。引入 Agent 机制之后，所有数据的传输和处理都可由 Agent 来协作完成。

对于云计算环境中每个计算节点而言，节点系统的最底层为硬件设施层，其上为操作系统层；由于目前的云系统和 Agent 大多采用 Java 技术，因此系统中设置了 Java 虚拟机（Java Virtual Machine，JVM）层；JVM 之上的是云系统中间件层；Agency 将为源于同一用户的 Agent 创建同一个容器实例，作为 Agent 的直接运行空间，这将不同用户的 Agent 有效隔离，避免相互干扰甚至攻击。

移动 Agent 分为三个部分。

第一，服务 Agent 模块：指移动 Agent 承担的数据处理工作，封装了服务代码和数据，包括 Agent 的初始化程序和事务处理程序，产生实际执行动作。

第二，属性状态等附属模块：包含了 Agent ID（Agent 系统标识）、属性（包括 Agent 来源、创建时间等信息）、状态（记录了 Agent 执行过程中的当前状态，保存数据处理结果，实现跨平台的持续运行）、ACL、关系表（Agent 与其父、子、兄弟 Agent 的链接图）和规则策略集。

第三，安全可信保障模块：包括加/解密模块、验证码（负责保障 Agent 本身在传输或运行过程中的自身完整性）、冗余模块、信任评估（负责评估节点与执行可信性）、自销毁（负责将 Agent 自身任务执行代码与数据等私密信息完全销毁）、信任证（负责进入 Agency 时提供身份认证与对本地资源说明等情况）和安全 Agent 接口（Agent 与外界通信的中介，防止外界对 Agent 的非法访问）。

系统中的所有 Agent 及其所在的运行容器均需要进行标识。Agent 的全局唯一性标识可由其创建者标识和创建时赋予的本地局部唯一序列号联合构成，即 OwnerIDIAgentID；Agent 运行容器的全局唯一性标识可由节点标识和节点 Agency 创建容器时赋予的本地局部唯一序列号联合构成，即 NIDIContainerID。这种设计使得系统易于追踪定位任何迁移到异地的 Agent。

（二）销毁模式

云数据销毁应遵循一定的原则、标准，即在何时选择怎样的手段销毁哪一个数据，简称 2WIH 原则，即 Which（选择哪一个销毁）、When（何时销毁）、How（如何销毁）。该原则的详细规则如下。

1. Which

第一大类：过期数据。云存储系统中的过期数据主要包括到达预先设定生命周期的数据、访问频率在一定时间内低于一个预先设定值的冷门数据、更新失败的数据、冗余副本数据等。

第二大类：遭到恶意攻击的数据。恶意攻击主要包括未授权访问、恶意篡改、服务提供商有意泄露、黑客攻击等。除了数据拥有者自身和授权用户之外的所有用户（包括服务提供商）之外的 Agent 均可能成为恶意攻击者。

第三大类：数据残留。节点数据过多的副本、删除不彻底、待删数据所在的存储节点暂时离线等都会造成云存储系统中的数据残留。残留数据中仍可能包含用户不希望他人获知的私密信息，同时可能影响存储空间的有效利用，用户和系统本身都有全面清除残留数据的需求。

2. When

云存储数据销毁的时间会影响用户数据的安全，以及云空间资源的充分利用。对于那些有预设时间的节点数据，当预设时间到达时即调用销毁策略进行销毁。一旦节点数据发生存储环境异常或者被未授权访问者恶意攻击时，立即销毁该节点数据，然后将与该节点数据相关的其他节点上的数据块或者副本迁移甚至删除。此外，对于那些没有预设时间的、过期的、陈旧的、残留的数据，云会定期进行轮询，发现上述分类的数据立即销毁。

3. How

对于过期数据、多余副本、残留数据等数据销毁，我们希望它能实现主动销毁，这样就不需要额外的人力、技术去干涉执行销毁操作；对于那些有预设值的节点数据销毁，我们希望它能很好地完成定时销毁；对于被恶意攻击、欺骗等数据，我们希望其在被攻击、欺骗的"萌芽"阶段就能实现防御型销毁，这样能够避免用户数据的泄露，从而保证用户数据的安全性。

云数据自身、副本放置、安全等级等都是多样的，没有统一的标准，授权访问者需求更是多变的，以及恶意攻击者能力的不确定性，往往使得在某一时刻单单一种销毁方式是不能完全完成任务的，一定的复合销毁方式也是必要的。本章提到的销毁模式主要有主动销毁、定时销毁和防御型销毁三种。

（1）主动销毁

指不受任何外力所干预，只根据其存储系统的内在设置对存储数据进行合理的自销毁。

例如，基于 DHT 网络的动态性，超过 8 个小时的数据就会主动销毁，不能被任何方式获取；当一个用户数据的副本数大于该系统的最上限时，主动销毁最先设置的副本或者销毁所有副本等。用户上传数据至云之前先对该云服务器进行一定的了解，比如，一般形成几份数据副本、销毁机制等内部设置。一般遇到以下情况时使用主动销毁模式。

① 数据备份过多：即数据副本远远超出系统规定备份数，此时驻留在该节点上的 Agent 应调用销毁指令对原数据和所有副本章件进行整合，销毁那些超出系统规定的备份数。

② 过期数据：即那些长期存储在云，并在某一长时间段内没有任何价值的用户数据，对于这类数据，节点上的 Agent 应调用销毁指令将该节点原数据及其所有副本一并删除。

③ 存储数据节点不在线：并不是所有的云服务器都是永久在线的，对于那些短暂不在线的服务器，存储在其上的用户数据很容易因为不在线而不受控制，以致用户数据泄露，此时，我们希望驻留在该节点上的 Agent 仍能调用销毁指令对该不在线节点进行永久删除。

（2）定时销毁

指预先设定一个阈值，一旦到达这个阈值就销毁该阈值作用的节点数据，无论节点是否在线。

云用户隐私安全保护一直备受大家关注，现在很多研究都基于 DHT 网络的动态性，通过 DHT 网络的动态性，利用其限定时间来保护云用户数据不被泄露。但是，有时用户刚将数据上传至云就"后悔"了，这时 DHT 网络的限定时间还没有到，该用户数据不能按用户的需求立即被删除；同样，DHT 网络限定时间到达时，用户仍希望存储在云的数据再保留一段时间，可是，此刻 DHT 网络中的数据都会被销毁。这时，我们就需要一个定时机制，让其根据用户的需求，这个时间可长可短甚至可以动态变化，这也就是我们定时销毁机制所要实现的功能。

用户可以在上传数据之前设置好生命周期，然后利用 UDA 携带用户数据及该定时器上传数据，这个定时器的设置完全由用户控制，可长可短，并且可以不告诉云提供商，保证只有授权用户可见。当用户想要改变这个定时器的时长时，可向存储在数据节点上的 UDA 发送指令，UDA 调用定时模块更新这个时间。

（3）防御型销毁

指在用户数据面临潜在危险的情况下或者具有面临潜在危险可能的情况下，即对节点上的数据进行销毁。

主动销毁和定时销毁两种方式都是基于一个"阈值"的，具有滞后性：而防御型销毁是在节点数据处于不安全情况下或者具有可能不安全的情况下对节点数据进行销毁，具有一定的超前性。用户在上传数据之前自定义"白名单"（White List，WList）和"黑名单"（Black List，BList），当一个存在于 BList 中的访问者发出请求（Access Request，AR）时，则拒绝访问并立即调用销毁指令对该节点数据进行删除；若发现该访问者既不在 Wlist 中也不在 BList 中，则仅仅拒绝该次访问，无须对节点数据作任何操作。但是，如果该访问者在拒绝访问之后仍多次通过类似伪造身份的方式强制访问该节点上的数据，当达到访问次数（Visit Times，VTimes）时，将该访问者写入 BList，并立即销毁该节点上的数据。

（三）基本流程

该系统是基于多移动 Agent 的云数据的远程销毁，Agent 在销毁的整个过程中起到了承上启下的作用，贯穿用户数据的整个生命周期。下面将详细介绍 Agent 在云数据整个生命周期中扮演的角色，以及最终是如何实现云数据远程销毁的。

1. 存储

（1）Agent 注册。

① 节点（Node）：云存储系统中的节点向 MS 节点进行 Agent 注册，被定义为以下

的 9 元组。

$$Node = (NID, Type, Location, tStorage, aStorage,$$
$$Performance, Contribution, Policy, Status) \quad (8-1)$$

式中，NID 是系统中节点的唯一标识；Type 是节点类型；Location 是指节点的地址位置，用以定位节点；tStorage 指节点愿意提供的存储空间总量；aStorage 指节点愿意提供的存储总量中还剩余可用的空间；Performance 指节点的平均性能表现；Contribution 指节点从开始到现在累计的贡献值，由节点提供的数据服务量（包括提供的存储空间大小、服务成功完成数等）综合计算得到，以此作为回报激励机制的依据；Policy 是节点自身指定的服务提供策略集，节点以此作为什么样的用户、在什么时间、提供何种类型、数量及质量的服务依据；Status 是节点的实时状态，包括当前是否在线、可否提供服务，以及实时资源利用率，其中，Status = 1 表示正常状态，Status = 0 表示异常状态。

Node.Performance 与节点的数据存储、处理和传输相关的硬件本性能及其平均资源利用率相关：

$$Node.Performance = P_{cpu} \cdot (1 - Rate_{cpu}), P_{memory} \cdot (1 - Rate_{memory})$$
$$P_{network} \cdot (1 - Rate_{network}), P_{hurddisk} \cdot (1 - Rate_{hurddiak}) \quad (8-2)$$

式中，P_{cpu} 为 CPU 的处理速度；$Rate_{cpu}$ 为节点为自身工作时的 CPU 的资源利用率；P_{memory} 为内存的大小及 I/O 速度，$Rate_{memory}$ 为节点为自身工作时的内存的资源利用率；$P_{network}$ 为网络传输速率；$Rate_{network}$ 为节点为自身工作时的网络带宽利用率；$P_{hardwork}$ 为硬盘的访问速度（由硬盘转速、内部传输速率和外部传输速率等决定）；$Rate_{hardwork}$ 为节点为自身工作时的硬盘的利用率。一般而言，硬件本身性能越强，如 CPU 处理速度越高或硬盘访问速度越快，则节点在为其他节点提供数据服务时的性能表现越好；而在硬件条件一定的情况下，节点在为自身工作时的资源利用率越高，则可提供给其他节点的可用资源越少。

② 文件（File）：云存储系统中，用户向 MS 节点进行待上传文件 Agent 注册，用户提交系统托管的数据以文件为单位，文件被定义为以下的 9 元组。File = (FID, Fname, OwnerID, Content, Size, BlockSet, Policy, WList, BList) (8-3)

式中，FID 是文件的用户局部唯一标识，但并非是全局唯一标识；Fname 是用户赋予的文件名；OwnerID 是文件所有者系统全局唯一性标识，以 OwnerID｜FID 可作为文件在系统中的全局唯一标识；Content 是文件 Agent；Size 是指该文件的大小，即存储单份该文件所需消耗的存储空间；BlockSet 为用户对该文件进行切分所得到的系统标准大小的数据块集合，BlockSet = {$Block_1$, $Block_2$, …, $Block_i$, …, $Block_n$}；Policy 是 Owner 所制定的数据操作权限、生命周期等策略集；WList 存放文件拥有者自定义的授权用户，相反地，BList 则存放文件拥有者自定义的非授权用户。

其中，WList 以 n×3 的矩阵形式存放，UID 和 UPassword 成对出现，是用户注册的用户名和密码，UID｜UPassword 作为用户的唯一标识，UPolicy 是该用户所具有的访问权限，如读、写等权限；BList 以 1×m 的一行矩阵存放，即 BList = [UID_1, $U1D_2$, …, $U1D_i$, …, UID_m]，同样地，UID 唯一标识非法授权用户。

③ 数据块（Block）：云存储系统中，数据存储以数据块为单位，数据块被定义以下的4元组。

$$Block = (BID, FID, OwnerID, ReplicaSet) \quad (8-4)$$

式中，BID 是标识为 FID 的文件局部的数据块唯一标识，但并非是全局唯一标识；FID 是数据块所属文件的标识；OwnerID 是数据块所属文件的所有者标识，以 OwnerID｜FID｜BID 可作为数据块在系统中的全局唯一标识；ReplicaSet 为数据块所对应的数据副本（Replica）的集合，ReplicaSet = {Replica$_1$，Replica$_2$，…Replica$_j$，…，Replica$_m$}，数据副本数应大于或等于1，若为0，则表明该数据块已经在系统中删除。

④ 副本（Replica）：云存储系统中，数据实际的存储对象是数据副本，数据副本被定义以下的7元组。

$$Replica = (RID, BID, FID, OwnerID, CTime, UTime, Node.Location) \quad (8-5)$$

式中，RID 是文件标识为 FID 中标识为 BID 数据块局部数据副本的唯一标识，但并非是全局唯一标识；与式（8-4）相同，BID 是数据副本所属数据块的唯一标识；FID 是数据块所属文件的标识；OwnerID 是数据块所属文件的所有者标识，以 OwnerID｜FID｜BID｜RID 可作为数据副本在系统中的全局唯一标识；CTime 是该副本的创建时间；UTime 是副本的更新时间；Node.Location 是副本所在的存储节点地址。

（2）存储

当用户（文件 File 的所有者）准备将 File 提交云存储系统托管时，首先由用户本地的文件处理 Agent（File Process Agent，FPA）将 File 切分为若干系统标准大小的数据块，并按照用户设定的 File.Policy 信息对数据块进行加工，如利用哈希（Hash）算法计算数据块指纹，以及对数据块进行加密。用户本地的资源请求 Agent（Resource Request Agent，RRA）与 MS 节点上的 GRMA 交互，目的是申请并获取符合自身需求且当前可存储 File 数据块的节点信息。

GRMA 根据 RD 列表记录信息，并按照负载均衡、保障服务质量，以及充分利用 EN 节点资源等原则来选定存储节点，其中最为重要的是 Node.aStorage、Node.Policy 和 Node.Status 信息，其中，Node.aStorage 决定可存储的数据块数量；Node.Policy 决定存储节点是否愿意存储该用户的文件 File；Node.Status 指明节点当前是否在线、可否提供服务。

GRMA 将当前可存储 File 数据块的节点信息返回给用户 RRA，同时向用户发放若干经过 MS 节点签名的本次存储许可证，许可证包含以下信息 < File.OwnerID，Node.NID，Node.Type．Node.Location，Space >，其中 Space 指其中某一个存储节点本次可提供的存储空间，许可证的份数与被选中的存储节点数相等。GRMA 同时将 < File.OwnerID.Space > 发给选定的存储节点。

用户根据 GRMA 返回的信息由本地的 RA 孵化若干个用以携带数据块迁移到目标节点的 Agent。每个 Agent 将携带 File 数据块集合的子集（设为 $B \subset File.BlockSet$）、事务处理程序、本次存储许可证并基于 Agency 提供的迁移服务和 ATP 协议漫游到指定的存储节点上。目标存储节点上设置了 Agent 管理者（Personnel Agent，PA），PA 基于 Agency 的注册服务、管理功能实现对 Agent 的管理。PA 在验证 Agent 的合法性和完整性后，将 Agent 装载到 Agency 的一个容器中，并进一步验证数据块的完整性，然后将 Agent 程序及其携带数据块进行持久化操作，即写到本地硬盘上指定的云存储资源区中，接着将存储成功和容器的 NID｜ContainerID 标识信息发回给用户，并将 Agent 相关信息登记到节点上的 Agent 目录（AgentDirectory，AD）中，同时汇报给 MS 节点。MS 节点收到信息后立即修改 RD 列表中的对应记录，如需要修改记录中的 Node.aStorage 信息，用户则获得并继续维护以下的对应信息 < B, File.Policy, Node.Location, OwnerID｜AgentLD｜ContainerID >。需要指出的是，列表 AD 中维护的 Agent 信息包括本地创建的并驻守在本地的静态 Agent 和迁移到其他节点的 Agent，以及其他节点迁移到本地的 Agent，即 < OwenerID｜AgentID，NID >。

2. 访问

（1）认证

访问者（Visitor）：对于第一次访问云数据的用户，事先都必须向 MS 节点进行注册申请，访问者被定义为以下的 4 元组。

$$\text{Visitor} = (\text{UID, UPassword, FID, URequest}) \qquad (8-6)$$

式中，UIDIUPassword 是用户向 MS 注册时提供的用户唯一标识；FIDIURequest 是指该用户所需访问的文件，以及对该文件的读、写或者其他需求。

（2）授权访问

MS 节点从接收到用户的访问需求开始，对该用户，以及其发出的请求进行验证和授权，首先判断该用户所访问的文件是否存在，若存在且 UIDSWlist，贝 U 判断 URequest 是否属于相应的 UPolicy 集合，若属于，则授权，即将存储该被访问数据的节点信息返回给该用户；否则，拒绝该次访问请求。

3. 销毁

数据销毁：指在适当的时间及时销毁那些需要被销毁数据。实现云数据的远程数据销毁是本章研究的最终目的，这个销毁指令可以由数据提供者、授权访问者或者云服务提供商发出。

场景一：数据生命周期到达之前销毁数据。无论是数据提供者、授权访问者，还是云提供商发出销毁指令，都必须通过"访问——验证"的全过程。然后再获得所需销毁数据所在云节点信息之后，对驻留在该节点上的 UDA 发出一个销毁指令，让其调用事先用户自定义的销毁方法销毁相应的数据。

场景二：数据生命周期到达之后销毁数据。正常情况下，数据生命周期到达之后，该数据也就被自动销毁了，但是难免会有遗留的数据信息被残留了下来，这个时候就需要定期对云数据进行轮询，将这些残留数据逐一销毁以释放云的存储空间。

但在这些销毁情况下，一定要对提出销毁指令的那一方进行严格的认证，确保发出指令者是合法的。同时，必须确保删除的是待删除数据，而不能把别人的数据销毁。

云数据销毁的基本流程：

（1）认证

对于数据提供者发出的销毁指令，必须验证其身份的真实性。数据提供者在发出销毁指令之前是知道云数据所在节点信息的，所以可以直接向节点上驻留的 UDA 发出销毁指令，由该 Agent 通过事先自定义的规则对该指令发出者进行身份验证。

对于授权用户发出的销毁指令，一定是通过了访问认证的。该用户向云 MS 节点注册认证，首先该用户必须在所需数据的"白名单"中，其次该用户具有销毁权限。

（2）销毁

通过认证的销毁指令发出者调用策略 Agent 中提供的销毁策略或直接调用本节点的销毁模块对该节点数据进行销毁。同时，可以根据数据保密等级的不同，选择不同的销毁方式对节点数据进行有效销毁。最后根据需求将主服务器、节点、用户终端的注册信息和副本一并删除。

4. 验证

因为基于多移动 Agent 技术的云数据销毁机制不完全依赖于云提供商，整个过程都由移动 Agent 完成，容易造成 Agent 的"瓶颈"。在数据的整个生命周期中，如果用户创建的移动 Agent 被恶意篡改，Agent 返回的"成功销毁"的消息将不再可靠。而且，对于那些 Agent 发出一次销毁的时候不在线的节点，Agent 此刻返回的"成功销毁"也是不完全的。

所以，引入一个验证机制，即在创建携带用户数据上传 Agent 的时候（即上述 UDA），创建一个与其配对的 Agent，即 Agent 守护 Agent（Agent Guard Agent，AGA）。AGA 和 UDA 之间存在锁和钥匙的关系，即 UDA 携带用户数据和对应数字证书上传至云存储时，AGA 驻留在用户本地，一方面 UDA 定期向本地驻留的 AGA 发送消息，让用户了解托管数据的状态；另一方面，本地驻留的 AGA 定期向云 UDA 发送消息，查看 UDA 发送的 AGAUDA 云提供商状态。当存储在节点上的数据和携带其上传的 UDA 都被销毁之后在预设的时间期限内对云发送查询命令，看是否仍存在用户隐私数据及其残留，完成验证销毁成功的功能。

（1）反馈

用户创建的 UDA 携带用户数据和相应数字证书上传至云之后，将用户数据存储的节点信息反馈给驻留在用户本地的 AGA 上，让用户了解托管数据的状态。

（2）事先轮询

用户本地驻留的 AGA 在数据销毁之前主动、定期向云对应的 UDA 发送查询指令，了解存储在云的用户的存储状态（包括是原数据还是副本、存储节点有没有改变、有无恶意攻击等潜在危险等）。

（3）事后轮询

在 UDA 反馈数据安全销毁之后，AGA 在预设时间内定期向云发送轮询指令，查看是否仍存在本该销毁的数据或其他数据残留；并在云提供商强制反馈之后对云再次进行查询，一定确保云已不存在本该销毁的用户数据。

（4）强制反馈

若事后轮询仍发现用户数据残留，则通过与云服务提供商交涉的办法，强制云服务提供商销毁该数据残留，并保证在之后的轮询中不会再发现该数据残留。

三、防御型销毁机制

(一)模型架构

本章着重阐述云数据的防御型销毁机制,通过区分正常修改和非法篡改来对云存储数据进行及时,甚至提前的处理,从而对云数据进行合法合理的销毁。

基于移动 Agent 的云数据防御型销毁机制的架构模型由云和用户端两个部分组成。云系统由管理单元和存储单元组成,其中,管理单元由主管理节点 MS 构成,负责对云各类存储节点进行注册与管理;存储节点必须事先向 MS 节点进行注册,负责存储用户上传的数据。

用户端由用户待上传文件 f,本地 Agent 和本地库三个部分组成,其中 Agent 具有孵化的功能,在对 f 进行预处理之后,孵化出一个移动 Agent,对经过预处理后的文件 f′进行封装,携带 f′一同上传至云存储;因此,可以形象地将 Agent 分为本地 Agent 和移动 Agent 两类。其中,本地 Agent 驻留在用户本地,对 f 进行一些预处理,如加密、分块、HASH 操作等,并且在 f′上传之后为 Agent 之间的交互提供运行环境。移动 Agent 包括更新、数据封装、检测和策略四个模块,其中,更新模块在云数据通过移动 Agent 正常修改的情况下,对云数据和用户端本地库进行更新操作;数据封装模块用于对 f′进行封装,和移动 Agent 形成一体;检测模块则是在用户数据托管至云后脱离了用户管理的情况下对用户数据进行检测;策略模块包括迁移、定时和销毁三个策略,向云检测提供。迁移策略可以让受安全威胁的数据及时得以撤离;定时策略保存的是用户在上传文件之前设置的时间戳 T,为云的检测提供准确的时间点;销毁策略可以对具体节点上的具体数据进行覆写操作,使其得到充分的删除,从而到达销毁的功能。

(二)数据托管流程

首先用户提交文件 f;然后在用户本地动态创建本地 Agent,对 f 进行预处理;接着本地 Agent 向 MS 申请云存储节点,最后本地 Agent 在接收到云相应存储节点信息之后,根据用户需求孵化出一个移动 Agent,一同上传至该云存储节点上。具体步骤如下:

1. 提交 f

用户提交待上传数据 f。

2. 创建 Agent

用户根据厂需求动态创建本地 Agent,并利用所创建的本地 Agent 对厂进行预处理。上传数据预处理方法要根据移动 Agent 所采用的数据篡改检测策略而定,这里所述的预处理包括对上传文件厂依次进行加密、分块、HASH 操作,具体如下:

(1)加密

根据用户数据的敏感程度选择合适的加密方法对/进行加密,即 C = E(f)。

(2)分块

将密文 C 切分为至少两个数据块,具体的切分方法可根据实际情况灵活选择,本

节将步骤（1）加密所得的密文 C"向上取整"切分成 n 份长度为 M 的数据块 B_i，即
$$C = \{C(B_1), C(B_2), \cdots, C(B_i), \cdots, C(B_n)\}$$

所得数据块的数量 n 如式（8-7）所示，且前 n-1 个数据块的长度等于 M，而最后一个数据块的长度不长于 M。

$$n = \lceil \frac{L(C)}{M} \rceil \qquad (8-7)$$

式中，L（C）表示密文 C 的长度，「 ⌉表示向上取整。

特别地，对于较小的上传文件 f，由于其加密后的密文 C 也较小，此时也可以跳过分块的步骤，直接对其进行 HASH 运算。

（3）HASH 运算

对步骤（2）分块产生的，两个密文数据块 C（B_i）分别进行 HASH 运算，即 H_a = H（C（B_i）），并将所得的 n 个 H_a 值分别拼接到相应密文数据块的后面，即 f′形式。

（4）写入本地库

根据用户自定义数据库 UPLOAD_TO_CLOUD 的属性字段，将步骤（1）（2）（3）中的相关信息存储在数据库中。

3. Agent 迁移

在迁移之前，本地 Agent 向 MS 申请可存储/的云节点的相关信息，MS 将符合要求的云存储节点的相关信息返回给本地，本地 Agent 孵化出一个移动 Agent 来封装 f′，并根据实际需要建立相应的检测模块和策略模块，然后移动 Agent 携带着了和各模块一起迁移至云存储节点上。

下面对预处理算法做进一步说明。

（1）预处理算法 1~2 行

初始化内容。其中第 1 行定义加密后的数据 CS、分块后的数据 BCS、HASH 操作后的数据 HS，以及所用到的数据库名称 CPDS；第 2 行初始化了待处理文件的长度£、数据块长度以及经过预处理之后的数据块数量。

（2）预处理算法 3~9 行

加密分块及拼接操作。其中第 3 行对待上传数据 f 整体进行加密，得到密文 DS；第 4 行在给定数据块长度 M 的基础上，对待上传数据的分块数，数据块的数量 N 向上取整；第 5~9 行的循环中，是对密文 DS 进行分块、HASH 操作，最终将密文数据块 BCS 和相应 HASH 值 HS 进行拼接，得到一个完整的经过预处理的数据块 f′。

（3）预处理算法 10~19 行

数据库操作。其中第 10~15 行是连接数据库操作；第 17~19 行定义了 hash 和 block_hash 两张表，并将相应数据信息插入至这两张表中存储。

（三）数据检测

数据防御型检测及处理，是指基于 HASH 值的自主检测，并对没有通过检测的云数据进行及时处理的过程。利用对云数据修改流程的不同来区分云数据的正常修改和非法篡改，从而起到防御型检测的功效，最终及时地对云已经被篡改或者有被篡改可

能的节点数据进行处理（如销毁或者向用户报警）。这里，云数据的正常修改和非法篡改的区分依据为：

第一，正常修改。用户本地 Agent 与上传至云的移动 Agent 进行交互，申请存储在云的数据，云移动 Agent 将其管理的数据发送至本地 Agent，用户将该数据序列进行分离操作，并对该序列分离出的数据段进行修改，修改之后对其进行 HASH 操作得到新的 HASH 值 H_i，并用 H_i 更新分离出的 HASH 值，同时对用户本地数据库相关字段进行更新，最后再将该数据用同样的方法上传至云。

第二，非法篡改。非授权用户对数据块的任何修改都视为非法篡改，可能是对密文数据段的修改，也可能是对 HASH 值段的修改，还可能是对两者共同的修改，但因为不是通过移动 Agent 完成的，所以不会向用户返回一个 HASH 值来对数据库进行更新。

1. 检测

移动 Agent 封装着用户数据、属性、策略等上传至云之后，即基于预设的检测周期对该用户数据进行定时检测，从 CREATE TIME 起，每隔 T 个时间单位对云存储的用户数据进行检测，第一次检测时刻的不同，给攻击者破解检测时造成了一定的难度。

2. 处理

云管理数据的移动 Agent 接收到 false 时，即基于策略模块的处理策略对该数据进行处理，本章将该数据块销毁，并且将与其相关的其余正常数据块或副本进行迁移，并且迁移的优选路径遵循 Value 值最优原则，Value 值与节点注册时的 aStorage、tStorage、Perfonnance、Contribution 等参数相关，如式（8-8）所示。

$$Value = （aStorage/tStorage）\times Performance \times Contribution \qquad (8-8)$$

（四）数据销毁

针对某个具体节点上数据的销毁调用数据销毁模块，这里的数据销毁模块指的是具有用户意志的销毁策略，根据用户需求对节点数据进行覆写的模块。

1. 销毁

现有的数据软销毁方法不是基于某种特定的存储介质，就是基于某种特定的网络，没有共通性，并且存在以下问题。

第一，在覆写之前都需要事先、一次性生成多种满足自身标准的覆写序列。

第二，利用现有标准开发的数据销毁软件一旦选定了覆写标准，覆写次数也就选定了，不能根据待销毁数据的安全等级、大小等灵活地改变覆写次数。

第三，覆写序列具有一定的规律性，容易被攻击者"破译"。

针对具体节点上存储数据的销毁，本节提出了一种基于数据折叠的新型数据销毁方法，主要内容包括：

① 提出了"数据折叠"的思想，一种面向数据销毁的方法，即利用待销毁数据自身的存储序列进行覆写。

② 给出了基于数据折叠的数据销毁算法流程，包括数据定位、数据覆写、数据再定位和数据再覆写等一系列流程。

数据折叠：指的是直接利用数据自身存储序列进行覆写的数据销毁算法。

2. 算法描述

数据折叠的算法具体描述如下：

（1）数据"首"定位

即数据首次定位，获取目标数据序列的长度，确定目标数据序列的数据"首"位和"末"位，并根据长度、数据"首"位和数据"末"位确定目标数据序列的中间位置，以该中间数据位置将目标数据序列分为前半段数据序列和后半段数据序列，具体方法如式（8-9）所示。

$$\text{param} = \{\text{array of date}_{[0]}, N\} \xrightarrow{\text{set}} \{\text{ListData}^0_{\text{first}}, \text{Data\_Mid}_{[0]}, \text{ListData}^0_{\text{last}}\} \quad (8-9)$$

初始输入值 param = $\{\text{array\_of\_date}_{[0]}, N\}$，其中，array_of date$_{[0]}$ 表示待覆写原数据序列，N 表示待覆写原数据序列长度。输出值 $\{\text{ListData}^0_{\text{first}}, \text{Data\_Mid}_{[0]},$ ListData$^0_{\text{last}}\}$，其中，ListData$^0_{\text{first}}$ 表示原始数据序列的"首"位，ListData$^0_{\text{last}}$ 表示原始数据序列的"末"位，Data_Mid$_{[0]}$ 表示原始数据"首"位和"末"位的中间位置。

（2）数据"首"写入

即将前半段数据序列中的各数据和后半段数据序列中的各数据，按数据位一一对应规则分别进行"模2加"运算，并将运算结果数据序列中的各数据按数据位顺序分别写入前半段数据序列的数据位上和后半段数据序列的数据位上，实现目标数据序列的本次数据覆写，具体方法如式（8-10）所示。

$$\{\text{ListData}^0_{\text{first}}, \text{Data Mid}_{[0]}, \text{ListData}^0_{\text{last}}\} \xrightarrow{\text{mod2}} \{\text{array\_of\_date}_{[1]}\} \quad (8-10)$$

输入值是步骤（1）中产生的原数据首位 ListData$^0_{\text{first}}$、原数据的中间位置 Data_Mid$_{[0]}$，原数据的末位 ListData$^0_{\text{last}}$，按数据位一一对应规则分别进行"模2加"运算，输出新的数据序；列 array_of_date$_{[1]}$。

（3）数据"重"定位

即获取上一次数据覆写过程中的中间数据位置，从该中间数据位置起，向所述目标数据序列的数据"首"位方向依顺序查找第一个数据不为"0"的数据位，若不存在该数据位，则数据折叠结束；若存在该数据位，则将该数据位作为新数据"末"位，数据"首"位不变；判断数据"首"位是否等于新数据"末"位，是则数据覆写结束；否则进入步骤（4），具体方法如式（8-11）所示。

$$\{\text{array\_of\_date}_{[i]}\ \text{Data\_Mid}_{[i]}\} \xrightarrow{\text{seek}} \{\text{ListData}^i_{\text{first}}, \text{ListData}^i_{\text{last}}\} \quad (8-11)$$

输入值为经过，次折叠之后的数据序列 array_of_date$_{[i]}$ 及此刻的"中间位置" Data_Mid$_{[i]}$，从该中间数据位置起，向所述目标数据序列的数据"首"位方向依顺序查找第一个数据不为"0"的数据位，从而确定第一个输出值数据"末"位 ListData$^i_{\text{last}}$，第二个输出值数据"首"位不变，记作 ListData$^i_{\text{first}}$。

（4）数据"再"定位

即根据数据首位和新数据末位，确定该数据首位和新数据末位之间数据序列的中间数据位置，作为本次数据覆写的中间数据位置；该中间数据位置将数据首位和新数据末位之间数据序列分为前半段数据序列和后半段数据序列，具体方法如式（8-12）

所示。

$$\{\text{ListData}_{\text{first}}^{i}, \text{ListData}_{\text{last}}^{i}\} \xrightarrow{set} \{\text{Data\_Mid}_{|i|}\} \qquad (8-12)$$

输入值为新数据首位 $\text{ListData}_{\text{first}}^{i}$、新数据末位 $\text{ListData}_{\text{last}}^{i}$，确定新的中间位置，即输出值 $\text{Data\_Mid}_{|i|}$。

(5) 数据"再"写入

将步骤（4）中数据首位和新数据末位之间，数据序列的前半段数据序列中的各数据和后半段数据序列中的各数据，按数据位一一对应规则分别进行"模2加"运算，并将运算结果数据序列中的各数据从所述目标数据序列的数据首位起，按数据位顺序依次写入所述目标数据序列的各个数据位上，实现目标数据序列的本次数据覆写，具体方法如式（8-13）所示。

$$\{\text{ListData}_{\text{first}}^{i}, \text{Data Mid}_{|i|}, \text{ListData}_{\text{last}}^{i}\} \xrightarrow{\text{mod}2} \{\text{array of\_date}_{|i+1|}\} \qquad (8-13)$$

输入值为上一步骤中确定的新数据序列的首位 $\text{ListData}_{\text{first}}^{i}$、此时的中间位置 $\text{Data Mid}_{|i|}$ 和新数据的末位 $\text{ListData}_{\text{last}}^{i}$，经过一一对应的"模2加"，即得到输出值新的数据序列 $\text{array of\_date}_{|i+1|}$。该算法可以根据用户需求对数据进行可控次数的数据折叠操作，从而对用户数据进行有效的覆写。

第三节　云存储数据的隐私保护

数据一旦托管到云存储系统中，用户就失去了直接管理权，对数据进行的操作都将由云服务器来处理。由于云服务提供商内部人员监守自盗和外部黑客的入侵等原因，云存储系统并不是完全可信的。此外，用户云数据的操作和通信同样会被监听。因此，数据隐私保护不但包括数据内容的隐私保护，还包括对数据属性的隐私保护。

目前对于电子数据安全存储的解决方案，大多是依赖加密存储的方式实现的，而实现方法的差异主要体现在加解密的位置和时机。随着分布式系统的应用，数据被分散存储于若干不相关联的存储设备，数据安全性也随之提高，并提供了安全恢复数据的策略，但是对于隐私数据的保护过于薄弱。随后，改进的分离存储方法被提出，即真实的数据在客户端分块后被加密传输到网络上的文件存储服务器，而数据文件的目录信息则保存于本地。这种方式实现了文件数据与其元数据的分离，具有管理员权限的服务商无法获得元数据，解决了来自内部人员的安全问题，并且提出一种基于分割的云存储分级数据私密性保护模型，在加密上传文件前分割该文件，提高了上传过程中，以及上传到云端后文件数据的安全性。

二、云数据隐私保护关键技术

（一）*数据内容隐私保护*

云计算系统数据安全问题的核心根源是数据管理权和所有权的分离。用户所属的数据被外包给云服务提供商后，云服务提供商就获得了该数据的优先访问权。事实证明，由于存在内部人员失职、黑客攻击及系统故障导致安全机制失效等多种风险，云服务提供商没有充足的证据让用户确信其数据被正确地存储和使用。例如，用户数据没有被盗卖给其竞争对手，用户使用习惯等数据隐私没有被提取或分析，用户数据被正确存储在其指定的国家或区域，数据严格按用户要求被彻底地销毁、删除等。

1. 隐私保护的密文搜索

由于云服务器的不可信，用户可以在上传数据之前对数据进行加密。但是随之带来的问题是云服务器不能直接对数据进行有效操作。因此，采用传统的加密方案在不解密的条件下，用户也就无法对远程数据进行有效的操作，比如按关键字检索需要的文件等。

为了解决加密数据的远程可操作问题，基于不同技术，针对不同应用场景的解决方案相继出现。基于可搜索加密技术，可以解决加密文件的检索问题；基于同态加密技术，可以实现加密数字的数学运算（主要为加法、乘法）；基于私有信息检索技术（Private Infonnation Retrieval，PIR），可以对明文或加密数据进行隐秘获取；基于保序加密技术（Order Preserving Encryption，OPE），可以解决加密数字大小的远程比较问题。

（1）可搜索加密技术

可搜索加密算法可分为对称可搜索加密算法和非对称可搜索加密算法，对称可搜索加密算法的基本功能之一是对搜索结果进行排序并返回最佳匹配文件。为使该功能在非对称可搜索加密算法中实现，将非对称加密结构转换为对称加密结构，并结合保序加密算法，提出一种在非对称可搜索加密算法上实现排序查询功能的方案，进行混合加密密文的检索。实验结果表明，与传统的只支持对称可搜索加密结构排序方法相比，该方法支持非对称加密，具有较好的检索效率，并且应用性强。

排序功能组件可以先记录加密的相关分数，并构造一个索引记录＜令牌，分数＞数据对，从而使得功能组件可以在计算时间复杂度为 O（1）的条件下获取分数并比较大小进行排序。

为了存储索引记录，本书采用基于稀疏矩阵的间接寻址方案构造一个二维索引表A，记录数据对＜关键字，相关性分数＞，所有数据均加密。当查询时，服务器查找所有匹配文档的相关性分数，并找出最佳 & 个文档。为了安全地使用保序加密算法，加密数据前需要一个预处理过程，构造一个保序加密表（OPE Table）来预处理所有的明文。

可排序非对称可搜索加密算法包括构造算法与过滤算法两部分，分别用于加密时功能结构的构造与检索时的文件查询。

构造算法的主要流程是从文档中抽取关键字，并基于保序加密方案，结合非对称可搜索加密算法的数据结构构造索引表。过滤算法的主要流程是根据每个加密文档对应的加密索引表，对查询结果进行排序并返回排序结果，从而返回最匹配用查询的文档。

（2）同态加密技术

同态加密技术是基于数学难题的计算复杂性理论的密码学技术，对经过同态加密的数据进行处理得到一个输出，将这一输出进行解密，其结果与用同一方法处理未加密的原始数据得到的输出结果是一样的。简单地说，就是密文操作可以等价于明文操作之后再加密。同态加密由于其特殊的性能，可以解决上述中存在的计算复杂度、通信复杂度及安全性问题，以至于受到越来越受学者的关注。至今，已出现一些成熟的同态加密方案，有些已经广泛应用到安全协议的设计中，从中可以总结出其特殊的自然属性：首先，同态加密技术同一般的加密技术一样对加密方消息实施加密操作，未经授权的参与方无法窃取秘密，满足了隐私保护的安全性需求；其次，同态加密技术具有一般加密技术不具备的自然属性，一般加密状态的数据直接计算便会破坏相应明文，而利用同态加密的密文数据可直接运算而不会破坏对应明文信息的完整性和保密性，计算的中间数据也是加密的，可以寄存在任何参与方，剔除冗余数据，降低对通信的要求，提高执行效率。

随着网络技术的发展，传统的单一计算模式已经不能满足用户需求，云计算成为计算时代主题。用户希望通过云提供的服务进行一些复杂的运算，但又不想让云知道相关的隐私信息，这时同态加密技术就可以发挥出重要作用。云只负责计算，而用户只需要处理计算的结果。用户数据安全需求的不断提高，同态加密机制存在的问题和缺陷，也会限制其应用的范围。现有的高效率和高安全性的同态加密方案大多是半同态的，即方案只在执行单一计算操作时具备同态性。例如，RSA 算法只满足乘法同态性，Paillier 算法只对加法同态，而 IHC 算法和 MRS 算法也只能对加同态和标量乘同态。这些方案限制了运算种类，实用性上受到了严峻的挑战。另外，也有少数几种同态加密方案同时对两种运算同态，如 Rivest 算法。但这些方案要么因为安全性低，要么因为工作效率低而未能带来实际应用价值。因此，发展、完善同态加密机制，意义重大。

公钥密码体制下的同态加密算法可描述如下。

同态加密算法体制，是满足下列条件的一个六元组 {M，C，K，E，D，⊕}：

① M 是明文空间。

② C 是密文空间。

③ K 是公私钥对集合。

④ ⊕是同态运算符。

⑤ 对于任意的（PK，SK）∈K（PK 称为公钥，SK 称为私钥），对应一个加密算法 $E_{pk} \in E$（E 是加密算法集合，E：M→C）和解密算法 $D_{sk} \in D$（D 是解密算法集合，D：C→A），且对任意的 m∈M，满足 $C = E_{pk}(m)$，$m = D_{SK}(C) = D_{SK}(E_{PK}(m))$，其中 D_{SK}、E_{PK}，都是多项式时间内可执行的。

⑥ 对于所有的（PK，SK）∈K，由 E_{PK} 推出 D_{SK} 在计算上是不可能的。

⑦ 对任意的 x，y∈M，$E_{pk}(x) \oplus E_{pk}(V) = E_{pk}(x \oplus y)$。

根据运算符⊕的不同，可分为加同态算法和乘同态算法，满足加同态加密算法可表述为 $E_{pk}(m_1) \oplus E_{pk}(m_2) = E_{pk}(m_1 + m_2)$，而乘同态性的算法可表述 $E_{pk}(m_1) \oplus E_{pk}(m_2) = E_{pk}(m_1 m_2)$。以此，我们可以对同台加密进行分类，仅仅能实现一种同态性的算法称为半同态加密算法；满足所有的同态性质的算法称为全同态加密算法。

另外，全同态加密算法还应具有自举性，同态加密算法可以同态处理解密电路和扩展电路。

（3）私有信息检索技术

私有信息检索（Private Information Retrieval，PIR）目的是为了解决这样一类问题：用户向数据库服务器提交查询时，在用户的查询信息不被泄露的前提下完成查询。作为安全多方计算的一个分支，私有信息检索的应用十分广泛。例如，以下几个私有信息检索的应用场景。

① 患有某种疾病的病人想通过一个专家系统查询其疾病的治疗方法，如果以该疾病名为查询条件，专家系统服务器将会得知该病人可能患有这样的疾病，从而病人的隐私被泄露，这是病人所不希望的。

② 在股票交易市场中，某重要用户想查询某个股票信息，但又不能将自己感兴趣的股票公之于众，从而影响股票价格。

③ 在命名申请应用中（如专利申请、域名申请等），用户需要首先向相关数据库查询自己申请的专利名或域名是否已存在，但又不想让服务器方知晓自己的申请名称，从而能够抢先注册或申请。

私有信息检索问题一般涉及两方，即用户方与数据库服务器方。研究者通常把该问题形式化以方便研究：将数据库抽象成为 n bit 的二进制字符串 x，即 $x \in \{0, 1\}^n$，用户查询第 i 个字符 x_i（$x_i \in \{0, 1\}$）的信息，但是不希望数据库知道具体的隐私信息 i。大多数研究均基于这样的问题抽象，提出各自的 PIR 协议，目前的协议研究主要可分为两大类。

信息论的私有信息检索协议（Information - Theoretic PIR）：采用多个数据库副本，通过编码技术将查询信息隐藏，从而实现私有信息检索。

计算性的私有信息检索协议（Computational PIR）：基于数学上的困难假设，使得数据库服务器无法在多项式时间内获得查询信息，从而实现私有信息检索。

（4）保序加密算法

数据进行加密之后，如何对加密数据库进行操作（例如查询操作）是一个重要的问题。一种常用方法是首先对加密数据进行解密，然后对解密数据进行操作。但由于要对整个数据库进行加/解密操作，开销巨大，在实际操作中是不可行的；另一种方法是直接对加密数据进行操作，即首先对操作语句的条件进行相同的加密处理，然后与数据库中的加密数据比较，但由于数据加密后一些固有的属性（如数据有序性、相似性、可比性等）遭到破坏，该方法的适用范围非常有限。

保存顺序的加密方法（OPS - Order Preserving Encryption for Numeric Data，OPES）很好地解决了系统性能这一瓶颈问题，加密后不影响系统的原有功能，并能直接操作加密数据。但是 OPES 只是基于数值型数据，存在数据库本身性质和算法的局限性。

虽然 OPEART 算法较好地解决了密文上的关系运算问题，但是它不能隐藏原始数据分布，加密后的密文与原始数据呈现相同的数据分布，因此不能很好地抵挡统计型攻击。

经典的改进方案如下。

① 经典抗统计保序加密方案

保序加密算法，加密后的密文数据集的分布与明文数据集的分布无关，因此在对抗统计分析攻击的方案中具有代表性。该方案一次性加密所有明文数据 P，其思路是将明文数据集 P 映射到一个指定的具有目标分布的样本空间（该样本值事先生成）。同时，方案记录一些额外的信息 K。通过该额外信息，数据库管理系统可以加密新数据或者解密数据，因此，该信息可以视为加密/解密的密钥，该方案的基本过程如下。

建模：输入的数据分布与目标数据分布建模为分段柱状图，所有的数据均属于柱状图的一节，柱状图的高度为数据的密集程度，因此，通过该方法，可以将数据转化为规则的数据。输入的明文数据定义为 P。

平面化：将明文数据库 P 转化为一个一维的平数据库 F，使得数据库 F 的数据分布为均匀分布。该方法的本质上是将柱状图映射到一维坐标上，柱状图的高度等价于坐标的长度，因此达到均匀分布的目的。平面化的函数定义为 f。

目标转化：该过程将平数据库 F 转化为指定的具有特定分布的数据库。由于该平数据库的数据是均匀分布的，因此转化过程即将一维直线段映射到目标分布的曲线上。输出的目标数据为 c。

显然，只要保证 $p_i < p_j \Rightarrow f_i < f_j \Rightarrow c_i < c_j$，即可以达到保序加密的目的，且达到抗统计分析的目的（注意敌手无法通过密文分布推断明文分布）。该模型有多种方法实现，这里不再赘述。

② 经典抗选择明文攻击保序加密方案

在密码学中，一般而言要求加密算法具有抗选择明文攻击安全性，然而，大多数保序加密算法无法达到该要求。有学者基于传统的对称加密算法，提出了抗选择明文攻击的保序加密方案，在该方案中，安全性定义为交托抗选择明文攻击安全性（Committed Chosen Plaintext Attack，CCPA），该方案的思路如下。

令 M 表示一个明文数据集，h 表示一个严格的单调最小的完美哈希函数（Monotone Minimal Perfect Hash Function，MMPHF），即哈希函数将 M 中第 i 个最大元素映射为 i，其中 $i = 0, 1, \cdots, |M| - 1$。可见，MMPHF 在任意给定的定义域 M 中都是唯一的。令一个索引标签方案（κ, τ）为一对算法。其中 k 的输入为定义域 M，输出为一个安全的密钥 K_M，使得 $\kappa(K_M,)$ 为一个唯一的 MMPHF。其中，当且仅当 $m \notin M$ 时，$\tau(k, m) = \bot$。

该保序加密方案为两部分的组合：一个 MMPHF 标签方案和任意具有 CPA 安全性的对称加密算法。令 (k_t, τ) 为索引标签方案。固定一个全集 D，且令 SE = (k', Enc', Dec') 为 D 上的任意对称加密算法。令保序加密算法 (k', Enc', Dec, W) 定义为（其中 W 为密文比较算法）：

第一，密钥生成。K 输入为定义域 $M \in D$，运行 $K_t \leftarrow k_t(M)$ 与 $K_e \leftarrow k'$，得到 $K = K_t \parallel K_e$。

第二，加密数据。输入密钥 $K = K_t \parallel K_e$ 与消息 M，计算 $i = \tau(k_t, m)$。如果 $i = \bot$ 则 Enc 返回 $\bot$，否则返回 $i \parallel Enc'(K_t, m)$；

第三，解密数据。输入密钥 $K = K_t \parallel K_e$ 与密文 $c = i \parallel c'$，返回 $Dec'(K_e, c')$；

第四，比较大小。输入密文 $c_0 = i_0 \| c'_0$，如果 $i_0 < i_1$，返回 1，如果 $i_0 = i_1$，返回 0，如果 $i_0 > i_1$ 返回 −1。

2. 数据的安全共享

用户数据以动态共享的方式存储在不可控的云存储资源池中，对其私有数据失去了控制能力，数据面临泄露、滥用风险，需要研究相应的数据加密技术保护用户隐私数据的机密性。由于云存储使用虚拟化技术实现各类资源的逻辑共享，不同用户的数据仍可能存储在相同的物理设备中，需要设置有效的访问机制实现用户数据的逻辑隔离。云存储环境中，数据的安全性完全依赖于云存储服务商使用的安全保护机制，不可避免地带来第三方信任依赖问题。需要研究合理的数据安全保护机制解决云存储环境下的信任依赖问题。

访问控制机制可授权合法用户访问特定资源，同时拒绝非法用户的访问。授权方法一般分为两类：访问控制模型和密文机制。访问控制模型就是按照特定的访问策略建立若干角色，通过检查访问者的角色，控制对数据或系统的访问。密码机制通过加密数据使得只有具备相应密钥的授权人员才能解密密文。密文访问控制技术可在服务器端不可信的环境中保证数据的机密性，数据所有者在数据进行存储之前预先对其进行加密，通过控制用户对密钥的获取来实现访问控制目标，这要求加密密钥必须由数据所有者自己生成并管理。目前，最热门的技术是基于密文属性加密的访问控制机制（CP–ABE），意思是密文对应于一个访问结构，而密钥对应于属性集合，解密当且仅当属性集合中的属性能够满足此访问结构。

（二）数据属性隐私保护

1. 数据发布隐私保护

用户隐私信息分为：个人身份信息，包括姓名、地址等；个人敏感信息，如种族等；可用数据，包括用户的视频、音乐、文本文件等。隐私是与个人相关的一些特定信息，当这些隐私与某些个人发生明确关联，也就是在明确涉及个人身份信息（Personal Identifiable Information，PII），如姓名、手机号、身份证号、电子邮箱、住址等时，称其为显性隐私信息。但很多情况下，隐私呈现隐蔽的形式并不与任何 PII 联系在一起，只是涉及模糊的用户相关信息，如年龄、性别、公司、职业等。这类准标识符信息虽然不能直接标识一个用户，但把这些条件组合在一起，还是有相当的隐私风险，为此，一些学者提出了数据发布隐私保护技术。

一次数据的使用过程包括数据收集与数据发布。数据收集是指数据发布方收集数据拥有者的个体信息，一般来说，数据发布方对于数据拥有者来说是值得信任的。数据发布是指数据发布方对外向数据接收方发布数据，而这里数据接收方对于数据拥有者来说是不信任的，所以数据发布方有义务、有责任对发布的数据进行隐私保护。

一般来说，在数据发布方到数据接收方这个过程当中，此时的数据接收方就是数据挖掘工作者，数据发布方发布的数据一般都存在公共的数据库或者面向数据挖掘任务的数据仓库中。

目前，国内外的相关研究认为，对数据发布的个人隐私信息处理方法主要有三类。

（1）数据扰动技术

对原有的敏感属性值添加其他数据，改变其值以保护隐私，如数据阻塞、数据交换等。

（2）数据加密技术

采用信息加密技术针对敏感属性数据进行加密处理，数据挖掘者无法获知完整的个体记录，如针对分布式数据集的安全多方计算方法。

（3）数据限制发布技术

根据隐私保护要求有选择性地针对属性进行限制发布，如泛化和抑制技术。

2. 云环境下数据传输过程数据属性的隐私保护

（1）地址隐私及相应方案

假设数据按照安全套接层（Secure Sockets Layer，SSL）安全传输，数据包经过加密，就算监听者截获数据包，也无法分析出包头里的源地址与目的地址。但是，监听者可以通过俘获传输路径上的路由器来侦听传输中的数据包，监听者可以分析路由器中记录的经过的数据包的信息，来逐跳找到数据源地址，同样也按此方法可以找到目的地址。一旦目的地址被找到，那么怀有恶意的监听者可以用拒绝服务攻击（Denial of Service，DoS）这样的攻击使网路服务瘫痪，所以一些路由算法被提出来，以减轻流量分析攻击。

基于随机步长的思想的方法是当一个节点收到一个信息，它会以概率 p 将信息发送给其中的一个父亲节点，同时，会以概率 1 – p 使用随机前进算法，此前进算法以相同概率选择一个邻居节点传送消息。同时他们也提出了分形传播算法，这个算法提出节点在网络中产生和传输假的消息，目的是为了模糊真的消息。具体是，当一个节点听到其邻居节点在传递真的数据时，它会以概率 p_f 产生假数据并传递给其中的一个邻居节点。将这两种算法结合起来，可以大大减少监听者在网络中获取的信息。但是，这个算法也有它的缺点，比如，传输真数据节点的邻居节点产生假数据时，提高了系统的开销；并且提高了汇聚节点处的流量，导致包的丢失率提高。潜在的解决方案是节点根据端口流量数，动态地调整产生假数据的概率。

（2）时态隐私及相应方案

时态隐私是指将用户请求访问数据时产生数据包的时刻记录下来，然后通过分析这些数据了解用户隐私，如果这个用户处于一个公司的网络中，那么敌手可以通过此用户的活动时间来判断公司的工作时间，那么此公司所有的活动都处在监视之下。

有学者提出在靠近路由路径的中间节点处一个缓冲队列，目的是为了增加延迟和对敌手隐藏每个消息创建的时间，因此攻击者无法提取源节点触发的事件的确切时间，从而有效防止泄露关于目标的许多关键信息。

此方案考虑了一个简单的网络，它包括一个发送节点 S、一个接收节点人和一个对手节点 E，E 主要监控 S 与我之间的交互信息。保护时态隐私的目的就是使敌手不能轻易猜测到具体的数据包的产生时间，假设发送节点 S 在 X 时间点创建了一个数据包，为了模糊数据包创建的时间，S 可以在传输数据包之前将其在本地的缓冲区暂放一个随机的时间段 V。所以，R 和 E 双方都会得到数据包到达目的地 R 的时间 Z = X + Y，合法的用户可以解密有效负载。有效负载包括一个时间戳来记录数据包创建的时间，而敌手因为不能解密有效负载，那么它要猜测数据包创建时间 X 只能依靠已知的 Z 和已知源节点 S 使用了缓存策略。E 从 Z 中推断 X 的能力由下面的两个分布控制：第一个是先验分布 $f_X(x)$，描述了在先于观察 Z 敌手对消息创建可能性方面知识的了解程度；第二，延迟分布 $f_Y(y)$ 是源节点用来模糊 X。在传统的安全与隐私中，E 可以从 Z 推断的关于 X 信息量有交互信息度量。

$$I(X;Z) = h(X) - h(X \mid Z) = h(Z) - h(Y)$$

式中，h(X) 是 X 的微分熵。因为交互信息和均方误差之间的关系，I(X；Z) 暗示了好的设计从 Z 中估计 X 将有很小的 MSE。我们直接计算托 I(X；Z)。对于一般的分布，熵不等式给出了一个下界

$$I(X;Z) \geq \frac{1}{2\ln 2}(2^{2h(x)} + 2^{2h(y)}) - h(Y)$$

总的来说，X 的分布是固定的，由被感应节点控制的物理现象决定。由于提高时态隐私缓存的对象是用来隐藏 X 的，我们指定时态隐私问题为 $\min I(X;Z) = h(X+Y) - h(Y)$，或者以其他方式选择一个延迟分布 f_Y，以致敌手几乎不能从 Z 中学习到 X。

（3）数据包大小及相应方案

用户向数据中心请求访问时产生的数据包大小，可能会给云监听者泄露很多有价值的信息，如用户现在的活动（看电影、发邮件……）、网络的拓扑和数据的接收方，监听者甚至可以根据传输中数据包的大小来判定用户使用应用软件的类型。

有两种策略来保护数据大小隐私：一种是规定数据包大小为常量，主要思想是同网络中的数据包大小一致，而这需要将所有数据包填充为那个最大的数据包大小；另一种是随机化数据包大小，这个方法依靠随机设置每个数据包的大小，从而使数据包的大小和相关事件不确定化。

为了防止敌手对数据包大小的分析而将数据包全部填充成同样大小，当数据包的变化量不大时，这个方案还是很合适的。但是如果数据包变化量很大，而数据包都要填充成最大数据包的大小，这将明显增加带宽的使用。进一步考虑，向数据包填充比特会增加无用数据的量，从而间接增加了接收双发节点的能量消耗。结合分割技术，不按照云中最大方案数据包大小进行填充，而是将过大的数据包分割成合适大小，同样也能做到使传递的数据包大小一致，但这将提高云中数据的通信量，更有利于敌手的分析。另外，接收节点需要与发送方提前制定好协议，即接收方能够将分割了的数据包再重新组装起来。但是敌手可以累加数据包的大小并减去已知的数据包头，同样可以知道数据包的真实大小，所以填充手段不能有效地保护数据大小的隐私。

第二种策略是除了填充技术之外，结合缓存技术，在发送端设置一个缓冲队列，将要发送的数据包放入缓冲队列中，提前设置好延迟时间。一种可能在延时时间内队列满了，那么将队列中的数据包整合成一个数据包并发送给接收节点；另一种可能是过了规定的延时时间，缓冲队列没有满，那么就往里面填充比特，直至与前者情况发送的数据包长度一致。这个策略可以根据网络流量有效控制延迟大小，并且大大减少

了仅仅通过填充技术而需要的填充的比特，所以间接降低了通信带宽的消耗。

(4) 频率隐私及相应方案

通过监听用户通信过程中传输的数据包的频率，可以预测用户特定活动频率。为便于理解，假设有一个购物超市，通过观察数据包产生的频率可以知道营业员与云中数据库的交互次数，从而间接判断这个店的商品的销售情况，那么监听者就知道了主要的市场分布；若监听者只知道数据包产生的频率，那么通过分析这些数据可以反过来预测数据源的信息。针对频率隐私问题，有以下两种解决方案。

① 确定性消息生成

每个节点持续感知通信链路，但是它生成的回应消息仅仅在特定的时间间隔，如每 10 分钟。这个方法不适应实时感知事件，通过确定回应时间间隔来保护频率隐私。

② 随机的假消息

当每个节点阶段性地产生假消息，这个方法会增加能量的消耗。针对上面方案的缺点，假设每个节点匹配一个 q 大小的缓存，而且每个消息都缓存在中间节点。中间节点沿着路由路径从源节点到基站，改变了原来缓存先进先出的方案，而用一个合适的分布，如均匀分布使缓存规则改为随机出队。在这个方案中，不是把接收到的消息放在队列的尾部，而是把它放在其中随机缓冲区间隙空的位置。每个节点在一个随机的延迟后检索缓存中的第一个消息，这个随机的延迟遵循参数为 μ 的指数分布。

三、云存储隐私保护机制

(一) 代表性方案

纵观存储系统中隐私保护方案的发展，最早是采用文件系统来保护数据的安全性。数据加密系统是一个独立的系统，可运行于其他文件系统的上层，加密保护用户的文件和文件名。以此为基础，可信的第三方密钥管理机构被引入数据加密系统，存储系统不参与密钥的分发，降低了用户数据泄露的风险。随后，多重加密的方式广泛运用于安全要求较高的存储系统，即分别加密各个数据文件后，再用一个主密钥对文件密钥进行加密，进一步提高数据安全性。其他相关技术不断满足着用户对于存储系统多样化的需求，如锁盒子机制被用于用户的分组管理，懒惰撤销权限的思想可降低系统开销，等等。

存储系统发展到网络化阶段，至少可分为客户端、服务器两个部分。客户端为用户提供的功能包括数据加解密、完整性验证、访问控制等，服务器仅存储数据及对应的元数据，不能操作用户数据。将存储系统的架构拓展至网络存储架构，客户端不仅负责分发、管理密钥，还在用户进行数据共享时保证其私密信息的完整性和安全性。引入可信第三方服务器，在保证数据完整性和安全性的同时，还可细粒度地区分对文件的读写访问权限，使得用户数据安全性不再依赖底层文件系统的安全性，尤其适合网络环境不可信的情况。

（二）基于加密的隐私保护算法

1. TEA 加密算法

TEA（Tiny Encryption Algorithm）是一种小型的分组对称加密算法，其特点是速度快、效率高、实现简单，用 C 语言实现仅需 26 行代码。尽管算法十分简单，但它具有很强的抗差分分析能力。相比其他算法，它的安全性相当好，可靠性不是通过算法的复杂度而是通过加密轮数保证的。加密过程中，密钥不变，主要的运算是移位和异或。TEA 使用长度为 64 位的明文分组和 128 位的密钥，进行 64 轮迭代，每轮数据经过 Feistel 结构模块进行处理，它使用一个来源于黄金比率的神秘常数 δ 作为倍数，保证每轮加密都不同。

随后，针对 TEA 的攻击不断出现，TEA 被发现存在一些缺陷，几个升级的版本被提出，分别是 XTEA、Block TEA 和 XXTEA。这些算法降低了加密过程中密钥混合的规律性，提高了安全性，但降低了处理速度。

2. 基于数据染色的隐私保护

数据染色（数据混淆）是将数据经过若干函数变换后，其表现形态发生很大改变的一种方法。由于数据是模糊化后上传的，这种方法能保证非授权用户在没有获得函数的模糊化参数情况下，即使得到模糊化后的数据，也无法在多项式时间内还原得到原始数据。

在正态云模型的概念中，云是用来将定性概念转换为定量的不确定性的转换模型，其数字特征由期望值 E_x、熵 E_n、超熵 H_e 三个值来表示，把随机性和模糊性完全结合起来。其中，期望 E 指空间内最能代表某个定性概念的点；熵 E_n 反应定性概念的不确定性；超熵 H_e 用来度量熵的不确定性。在云模型中，"模糊"的概念被定义为一个边界弹性不同、收敛于正态分布函数的云。云是由一系列的云滴构成的，每个云滴是定性概念映射到一维、二维或多维空间的一个点；云模型同时给出这个点代表此定性概念的确定度，以反映其不确定性。

基于正态云模型通过数据染色实现隐私保护的方法使用正态云模型的三个特征值生成颜色：期望 E_x 的值决定于用户数据的内容，熵 E_n 和超熵 H_e 则是独立于数据内容的、只有数据所有者知道的随机值，可作为数据所有者的私钥。使用这三个特征值经过云发生器生成一组云滴，这组云滴是云存储服务提供商，以及其他用户无法获得的。使用这组云滴对数据进行模糊化后上传，可降低用户数据隐私被非法用户窃取后泄露的风险。数据上传过程如下：

第一，用户端上传的文件通过哈希后得到参数 E_x 的值，生成独立于数据内容、只有数据所有者才知道的关键参数值 E_n、H_e，并将哈希值和 E_n、H_e 的值保持在本地。

第二，由 E_n、H_e 通过正态云发生器算法得到一组云服务提供者和其他用户不能获得的云滴。

第三，使用生成的云滴对上传数据进行数据染色。

第四，通过服务器身份认证后将模糊化序列送到云端，由分布式文件系统进行分块，将数据块存储到分布式数据服务器，将数据分块信息和数据块存储位置信息存储到主控服务器。

数据下载过程如下。

第一,通过身份认证后,用户登录服务器,透明地选择需要下载的文件。

第二,分布式文件系统根据标识查询对应的模糊化文件,并向主控服务器查询数据分块信息及数据块存储位置。

第三,根据数据块分块信息和存储位置,从分布式数据服务器取出所有数据块,并组装成模糊化数据序列。

第四,将模糊化数据序列安全下载到本地,根据模糊数据和只有数据所有者知道的关键参数 E_n、H_e 得到去模糊化函数。

第五,用去模糊化函数对模糊数据序列进行去模糊化,得到原始数据,对该数据序列进行 HASH,与本地存储的 HASH 值比对,若相同,则说明数据完整且未被篡改。

使用数据染色的方法保护图像、软件、视频、文档及其他类型数据的隐私性,其开销远远低于传统加密解密计算。

(三)基于属性的访问控制策略

访问控制机制,是指在授权合法用户访问特定资源的同时,拒绝非法用户的访问。授权方法可分为访问控制模型和加密机制:访问控制模型指根据访问策略建立角色,在用户申请访问时检查其对应的角色,判断其是否具有访问特定资源的权限;加密机制在加密数据后对用户发放密钥,使得只有拥有密钥的人才能解密在其权限范围内的密文。

1. 属性加密算法(Attribute Based Encryption,ABE)

传统的访问控制普遍采用公私钥加密算法,明文经过公钥加密后,只能由唯一的私钥解密。随着企业级用户的发展,基于属性的加密方案又发展成基于密钥策略(Key Police Attribute Based Encryption,KP-ABE)和基于密文策略(Ciphertext Policy Attribute Based Encryption,CP-ABE)两类。KP-ABE 将密文与属性集关联,密钥与访问策略关联;CP-ABE 则将密文与访问策略关联,密钥与属性集关联,当属性满足访问策略时,两种方式下密文均可被解密。

实际应用中,KP-ABE 由服务器负责公开系统公钥并生成对应于访问策略的用户私钥,用户解密时也从服务器得到密钥,因此,整个算法的实现依赖可信的服务器。CP-ABE 算法将密文与访问控制关联的好处在于,用户加密数据后,就已经确定具有某些相关属性的用户能对此密文解密,所以不需要可信服务器。CP-ABE 这一特点在云存储环境下具有很大优势,可以实现不同用户对于存储在服务提供商提供的不可信服务器上的特定数据的不同权限的访问和处理。

CP-ABE 可从如下方面保证数据隐私安全。

(1)全管理访问权限

将服务商提供的存储服务器认为是不可信的,由于数据加密密钥的产生和分发与用户本身的属性设置有关,服务提供商均未参与,增强了访问权限管理的安全性。

（2）客户端加密控制

数据上传前在客户端进行加密，使得传输过程中和存储时文件是以密文形式存在的，保证了数据机密性。

（3）混合加密密钥管理

先使用对称密钥加密数据，然后用公钥密码体制对此密钥进行加密，保证了密钥的安全性。

（4）防止非授权用户窃取、篡改合法用户存储在云端的数据

通过身份认证阻止非授权用户访问，实现数据的共享分层次访问；即使非授权用户能够破解得到加密数据，由于不知道数据所有者的签名密钥，所以被篡改的数据在传到云存储服务器时也会被拒绝。

2. 多属性授权机构 ABE 算法

CP-ABE 算法不要求授权机构完全可信，所以适用于分布式、多用户、云服务提供商不完全可信的云存储环境。但是若由单个授权机构来管理这些属性，使得机构的负担较大，易成为整个系统的性能瓶颈。

多属性机构 ABE 系统中，存在多个属性授权机构。用户申请访问系统中某文件时，需向每个属性授权机构请求该机构对应的解密密钥，而此机构通过验证用户是否具有申请访问的文件对应的、此机构管辖的属性，来决定是否向用户发放解密密钥。多属性授权机构 ABE 系统将管理的整个属性集分成不同的属性域，由多个属性授权机构监管，可分摊单个属性授权机构被入侵造成的安全风险。

现有的基于多属性授权机构 ABE 的研究大部分基于基本的 ABE 机制，以系统结构分类，可分为有中央机构的多属性机构 ABE 机制和无中央机构的多属性机构 ABE 机制。

（1）有中央机构的多属性机构 ABE 机制

引入用户全局身份标识（Global Identifier，GID）、伪随机函数（Pseudo Random Function，PRF）来解决多属性机构 ABE 机制中的问题，存在中央可信机构的多属性机构 ABE 机制，各个属性授权机构均独立为用户生成、发放解密密钥，相互之间并不联系，仅与可信授权机构交互；而可信中央授权机构仅参与用户解密私钥的授予，并不参与系统中属性的管理和用户属性的验证工作。

有可信中央授权机构的多属性授权机构 ABE 机制的缺点在于，可信中央授权机构必须完全可信，因为它能够获得用户完整的解密私钥，从而解密存储在系统中的密文获得明文。为了解决此问题，将可信授权机构的安全性设置为半可信（也称为 Honest But Curious）的方案，即可信授权机构诚实地根据协议设置来执行算法，同时会好奇地试图解密存储的密文。

（2）无中央机构的多属性机构 ABE 机制

为了避免系统中因为存在可信授权机构带来的安全隐患，在多属性授权机构机制中引入密钥分发技术，以及联合零秘密共享技术，提出了一种多无可信授权机构的多属性授权机构 ABE 机制，形成（t，N）门限秘密共享，申请访问的用户需要从至少 t+1 个诚实的属性授权机构得到解密密钥，才能最终计算出主密钥来解密密文。

无中央机构的多属性授权机构 ABE 机制的缺点在于,系统中的可信授权机构被移除,则各个属性授权机构需要两两交互,才能保证用户得到完整且正确的解密私钥。在此情况下,若干属性授权机构可能串谋,根据用户申请访问时提供的 GID,恢复出用户具有的完整属性集,危害用户隐私信息。

(四)代理重加密技术

代理重加密,即由一个得到若干额外信息(如重加密密钥)的半可信的代理者 Proxy,把根据用户 Alice 的公钥加密某明文得到的密文,经过重加密转换,得到对应于用户 Bob 的公钥加密此明文得到的密文。在此过程中,除了重加密密钥,这个代理者并没有获得关于此明文的任何信息。根据密文被重加密转换的方向划分,代理重加密技术分为单向重加密和双向重加密,其中,单向代理重加密仅允许代理者将用户 Alice 公钥对应的密文转化成用户 Bob 公钥对应的密文,而双向代理重加密既允许代理者将用户 Alice 公钥对应的密文转化成用户 Bob 公钥对应的密文,也允许代理者将用户 Bob 公钥对应的密文转化成用户 Alice 公钥对应的密文。学者提出的方案为双向代理重加密,为首个单向代理重加密方案,所提方案解决了之前方案仅能抵御选择明文攻击(Chosen Plaintext Attacks,CPA)的难题,在标准模型下证明可抵御选择密文攻击(Chosen Ciphertext Attacks,CCA)。

在基于属性的加密算法中,属性被关联到私钥的加密体制,用户权限的变化会带来访问控制属性条件的变化,这些属性对应的私钥需要重新被计算、发放,从而造成巨大的性能开销,所以用户权限的频繁变更是基于属性加密方案中一个十分棘手的问题。将代理重加密技术运用于云存储,假定云端代理具有一定的可信度,通过代理来处理撤销用户权限的操作,可大大降低系统开销。

(五)安全隔离机制

隔离机制使得用户信息运行于封闭、安全的环境中,从服务提供商的角度来看,便于他们管理用户;从用户的角度来看,避免了不同用户间的相互影响,降低了受到非法用户攻击的安全风险。应用较为广泛的隔离机制有网络隔离机制和存储隔离机制。

1. 网络隔离机制

网络隔离在提供层次化的网络支持基础上,可以对网络进行基础的安全保障,同时分配较高的网络带宽。当前的网络隔离机制还提供细化的计费规则,对于用户需求较为复杂的云存储系统,有很强的适用性。

在云存储中,网络隔离主要是在物理层和逻辑层实现的。物理层的隔离主要是通过网络设备实现的,如 CiscoNexus1000v 交换机具有虚拟化功能,可实现通信隔离功能,并且具有访问控制管理等安全保障。逻辑层的隔离主要是通过逻辑隔离器实现的,逻辑隔离器是一种可隔离不同网络的组件,被隔离的两端仍存在物理上的数据连接,但通过协议转换的手段保证信息在逻辑上是隔离的。对于不同的网络协议,逻辑层隔离具有多种实现方式。

虽然已有的网络隔离机制大多已实现基本的安全保障，但较少考虑来自网络内部或是网络用户之间的攻击，故将网络隔离机制应用于云存储还需进一步研究。

2. 存储隔离机制

云存储中的存储隔离机制是由于云计算环境具有多用户共享的特点而产生的。云计算环境中的底层模块是由多个用户共享并且可重配置的，却没有设计可靠的安全保障机制。在存储过程中，云存储环境中的存储设备不断地进行资源的再分配，当内存、硬盘等存储的内容发生变化时，现有的存储机制并不要求云服务提供商销毁它们原来存储的信息，则后来的用户就有可能恢复出前面的用户在同一硬件上存储的内容，使得用户数据私密性被侵犯，因此制定合理的存储逻辑在云存储中十分重要。除了安全因素，数据库的隔离机制还要综合考虑资源、操作、容错等各方面因素，因此在云存储环境中的多用户模式下，应选择合适的数据库存储模式，并对每个用户的数据进行合理隔离，以保护用户数据的私密性。显然，为每个用户分配独立的数据库并定制个性化的存储模式是最为安全的，但这种方案必然带来高昂的成本，不能充分利用云存储资源。

四、基于分割的云存储分级数据私密性保护模型

（一）体系架构

数据分块和恢复算法的实现，以密钥分解理论为基础，将一个文件分解成 n 个分块，完全具备其中任意至少是 k（k≤n）个分块时，才能恢复原文件。这种设计方法使得任意 n–k 个分块丢失或损坏时仍能恢复原文件，提高了可靠性和可用性；且任意不足 k 个分块被窃取时不能还原成原文件，提高了安全性。但是由于完整数据即使被分块加密，每一分块被解密后，非法用户仍可从分块中分析获得部分隐私数据；且客户端对文件进行分块后加密，对客户机性能提出了很大要求。

基于分割的云存储分级数据私密性保护模型是基于客户端/服务器的模型构建的，客户端包括分割模块和分级加密模块；服务器是指云端处理系统，包括分块模块和存储模块。

1. 分割模块

数据所有者在客户端上传数据文件时，客户端系统首先计算此数据文件的 HASH 值并存储，便于下载时的完整性和有效性验证；然后客户端系统的数据分割模块将文件分割成大、小块数据，分割方法可按需设置固定大小分割或非固定大小分割方案，小块数据被保存于本地，大块数据被送至客户端系统的分级加密模块。

云存储用户从云端下载数据文件时，数据密文通过客户端系统的分级加密模块，被解密成大块数据明文送至分割模块。分割模块根据绑定的文件、加密策略映射表，将大块数据和保存于本地的小块数据拼接，并对得到的数据文件进行 HASH，验证 HASH 值与本地保存的是否一致。

2. 分级加密模块

普通的存储系统加密方式是固定的，即按照固定的算法产生密钥，并按照固定的

步骤对用户数据文件进行加密。在云存储中，存储的数据文件种类繁多，用户的需求也是多样的。用户出于方便共享的目的存储在云端的共享类数据文件，如视频、演示文档等，若采用高强度的加密，会造成较大的时间开销，影响用户体验；用户出于长期保存的目的存储于云端的私密类数据文件，如图片、文档等，若采用低强度的加密，其私密性存在严重的安全隐患。采用分级加密系统，提供不同安全级别的加密策略供用户选择，即云存储用户可根据上传文件的类型及安全性需求，个性化地选择加密等级，其余的操作对于用户都是透明的，从而得到更好的用户体验。

3. 分块模块

集中式的存储系统将某一数据文件完整地存放于一台服务器，而分布式存储系统将文件数据分为固定大小的数据块后，冗余存储于不同的服务器。目前云存储均采取分块存储模式，用户通过客户端上传的数据文件到达云端，分块模块将数据文件分块，保存元数据，并将各个数据块送至存储模块。

4. 存储模块

存储模块由一系列的存储服务器构成。在云存储中，存储服务器集群可以是异构的、位于不同地理位置，与分块模块通过网络相连。通过分块模块后，用户上传的数据文件成为相同大小的数据块，根据元数据的位置信息，被送至对应的存储服务器保存，同一数据块的多个副本存储于不同的存储服务器，以保证数据在云端的可靠性。

（二）安全假设

1. 可信客户端

由于云存储用户上传文件时，在客户端进行分割和分级加密；下载文件时，在客户端解密并恢复文件，还要进行文件有效性验证。因此要求客户端是可信的，用户需要保证自己客户端存储的所有信息是安全有效的。

2. 半可信云端处理系统

云存储中可能存在多个数据中心，文件服务器分布于不同地理位置，而用户数据在云端被分块存储于不同的文件服务器，由系统管理员而非用户对其管理。系统管理员或其他非法用户有可能试图根据数据块窃取用户信息，因此存储服务器不是完全可信的；而实际应用中，不会有用户选择将自己的数据文件托管于完全不可信的云存储，因此云端处理系统的安全性限定为半可信。

（三）主要功能模块

基于分割的云存储分级数据私密性保护模型主要通过分割模块和分级加密模块来保护用户信息的私密性，因此下面仅讨论这两个模块。

1. 分割模块

数据分割模块在上传文件前将文件分割成大、小数据块，有固定大小分割和非固定大小分割两种方案。

（1）抽取固定大小的小块数据

例如，将小块数据大小固定为 1KB，则抽取 1024B。

① 产生 0~N（N 为文件大小）之间的随机数序列，序列长度等于小块数据的大小。

② 将随机数序列从小到大排列，就得到了要从文件中抽取字节的位置。

③ 将对应位置的字节从原文件中分割出来，与顺序排列的随机数序列一起保存，作为小块数据；被分割后的文件作为大块数据。

采用此种分割方案的优点是小块数据大小固定，便于本地存储管理；缺点是产生的随机数可能不均匀，可能有大段的连续数据存在，被解密后可以从中分析出一些信息。

（2）抽取非固定大小的小块数据

分割后的小块数据大小不是固定的，是由原文件大小决定。

① 文件大小自动设置随机数范围。

② 产生一组在设置范围内的随机数作为抽取位置增量。

③ 从固定位置开始抽取字节，该位置加上随机数得到下一个抽取字节位置，直到下一个字节位置大于待上传数据大小为止。

④ 将对应位置的字节从原文件中分割出来，与顺序排列的随机数序列一起保存，作为小块数据；被分割后的文件作为大块数据。

采用此种分割方案的优点是抽取的字节位置比较均匀；缺点是小块数据大小不固定，不便于本地存储管理；随机数位置增量范围不好设置，若分得过细使得算法烦琐，若分得较粗又会加大分割的小块数据大小的差距，加重本地存储管理小块数据的负担。

2. 分级加密模块

分级加密系统提供三种不同安全级别的加密策略供用户选择，三种不同安全级别的加密策略如下。

① 高级：采用基于椭圆曲线的加密算法，安全程度最高，但处理速度较慢，适合用于保护对隐私要求极高的数据。

② 中级：采用基于数据染色的加密方案，安全程度适中，计算复杂度远低于传统加解密计算，适合用来保护对隐私安全要求普通的数据。

③ 低级：采用基于 TEA 算法的加密方案，安全程度低，但处理速度很快，适合用来保护对隐私安全要求不高的数据。

用户上传文件时分级加密系统工作流程：用户选择上传文件，经过分割得到大块数据，分级加密系统负责绑定用户数据与选择的安全策略，根据用户的选择用相应的算法对待上传数据进行处理，并负责维护用户文件与选择的安全策略映射表，将加密相关参数保存于本地，然后上传文件。下载文件过程：密文被下载到本地后，分级加密系统查找文件、加密策略映射表，并提取加密算法相关参数，然后解密密文得到大块数据。

其中，加密算法的相关参数可由本地保存的小块数据生成。直接使用对该数据块进行 HASH 后，生成 128 位数值作为 TEA 的密钥，数据染色方案中的关键参数也由小块数据中提取。

（四）工作流程

第一，用户选取待上传文件，计算 HASH 值，并取源文件一小块字节，与 HASH 值一起存储在本地。

第二，将剩余数据内容，即大块数据经过分级加密系统进行加密，通过身份认证后安全上传至云端。

第三，分布式文件系统对数据进行分块，将数据块存储到分布式数据服务器，将数据分块信息和数据块存储位置信息存储到主控服务器。

下载文件过程。

第一，通过身份认证后，用户登录服务器，透明地选择需要下载的文件。

第二，分布式文件系统根据标识向主控服务器查询数据分块信息及数据块存储位置。根据数据块分块信息和存储位置，从分布式数据服务器取出所有数据块。

第三，将所有数据块安全下载到本地，根据分割策略将数据块组装成大块数据，经过分级加密系统解密。

第四，从本地取出保存的小块数据，与大块数据拼接，得到源文件。对该数据序列进行 HASH 处理，与本地存储的 HASH 值进行比对，若相同，则说明数据完整且未被篡改。

（五）安全性分析

1. 攻击方式分析

结合云存储多用户的特点，对云内部攻击方式可分为两个级别：第一级是非授权恶意用户，第二级是系统管理员甚至是云存储服务提供商本身。而云存储外部攻击者可通过系统入侵等操作，达到与第一级攻击者相近程度的威胁。攻击者可通过以下方式破坏用户数据的隐私与安全。

（1）第一级攻击者

能够通过攻击系统内部漏洞绕过访问控制权限限制，获得更高权限；或运行间接恶意程序获得加密密钥及其他运行时信息。

（2）第二级攻击者

假设他们对于用户数据是好奇的，由于他们已具有对于数据处理的最高权限，故可以从主控服务器系统得到用户的元数据信息，访问存储于服务器系统中的任意用户的数据，并进行窃取、篡改等操作。

2. 数据保密性

安全的云存储要求云存储服务提供商无法得到与用户数据有关的任何信息，用户的私密数据在云端是以密文形式存储的，因而具有密码学上的安全性。第一级攻击者由于无法直接接触硬件，无法直接得到用户的数据块，而是通过除物理攻击以外的手段试图获取内存上的用户私密数据。由于云存储中数据是分块存放的，故第一级攻击者并不能获取完整的元数据信息，也无法得到所有的数据块恢复出云端存储的大块数据。数据文件分割后上传进一步保证了云端数据隐私安全，这样，即使是拥有管理员权限的第二级云服务提供商也无法恢复原始数据，只能获取被分块加密后的不完整数据。本方案使用分级加密系统，加密策略选择信息保存于本地，处于云端的攻击者并不知道数据用何种方式进行加密，故无法从加密后的不完整数据获取用户的私密信息。

3. 数据完整性和可用性

由于本方案中，用户上传文件前对其计算 HASH 值并保存于本地，并将小块数据保存于本地，故每次用户下载大块数据后都要与本地小块数据拼接后才能得到完整数据，拼接后都要进行 HASH 计算，与保存在本地原文件的 HASH 值进行比对。这样如果第一级攻击者对云端部分数据块进行篡改，或第二级攻击者对存储在云端的恢复出的大块数据进行篡改，或者文件本身部分丢失，则无法通过完整性验证，从而有效保证了数据完整性和可用性。

第四节 大数据安全的关键技术

一、非关系数据库安全策略

越来越多的企业采用非关系型数据库存储大数据，保障非关系型数据库的安全十分必要。关系型数据库主要通过事务支持来实现数据存取的原子性、一致性、隔离性和持久性，保证数据的完整性和正确性，同时对数据库表、行、字段等提供基于用户级别的权限访问控制及加密机制。NoSQL 数据库为大数据处理提供了高可用、高可扩展的大规模数据存储方案，但缺乏足够的安全保障。如 NoSQL 数据库缺少 Schema，因此不能对数据库进行较好的完整性验证。同时，多数 NoSQL 数据库为了提高处理效率，采用最终同步而并非每次交易同步，影响了数据的正确性。目前，多数的 NoSQL 数据库没有提供内建的安全机制，这在一定程度上限制了其应用的领域及范围。但随着 NoSQL 的发展，越来越多的人开始意识到安全的重要性，部分 NoSQL 产品逐渐开始提供一些安全方面的支持。下面以 Hadoop 为例，介绍其安全机制。

(一) 基于 ACL 的权限控制

Hadoop 支持的权限控制分为两级：服务级授权及上层的 HDFS 文件权限控制和 MapReduce 队列权限验证。服务级授权为系统级，用于控制 Hadoop 服务的访问，是最基础的访问控制，优先于 HDFS 文件权限控制和 MapReduce 队列权限验证。

Hadoop 通过访问控制列表来管理服务级的访问权限，类似于 UNIX 系统中的用户权限管理。Hadoop 通过用户名和组来管理权限，每个服务可以配置为被所有用户访问，也可以被限制的某些用户访问。

通过 ACL 的权限控制，Hadoop 能保证 HBase 数据库底层 HDFS 文件系统的服务级安全访问，通过用户和组的限制，防止非法的用户对数据进行操作。文件的权限主要由 NameNode 管理。

（二）基于令牌的认证机制

HDFS 的服务间交互基本都是通过远程过程调用协议（Remote Procedure Call Protocol，RPC）交互，但是 HDFS 客户端获取数据时却不完全依靠 RPC 机制。当 HDFS 客户端访问数据时，主要包括两个过程：

第一，客户端访问 NameNode，获取数据的数据块信息，此过程通过 RPC 交互。

第二，客户端获取到数据位置后，直接访问 DataNode，根据数据块位置信息直接通过 Socket 读取数据。

Hadoop 的 RPC 消息机制在 SASL（Simple Authentication and Security Layer）的基础上实现了两种认证机制：基于 GSSAPI 的 Kerberos 认证机制和基于 DIGEST-MD5 的令牌认证机制。其中，令牌认证包括 HDFS 中的授权令牌、块访问令牌，以及 MapReduce 框架中的任务令牌。

令牌机制的本质就是客户端和服务端节点共享密钥，服务端与客户端可以相互认证，服务端将响应客户端的访问。令牌由 NameNode 管理，DataNode 不参与令牌的管理。

NameNode 端保存了一个随机产生的 MasterKey，用来产生和识别令牌，所有的令牌都保存在内存中，并且每个令牌都有一个过期时间，过期的令牌将被删除。初始状态时，客户端必须与 NameNode 建立一个经过 Kerberos 认证的连接，从而获得一个授权令牌，而后就可以通过令牌与 NameNode 进行交互。已经获得令牌的客户端访问 NameNode 时将 Token ID 发送到 NameNode，NameNode 通过 TokenID 可以在内存中找到对应的令牌，并且根据 MasterKey 与 TokenID 可以重新计算出共享密钥 TokenAuthenticator 和 Delegation Token。在授权令牌能被认证的基础上，令牌还需要周期性地从 NameNode 更新，以保证私密性，NameNode 也会周期性地更新 MasterKey 以产生新的授权令牌。

对于块访问令牌来说，如何在 NameNode 产生并且能被 DataNode 识别是一个问题，HDFS 中这个问题通过 NameNode 与所有的 DataNode 之间共享一套新的密钥来解决。

当 HDFS 集群启动时，经过 Kerberos 认证的 DataNode 向 NameNode 注册，并且从 NameNode 中获取密钥 Key。当客户端访问 NameNode 时，返回 DataNode 中数据的 block ID 和块访问令牌，然后客户端将令牌发送到 DataNode，DataNode 根据 TokenID 中的 keyID 确定需要用哪个密钥 Key，并通过 Key 和 TokenID 重新计算 TokenAuthenticator，并且和块访问令牌中的 TokenAuthenticator 进行比较，就可以确定是否能够通过认证，客户端会将所有的 DataNode 令牌都保存在缓存中重复使用，直到过期才会重新从 NameNode 获取。由于块访问令牌是轻量级的和临时的，因此 DataNode 中的令牌不需要周期性地更新，只需要保存在缓存中，过期才进行更新。

（三）数据完整性与一致性

HDFS 的数据完整性分为两个部分：数据访问的完整性和数据传输的完整性。

1. 数据访问的完整性

HDFS 主要实现了 CRC32 校验。HDFS 客户端在访问 DataNode 数据块时是通过 Socket 的方式获取数据流,Hadoop 在 FSInputStream 和 FSOutputStream 的基础上实现两个支持校验和的类和文件系统,FSInputCheck 和 FSOutputSummer 使数据流支持校验和。当客户端写入一个新的 HDFS 文件时会计算这个文件中包含的所有数据块的校验和,并将校验和作为一个单独的 .crc 格式隐藏文件,与数据文件保存在同一命名空间。

2. 数据存储的完整性

HDFS 数据块的存储支持完整性验证,主要是通过核心类 DataBlockScanner 类实现,它通过在 DataNode 的后台执行一个独立的扫描线程的方式,周期性地对 DataNode 所管理的数据块进行 CRC 校验和检查。当它扫描发现数据块的校验和原先的不一致时,将对数据块进行其他辅助操作,例如删除失效的数据块等。

二、防范 APT 攻击

一方面,APT 攻击是大数据时代面临的最复杂的信息安全问题之一;另一方面,大数据分析技术又为对抗 APT 攻击提供了新的解决手段。

(一) APT 攻击的概念

美国国家标准技术研究所(NIST)对 APT 的定义为:攻击者掌握先进的专业知识和有效的资源,通过多种攻击途径(如网络、物理设施和欺骗等),在特定组织的信息技术基础设施建立并转移立足点,以窃取机密信息,破坏或阻碍任务、程序或组织的关键系统,或者驻留在组织的内部网络,进行后续攻击。

APT 攻击的原理相对于其他攻击形式更为高级和先进,其高级性主要体现在 APT 在发动攻击之前需要对攻击对象的业务流程和目标系统进行精确的收集。在收集的过程中,此攻击会主动挖掘被攻击对象受信系统和应用程序的漏洞,在这些漏洞的基础上形成攻击者所需的命令与控制(C&C)网络。此种行为没有采取任何可能触发警报或者引起怀疑的行动,因此更接近于融入被攻击者的系统。

大数据应用环境下,APT 攻击的安全威胁更加凸显。首先,大数据应用对数据进行了逻辑或物理上的集中,相对于从分散的系统中收集有用的信息,集中的数据系统为 APT 攻击收集信息提供了"便利"。其次,数据挖掘过程中可能会有多方合作的业务模式,外部系统对数据的访问增加了防止机密、隐私出现泄露的途径。因此,大数据环境下对 APT 攻击的检测和防范是必须要考虑的问题。本节在分析 APT 攻击特征与流程的基础上,研究 APT 攻击检测方法与防范策略。

(二) APT 攻击的特征与流程

1. APT 攻击的特征

(1) 极强的隐蔽性

APT 攻击和被攻击对象的可信程序漏洞与业务系统漏洞进行了融合,在组织内部,这样的融合很难被发现。

(2) 潜伏期长，持续性强

APT 攻击是一种很有耐心的攻击形式，攻击和威胁可能在用户环境中存在一年以上，它们不断收集用户信息，直到收集到重要情报。它们往往不是为了在短时间内获利，而是把"被控主机"当成跳板，持续搜索，直到充分掌握目标对象的使用行为。所以，这种攻击模式本质上是一种"恶意商业间谍威胁"，具有很长的潜伏期和持续性。

(3) 目标性强

不同于以往的常规病毒，APT 制作者掌握高级漏洞发掘和超强的网络攻击技术。发起 APT 攻击所需的技术壁垒和资源壁垒要远高于普通攻击行为。其针对的攻击目标也不是普通个人用户，而是拥有高价值敏感数据的高级用户，特别是可能影响到国家和地区政治、外交、金融稳定的高级别敏感数据持有者。

(4) 技术高级

攻击者掌握先进的攻击技术，使用多种攻击途径，包括购买或自己开发的 0day 漏洞，而一般攻击者却不能使用这些资源。而且攻击过程复杂，攻击持续过程中攻击者能够动态调整攻击方式，从整体上掌控攻击进程。

(5) 威胁性大

APT 攻击通常拥有雄厚的资金支持，由经验丰富的黑客团队发起，一般以破坏国家或大型企业的关键基础设施为目标，窃取内部核心机密信息，危害国家安全和社会稳定。

2. APT 攻击的流程

(1) 信息侦查

在入侵之前，攻击者首先会使用技术和社会工程学手段对特定目标进行侦查。侦查内容主要包括两个方面：一是对目标网络用户的信息收集，如高层领导、系统管理员或者普通职员等员工资料、系统管理制度、系统业务流程和使用情况等关键信息；二是对目标网络脆弱点的信息收集，如软件版本、开放端口等。随后，攻击者针对目标系统的脆弱点，研究 0day 漏洞，定制木马程序，制订攻击计划，用于在下一阶段实施精确攻击。

(2) 持续渗透

利用目标人员的疏忽、不执行安全规范，以及利用系统应用程序、网络服务或主机的漏洞，攻击者使用定制木马等手段，不断渗透以潜伏在目标系统，进一步在避免用户觉察的条件下取得网络核心设备的控制权。例如，通过 SOL 注入等攻击手段突破面向外网的 Web 服务器，或者通过钓鱼攻击，发送欺骗邮件获取内网用户通信录，并进一步入侵高管主机，采用发送带漏洞的 Office 文件诱骗用户将正常网址请求重定向至恶意站点。

(3) 长期潜伏

为了获取有价值信息，攻击者一般会在目标网络长期潜伏，有的长达数年之久。潜伏期间，攻击者还会在已控制的主机上安装各种木马、后门，不断提高恶意软件的复杂度，以增强攻击能力并避开安全检测。

（4）窃取信息

目前绝大部分 APT 攻击的目的都是窃取目标组织的机密信息。攻击者一般采用 SSLVPN 连接的方式控制内网主机，对于窃取到的机密信息，攻击者通常将其加密存放在特定主机上，再选择合适的时间将其通过隐秘信道传输到攻击者控制的服务器。由于数据以密文方式存在，APT 程序在获取重要数据后向外发送时利用了合法数据的传输通道和加密、压缩方式，难以辨别出其与正常流量的区别。

（三）APT 攻击检测

从 APT 攻击的过程可以看出，整个攻击循环包括了多个步骤，这就为检测和防护提供了多个契机。当前 APT 检测方案主要有如下几种：

1. 沙箱方案

针对 APT 攻击，攻击者往往使用了 0day 的方法，导致特征匹配不能成功，因此需要采用非特征匹配的方式来识别，智能沙箱技术就可以用来识别 0day 攻击与异常行为。智能沙箱技术最大的难点在于客户端的多样性，智能沙箱技术对操作系统类型、浏览器的版本、浏览器安装的插件版本都有一定关系，在某种环境当中检测不到恶意代码，或许另外一个就能检测到。

2. 异常检测

异常检测的核心思想是通过流量建模识别异常。异常检测的核心技术是元数据提取技术、基于连接特征的恶意代码检测规则，以及基于行为模式的异常检测算法。其中，元数据提取技术是指利用少量的元数据信息检测整体网络流量的异常。基于连接特征的恶意代码检测规则是检测已知僵尸网络、木马通信的行为。而基于行为模式的异常检测算法包括检测隧道通信、可疑加密文件传输等。

3. 全流量审计

全流量审计的核心思想是通过对全流量进行应用识别和还原检测异常行为。核心技术包括大数据存储及处理、应用识别、文件还原等。如果做全流量分析，面临的问题是数据处理量非常大。全流量审计与现有的检测产品和平台相辅相成，互为补充，构成完整的防护体系。在整体防护体系中，传统检测设备的作用类似于"触发器"，检测到 APT 行为的蛛丝马迹，再利用全流量信息进行回溯和深度分析，可用一个简单的公式说明：全流量审计 + 传统检测技术 = 基于记忆的检测系统。

4. 基于深层协议解析的异常识别

基于深层协议解析的异常识别，可以查看并进一步发现是哪个协议，哪个数据查询，有什么地方出现了异常，直到发现异常点为止。

5. 攻击溯源

通过已经提取出来的网络对象，可以重建一个时间区间内可疑的 Web、Session、E-mail 等对话信息。通过将这些事件自动排列，可以帮助分析人员快速发现攻击源。

在 APT 攻击检测中存在的问题包括：攻击过程包含路径和时序；攻击过程的大部分貌似正常操作；不是所有的异常操作都能立即被检测；不能保证被检测到的异常在

APT 过程的开始或早期。基于记忆的检测可以有效缓解上述问题。现在对抗 APT 的思路是以时间对抗时间。既然 APT 是在很长时间发生的，对抗也要在一个时间窗内进行，对长时间、全流量数据进行深度分析。将流量存储与现有检测技术相结合，构成了新一代基于记忆的智能检测系统。在此基础上，还要应用大数据分析作为关键技术。

（四）APT 攻击防范策略

目前的防御技术、防御体系很难有效应对 APT 攻击，导致很多攻击直到很长时间后才被发现，甚至可能还有很多 APT 攻击未被发现。通过前面对 APT 攻击背景及攻击特点、攻击流程的分析，我们认为需要一种新的安全思维，即放弃保护所有数据的观念，转而重点保护关键数据资产，同时在传统的纵深防御网络安全防护基础上，在各个可能的环节上部署检测和防护手段，建立一种新的安全防御体系。

1. 防范社会工程

木马侵入、社会工程是 APT 攻击的第一个步骤，防范社会工程需要一套综合性措施，既要根据实际情况完善信息安全管理策略，如禁止员工在个人微博上公布与工作相关的信息，禁止在社交网站上公布私人身份和联络信息等；又要采用新型的检测技术，提高识别恶意程序的准确性。社会工程是利用人性的弱点，针对人员进行的渗透过程，因此提高人员的信息安全意识是防止攻击的最基本方法。传统的办法是通过宣讲培训的方式来提高安全意识，但是往往效果不好，不容易对听众产生触动。而比较好的方法是社会工程测试，这种方法是已经被业界普遍接受的方式，有些大型企业会授权专业公司定期在内部进行测试。

绝大部分社会工程攻击是通过电子邮件或即时消息进行的。上网行为管理设备应该做到阻止内部主机对恶意 URL 的访问。垃圾邮件的彻底检查，对可疑邮件中的 URL 链接和附件应该做细致认真的检测。有些附件表面上看起来就是一个普通的数据文件，如 PDF 或 Excel 格式的文档等。恶意程序会嵌入文件中，且利用的漏洞是未经公开的，通常仅通过特征扫描的方式往往不能准确识别出来。比较有效的方法是用沙箱模拟真实环境访问邮件中的 URL 或打开附件，观察沙箱主机的行为变化，可以有效地检测出恶意程序。

2. 全面采集行为记录，避免内部监控盲点

对 IT 系统行为记录的收集是异常行为检测的基础和前提。大部分 IT 系统行为可以分为主机行为和网络行为两个方面。更全面的行为采集还包括物理访问行为记录采集。

（1）主机行为采集

主机行为采集一般是通过允许在主机上的行为监控程序完成。有些行为记录可以通过操作系统自带的日志功能实现自动输出。为了实现对进程行为的监控，行为监控程序通常工作在操作系统的驱动层，如果在实现上有错误，很容易引起系统崩溃。为了避免被恶意程序探测到监控程序的存在，行为监控程序应尽量工作在驱动层的底部，但是越靠近底部，稳定性风险就越高。

（2）网络行为采集

网络行为采集一般是通过镜像网络流量，将流量数据转换成流量日志。以 Netflow

记录为代表的早期流量日志只包含网络层信息。近年来的异常行为大都集中在应用层，仅凭网络层的信息已难以分析出有价值的信息。应用层流量日志的输出，关键在于应用的分类和建模。

3. IT 系统异常行为检测

从前述 APT 攻击过程可以看出，异常行为包括对内部网络的扫描探测、内部的非授权访问、非法外联。非法外联即目标主机与外网的通信行为，可分为以下三类：

第一，下载恶意程序到目标主机，这些下载行为不仅在感染初期发生，在后续恶意程序升级时还会出现。

第二，目标主机与外网的 C&C 服务器进行联络。

第三，内部主机向 C&C 服务器传送数据，其中外传数据的行为是较为多样、隐蔽也是最终构成实质性危害的行为。

参考文献

[1] 何宝宏,黄伟. 云计算与信息安全通识[M]. 北京:机械工业出版社,2020.
[2] 谢朝阳. 5G边缘云计算[M]. 北京:电子工业出版社,2020.
[3] 何仕轩,赵静,原锦明. 云计算基础[M]. 上海:上海交通大学出版社,2020.
[4] 李晓妍. 临界点5G时代物联网产业发展趋势与机遇[M]. 北京:人民邮电出版社,2020.
[5] 张颖. 区块链技术与产业创新发展[M]. 吉林出版集团股份有限公司,2020.
[6] 雷万云. 云+AI+5G驱动的数字化转型实践之道[M]. 北京:清华大学出版社,2020.
[7] 谢合明. "大智移云"技术驱动下会计类IES型人才培养模式研究[M]. 成都:西南财经大学出版社,2020.
[8] 梅宏,金海. 云计算[M]. 北京:中国科学技术出版社,2019.
[9] 章瑞. 云计算[M]. 重庆:重庆大学出版社,2019.
[10] 彭俊杰. 云计算节能与资源调度[M]. 上海:上海科学普及出版社,2019.
[11] 胡安安. 云计算产业创新发展模式研究[M]. 上海:上海科学技术出版社,2019.
[12] 林楠,刘莹,王叶. 大数据与云计算研究[M]. 哈尔滨:东北林业大学出版社,2019.
[13] 刘三满,杨晓敏,郝雅萍. 云计算深度剖析技术原理及应用实践[M]. 北京:中国水利水电出版社,2019.
[14] 安俊秀,靳宇倡. 高等教育规划教材云计算与大数据技术应用[M]. 北京:机械工业出版社,2019.
[15] 李轶. 基于云计算的数字信息资源平台建设研究[M]. 长沙:中南大学出版社,2019.
[16] 刘宁波. 产业互联网大变局[M]. 北京:新华出版社,2019.
[17] 刘东明. 智能+AI赋能传统产业数字化转型[M]. 北京:中国经济出版社,2019.
[18] 俞东进. 区域云计算和大数据产业发展浙江样板[M]. 杭州:浙江大学出版社,2018.
[19] 刘静. 云计算与物联网技术[M]. 延吉:延边大学出版社,2018.
[20] 高静. 云计算技术的发展与应用[M]. 延吉:延边大学出版社,2018.
[21] 韦鹏程,贺方成,黄思行. 基于虚拟化技术的云计算架构的技术与实践探究[M]. 电子科技大学出版社,2018.
[22] 聂晶. 云计算与虚拟化技术应用的综合分析[M]. 长春:东北师范大学出版社,2018.
[23] 张志. 云计算与物联网关键技术研究及应用[M]. 长春:吉林大学出版社,2018.
[24] 刘军林,谭舒月. 智慧旅游产业融合发展研究[M]. 武汉:华中科技大学出版社,2018.
[25] 魏文楷. 广播影视产业支柱性转型发展研究[M]. 中国广播影视出版社,2018.
[26] 李伯虎. 云计算导论[M]. 北京:机械工业出版社,2018.
[27] 杨众杰. 云计算与物联网[M]. 北京:中国纺织出版社,2018.
[28] 李聪. 云计算基础构架平台构建与应用[M]. 长春:吉林大学出版社,2018.
[29] 刘彦宇. 云计算关键技术研究[M]. 中国商务出版社,2018.

[30] 朱海. 云计算核心技术及安全问题研究 [M]. 北京：新华出版社, 2018.

[31] 黄娟, 陈红梅. 互联网思维与云计算技术研究 [M]. 成都：电子科技大学出版社, 2018.

[32] 任丽梅, 黄斌. 块创新 [M]. 北京：首都经济贸易大学出版社, 2018.

[33] 杨荣斌, 曹磊. 信息技术新兴领域趋势 [M]. 上海：上海科学技术文献出版社, 2018.

[34] 周苏, 王文. 大数据时代移动商务 [M]. 北京：中国铁道出版社, 2018.